U0456852

　　本书得到中央高校基本科研业务研究·精品培育项目《"新闻经典"研究》（项目批准号SKJ201004）资助

跨学科框架下的
『新闻经典』建构

以中国为中心

刘锐◎著

中国社会科学出版社

图书在版编目（CIP）数据

跨学科框架下的"新闻经典"建构：以中国为中心/刘锐著．—北京：中国社会科学出版社，2017.5
ISBN 978 - 7 - 5203 - 0015 - 5

Ⅰ.①跨… Ⅱ.①刘… Ⅲ.①新闻学 Ⅳ.①G210

中国版本图书馆 CIP 数据核字（2017）第 047459 号

出 版 人	赵剑英
责任编辑	郭晓鸿
特约编辑	席建海
责任校对	李　莉
责任印制	戴　宽

出　　版	中国社会科学出版社
社　　址	北京鼓楼西大街甲 158 号
邮　　编	100720
网　　址	http://www.csspw.cn
发 行 部	010 - 84083685
门 市 部	010 - 84029450
经　　销	新华书店及其他书店

印刷装订	北京君升印刷有限公司
版　　次	2017 年 5 月第 1 版
印　　次	2017 年 5 月第 1 次印刷

开　　本	710×1000　1/16
印　　张	18
插　　页	2
字　　数	223 千字
定　　价	66.00 元

凡购买中国社会科学出版社图书，如有质量问题请与本社营销中心联系调换
电话：010 - 84083683
版权所有　侵权必究

序

谈起文学，我们很容易想到《红楼梦》等四大名著；谈起哲学，我们则联想起儒家的《论语》《孟子》，柏拉图的《理想国》等；谈起经济学，则不能不提亚当·斯密的《国富论》……可以说，正是这些经典作品奠定了这些学科的学术地位。然而谈到新闻学，我们想到的经典之作又有哪些呢？

新闻传播在社会生活中的巨大影响有目共睹，但与之背离的是新闻学科的地位与声誉却无法与新闻业界的地位相媲美。"新闻无学论"迄今仍然是新闻学科身后的巨大阴影。在"新闻无学论"中，有明显偏激的"新闻绝对无学论"者，而时至今日，更多的则是"有理有据"的"新闻相对无学论"者。他们普遍认为，新闻学尽管已有其自身的理论体系和话语方式，但与哲学、文学、史学、经济学、法学等相比，学术积淀不深，学术品位不高，学术规范不足，学术含量偏低，根本无法与其他学科相提并论。

成熟学科都要直面本学科最基本的一些问题并做出相对完善的解答，经典的建构即是每一个学科都绕不开的一道门槛，在某种意义上，有无公认的经典是衡量一个学科是否成熟的重要指标。因此，对"新闻经典"的追问和建构将使新闻学科有能力与其他学科展开平等对话，凸显新闻学科的学术地位。

从新闻学自身的学科需求来看，对"新闻经典"的探讨和建构也是新闻学科自身发展的要求。新闻学是研究新闻传播活动、新闻事业及新闻工作规律的一门科学，新闻文本某种程度上是新闻活动、新闻事业及新闻工作的基础，是新闻学之所以立学的重要方面，而对新闻文本的研究自然离不开对"新闻经典"的追问。于新闻史学来说，"新闻经典"研究立足于大文化的视角，从历史中寻找对当前和未来有价值的新闻文本，可以有效激活新闻史学研究的当下性、当代性，也将为传统的新闻史学研究打开一扇大门。同时，学习研究最高等级的新闻作品——"新闻经典"，汲取其中有益的成分，从中借鉴其对当前和未来新闻工作有价值的精神理念、新闻报道观、新闻采写技巧等，将有助于我们当下的新闻工作更好地展开，提升新闻报道的品质。因此，"新闻经典"研究将打通新闻理论、新闻史、新闻业务这三大传统的新闻学板块，亦不失为新闻学科体系建设开辟一条新路。

本研究的创新之处在于首次将"新闻经典"作为新闻学科建设的一个独立命题，由此切入来探讨新闻学科的立学之基和学科地位问题，提出"新闻经典"的建构关系到新闻学科能否与其他学科展开平等对话，是新闻学得以立学的一个基本理论问题。同时，针对与其他学科比较而言的"新闻相对无学论"（新闻学科幼稚论）者的论调，将"新闻经典"置于跨学科的视野中，展开与其他学科的对话，为"新闻经典"建立科学化、系统化的阐释框架；廓清新闻界长期以来对"新闻经典"的误读，确立"新闻经典"谱系，对"新闻经典"文本进行文本细读。本研究正文共分为六大部分。

第一章，"新闻经典"命题的提出，研究"新闻经典"之于新闻学科的基础性意义和对于普通大众的意义。首先它是一个事关新闻学科建设的基本问题，是"新闻无学论"背景下捍卫新闻学科尊严、与其他学科平等对话的问题，是新闻学的学科性质决定的新闻学必须要回答的一个问题，是新闻学自身发展的必然要求。而且，在媒介化生存时代，它还是人们应对信息超载、提高媒介素养、提升文化品质的一个根本问题。

第二章探究"新闻经典"之建构史。从中国新闻事业诞生尤其是新闻学诞生之日起至今，分阶段考察"新闻经典"建构之脉络。"新闻经典"在中国的建构史大致可分为四个阶段：第一阶段，1949 年以前，"新闻经典"建构的萌动期。第二阶段，1949—1985 年，"新闻经典"建构的准备期。第三阶段，1986—1999 年，"新闻经典"概念的提出期。第四阶段，2000 年至今，"新闻经典"建构的兴盛期。从"新闻经典"的建构史可知，对于"新闻经典"概念的理解是混乱的、模糊的，"新闻经典"存在着泛化的态势。

第三章将"新闻经典"置于文化经典框架下，探讨经典之于文化的意义，经典的词源学解释，文化经典、"新闻经典"之特征，"新闻经典"产生的可能路径等问题。经典是人类文化的全部精神宝藏，它主要指那些权威的、典范的伟大著作。文化经典具有穿透时空的恒常性、跨学科的影响力、权威性、原创性、表达的开放性和阐释的多元空间等特征。由此，"新闻经典"的特征主要包括：新闻性、时空穿透力、跨学科影响力、权威性、原创性、表达的开放性和阐释的多元空间。以"新闻经典"的特征来观照新闻学科文本，新闻学著述在当下成为经典的可能性较小，"新闻经典"更多的是从新闻作品著作中产生的。尽管之于新闻作品，新闻性与经典性存在着逻辑冲突，但是，这并不意味着新闻作品不可能成为经典，"新闻经典"更多的是从边缘体裁的新闻作品著作中产生的。

第四章研究"新闻经典"谱系。"新闻经典"的评价标准虽然人见人殊，但仍具有一定的客观性，本章将采用德尔菲专家评价法和层次分析法，在建立一个相对合理的"新闻经典"评价指标体系的前提下，对较具影响的新闻作品进行筛选，以建立一个较为科学的"新闻经典"名单，并研究"新闻经典"文本之间的谱系关系。

第五章在上一章研究的基础上，对"新闻经典"文本的典范价值和局限性进行分析。"新闻经典"的典范价值表现在其专业精神和专业技能等方面，同时，"新闻经典"并非是完美无缺的，它同样存在着局限性，表现为对新闻事件的依附性强、记者当时的社会认识、价值观等的局限，写作的"急就章"性质造成的文本缺陷等。

第六章研究"新闻经典"的建构机制。经典具有相对性，经典是经典性和经典化的统一，我们要在变与不变、绝对与相对中把握经典。在此基础上，本章详尽分析了"新闻经典"的建构机制如政治、学术、教育与受众因素。"新闻经典"必然要经过反复不断地被阅读、被解释、被评价，通过政治的、学术的、教育的、受众的力量对经典进行不断阐释和传播，然后其价值才能逐渐被认定，也才能最终成为后人心目中的"新闻经典"，最终完成经典化的过程。由此可见，"新闻经典"的建构任重而道远。

目　　录

绪　论 …………………………………………………………… 1

第一章　"新闻经典"问题的提出 …………………………… 16

第一节　媒介化生存背景下的"新闻经典"问题 ………… 16

第二节　"新闻无学论"阴影下的"新闻经典"问题 …… 21

第三节　新闻学学科性质与"新闻经典"问题 ………… 27

第二章　"新闻经典"建构的历时性考察 ………………… 39

第一节　"新闻经典"建构的萌动期 …………………… 40

第二节　"新闻经典"建构的准备期 …………………… 44

第三节　"新闻经典"概念的提出期 …………………… 48

第四节　"新闻经典"建构的兴盛期 …………………… 52

第五节　小结：争议中的"新闻经典"建构 …………… 56

第三章　文化经典背景下的"新闻经典"特征 …………… 59

第一节　经典之于文化的意义 …………………………… 59

第二节　经典的词源学考察 ……………………………… 63

第三节　文化经典的特征 ………………………………… 67

第四节　"新闻经典"的特征 ………………………… 74

第五节　"新闻经典"产生的可能路径 ……………… 77

第四章　"新闻经典"谱系研究 ………………… 88

第一节　"新闻经典"评价指标体系研究 ………… 88

第二节　前人建构的"准新闻经典"研究 ………… 93

第三节　前人建构的"准新闻经典"问题分析 ………… 105

第四节　现有的可能的"新闻经典"谱系 ………… 112

第五章　"新闻经典"的典范价值和局限性 ……… 136

第一节　"新闻经典"的典范价值 ………………… 136

第二节　"新闻经典"之局限性分析 ……………… 208

第六章　建构"新闻经典"：一项尚待完成的使命 ……… 218

第一节　经典是绝对性和相对性的统一 ………… 218

第二节　"新闻经典"的建构机制 ………………… 222

第三节　案例分析：《中国震撼世界》VS《西行漫记》 ……… 244

第四节　"新闻经典"建构：任重而道远 ………… 258

结　语 ………………………………………… 264

主要参考文献 ………………………………… 266

后　记 ………………………………………… 278

绪 论

对于一个学科而言，有无经典是一个学科是否成熟的重要尺度。文学、哲学、史学等较为成熟的学科正是凭借着为人们耳熟能详的一系列经典巨著，在学科的丛林中傲然屹立，树立自己的学术地位和威严的。相比这些学科，新闻学的大旗在中国已经飘扬了近百年，然而"新闻无学论"仍然是新闻学科身后的巨大阴影。新闻学科需要以实实在在的学术底蕴来建立学科尊严，新闻学的基础问题譬如"新闻经典"的问题仍需要人们重新梳理、彻底反思。

一 本课题研究的意义

新闻传播在社会生活中的巨大影响有目共睹，但与之背离的是新闻学科的地位与声誉却无法与新闻业界的地位相媲美。"新闻无学论"仍然是新闻学科身后的巨大阴影。从1918年北京大学新闻学研究会成立以后，新闻学开始被当作一种现代型知识进入人们视野之中。这个新知识进入现代中国语境之后，很快遭遇了"学"与"非学""有学"与"无学"的论争，至今余波未消。

在"新闻无学论"中，有明显偏激的"新闻绝对无学论"者，而时至今日，更多的则是"有理有据"的"新闻相对无学论"（新闻学科幼稚论)者。他们普遍认为,新闻学尽管已有其自身的理论体系和话语方式,但与哲学、文学、史学、经济学、法学等相比,学术积淀不深,学术品位不高,学术规范不足,学术含量偏低,根本无法与其他学科相提并论。①

成熟学科都要直面本学科最基本的一些问题并做出相对完善的解答,经典的建构即是每一个学科都绕不开的一道门槛,在某种意义上,有无公认的经典是衡量一个学科是否成熟的重要指标②。任何一个成熟的、有影响力的学科都有经典之作。谈起文学,我们很容易想到《红楼梦》等四大名著;谈起哲学,我们则联想起儒家的《论语》《孟子》、柏拉图的《理想国》等;谈起经济学,则不能不提亚当·斯密的《国富论》等。可以说,正是这些经典作品奠定了这些学科的学术地位,然而谈到新闻学,我们想到的经典之作又有哪些呢?因此,对"新闻经典"的追问和建构将使新闻学科有能力与其他学科展开平等对话,凸显新闻学科的学术地位。

以上是从新闻学与其他学科比较的角度而言的,而从新闻学科自身的学科需求来看,"新闻经典"研究将新闻史、新闻理论、新闻业务研究贯通起来,将拓展传统新闻学的研究视野,开启新闻学研究的新境界。

首先"新闻经典"研究是新闻史与新闻理论研究的有机结合,将为传统的新闻史学和新闻理论研究打开一扇大门。

---

① 参见陈力丹《深化新闻学和传播学的研究》,《当代传播》2003 年第 2 期;项德生《新闻科学与科学精神》,《新闻传播学术报告会论文集》,中国人民大学出版社 1997 年版;林凌《繁华与废墟——对当代新闻传播学的批判》,《南京政治学院学报》2006 年第 2 期;翁杨《学术话语与新闻学创新》,《新闻界》2004 年第 5 期等。

② 张昊鹏:《"学科制度建设"研讨会综述》,2003 年 7 月 7 日,中国社会科学院科研局网站。

　　传统的新闻史学研究范式要么为政治史，甚至阶级斗争史所笼罩①，要么为史而史，崇尚微观层面的历史考证，微观有余而宏观统摄不足②，无法回答对新闻学意义的追问，无法激活尘封的历史。面对新闻史学的发展困境，不少新闻学界的有识之士不断呼吁新闻史学研究的创新，新闻史迫切需要向社会史、文化史转型③。而"新闻经典"研究立足于大文化的视角，从历史中寻找对当前和未来有价值的新闻文本，可以有效激活新闻史学研究的当下性、当代性。经典文本形式上虽然是客观的、既定的，但经典的阐释空间是无限的、多元的，历史文本可以被多个维度激活，实现过去的意义向当下敞开，当下的意义向未来敞开。同时，"新闻经典"研究具有传统新闻媒介史、新闻事业经营管理史之类的写作思路不具有的广泛的社会价值。媒介史囿于微观的局部的传媒演进历史，仅对某些专业人士具有研究价值，无法对所有受众群敞开，对大众意义不大。而新闻事业经营管理史提供的理论启示具有时代的局限性，一定的媒介经营管理制度总是与当时的政治、经济、社会环境紧密相连，由于社会发展形势的变化，其能否与时俱进出新知，尚是未定之论，因此其对于当下的指导意义也是受限的。而"新闻经典"聚焦于在当下和未来都有价值的新闻文本，具有最为广泛的社会价值，使新闻史学走出象牙塔，面向大众，为最为广大的受众所接受。

　　新闻史学陷入迷局，呼唤创新，新闻理论发展也在寻找突破路

---

　　①　参见宁树藩、曾建雄《强化本体意识，探求自身规律——新闻史研究的反思与前瞻》，《新闻大学》1998 年第 9 期。

　　②　参见方汉奇、曹立新《多打深井多作个案研究——与方汉奇教授谈新闻史研究》，《新闻大学》2007 年第 3 期；李彬《对新闻史研究方法的思考与建议》，《新闻大学》1996年冬；丁淦林《中国新闻史教学需要适时革新》，《新闻大学》2004 年第 3 期等。

　　③　参见李彬《"新新闻史"：关于新闻史研究的一点设想》，《新闻大学》2007 年第 1期；单波《论 20 世纪中国新闻业和新闻观念的发展》，《现代传播》2001 年第 4 期；田秋生《重写中国新闻史：必要性及其路径》，《西南民族大学学报》2006 年第 6 期。

径。中国新闻理论研究存在的两个突出问题：一是更多的是浅层次的新闻工作经验的概括总结，与其他成熟学科相比，学理性不足，理论性亟待加强；二是新闻理论简单套用国外同学科的分析框架、体系，缺少根植于新闻文本这一基本事实的学理层面的深入探讨。现象学要求"本质直观"，提倡通过"直接的认识"描述现象的方法去认识某一研究对象，然而，我们的新闻理论一直以来却未能从新闻事业、新闻传播活动的细胞——新闻文本入手来建立新闻学的学理性。"'新闻学'这个概念纷纷向'报学'有关概念延伸，形成同一概念两种称谓"①，新闻学之根本——"新闻"一定程度上丢失了。因此，更新或重建传统的新闻学理论体系，必须从最为基本的概念清理做起，重拾新闻学之根基——新闻，以此入手重建新闻学的学科大厦。这项工作同样少不了"新闻经典"的参与。新闻文本是新闻的表现形式，而"新闻经典"则是最高等级的新闻文本，研究新闻必然离不开新闻文本，而对新闻文本的探讨又将凸显"新闻经典"研究的意义和价值。

从新闻业务的角度来看，经典从来都不是死的偶像，而是直指当下、面向未来、鲜活的带着滚烫体温的生命体。"它超越特定时间空间的局限，在长期的历史理解中几乎随时存在于当前，即随时作为对当前有意义的事物而存在。当我们阅读一部经典著作时，我们不是去接触一个来自过去、属于过去的东西，而是把我们自己与经典所能给予的东西融合在一起。"② "新闻经典"所体现的新闻精神、新闻理念、新闻技能等永远是不会过时的，各个时代的新闻人都会遇到同类的问题，在专业精神与生命价值之间，在新闻人与社会人之间，在发

---

① 王晓梅：《清理百年"新闻学"概念——访复旦大学新闻学院教授宁树藩先生》，《新闻与写作》2008 年第 1 期，第 5 页。

② 参见张隆溪《经典在阐释学上的意义》，见《中国经典诠释传统》，台北财团法人喜马拉雅研究发展基金会，2002 年，转引自童庆炳、陶东风主编《文学经典的建构、解构和重构》，北京大学出版社 2007 年版，第 60 页。

现新闻、传播新闻之间……"新闻经典"为我们提供了了解新闻作者及其作品的窗口。学习研究最高等级的新闻作品——"新闻经典"，汲取其中有益的成分，从中借鉴其对当前和未来新闻工作有价值的精神理念、新闻报道观、新闻采写技巧等，将有助于我们当下的新闻工作更好地展开，提升新闻报道的品质。

由此看来，"新闻经典"研究将打通新闻理论、新闻史、新闻业务这三大传统的新闻学板块，亦不失为新闻学科体系建设开辟一条新路。传统的新闻学将新闻学科划分为新闻理论、新闻史、新闻业务三大体系，三大体系之间相互隔膜的做法越来越受到新闻学界的质疑。尹韵公认为，新闻学研究的缺憾之一是学科体系的完整性、系统性、逻辑性尚不够规范和严密，甚至还有低水平重复的现象。[①] 童兵甚至认为，新闻学作为一门独立学科，却没有自己的学科体系，知识积累少得可怜。[②] 南京大学学者方延明建议，新闻学学科体系的重新建构要有新境界，应该看到，在新的学科体系下，新闻史的相对弱化在新闻学科发展壮大过程中是不可避免的；新闻理论外在注入形式亦将为内部生成形式所取代；而新闻实务必将成为新闻学科的主干，并彰显出新闻理论与实践相结合的典型特色。[③] 姑且不论新闻学科体系建设是否应该以新闻实务为主干，打通新闻学科体系、建立完整的学科体系的问题已经迫在眉睫。"新闻经典"研究即是贯通新闻学科三大体系的一个尝试。虽然它并不试图构建一个逻辑起点以建设完整的新闻学科体系，但"新闻经典"问题作为贯通新闻理论、新闻史、新闻业务的一根红线，或许可以为打通三大学科体系的隔膜做出些许贡献。

---

① 尹韵公：《展示有中国特色新闻学的理论魅力》，《中国社会科学院院报》2006 年 1 月 26 日。
② 童兵：《对新闻传播理论研究几个问题的观察与思考》，《国际新闻界》2006 年第 9 期。
③ 方延明：《对我国新闻学学科建设的几点思考》，《南京大学学报》2007 年第 6 期。

最后，在西方话语大行其道的今天，"新闻经典"研究还可以为世界新闻传播学贡献我中华民族的智慧。而今，新闻传播学学科内，西方话语大行其道，中国新闻学、传播学的关键概念、理论框架、研究方法几有照搬西方新闻学、传播学之势。这种状况自中国新闻学诞生之日起一直存在，整个学界虽自知而不以为意，仍津津乐道于西方新闻学或传播学，一些学人甚至以向国人兜售"夹生"的西方新闻学、传播学理论为荣。西方的新闻、传播学理论起步较早，远较我国成熟，这也许是事实，于中国也有一定借鉴的必要，但如果中国新闻学、传播学永远只是跟在西方背后亦步亦趋、仰人鼻息，那么中国新闻、传播学迟早会沦为西方的"学术殖民地"（李彬语），如邯郸学步，最后连走路的能力都丧失了。譬如西方新闻、传播学的实证传统，在学科工具和数据分析上比我国的思辨传统更为精细，这是值得学习的地方，但如果学习变成了机械模仿，丢失了我国传统思辨方法强烈的问题意识，那么则是我国新闻传播学界之大悲哀。其他不少学科已经意识到了单纯追随西方话语的危害，大力提倡从现实问题出发寻找理论依据和来源，呼唤仍沉迷于西方新闻传播学传统的中国新闻传播学界宜早日觉醒，"形成一套科学的认知体系或话语体系，特别是形成一套安身立命、倾心认同的历史坐标"[①]。"新闻经典"研究不是简单套用西方新闻传播学理论，而是从"经典"这一问题出发，从历史中寻找提炼蕴藏其中的一系列有意义、有价值的精神、传统与遗产，并加以深入开掘，系统总结，如此不但可以建立具有鲜明中国特色的独立的学术精神和学术风格，而且可以对世界新闻学有所贡献。

同时，"新闻经典"研究可以对其他学科起到反哺的作用。长期

---

① 李彬：《马克思主义新闻学创新体系刍议》，《新闻与写作》2007年第5期，第28页。

以来，新闻学科受惠于其他学科的思路、框架，学科体系、概念，通过对其他学科概念、框架、理论体系等的改造，以建立新闻学科自身的学科理性。作为一门相对年轻的学科，汲取其他学科的有益营养，来强壮自己，快速成长，这本无可厚非，但一味"拿来"，少有"输出"，缺乏可以贡献给其他学科的理论、工具、方法等，则凸显了新闻学科自身的功力不足。长期以来新闻学科倍受其他学科鄙薄，此可谓一大诱因。新闻学要自立于学科丛林，赢得其他学科的尊重，必须对其他学科有所贡献，但是，"我拿什么奉献给你"？新闻学科贡献给其他学科的理论、分析工具又有什么呢？经典问题是其他不少学科共同关心的话题，新闻学科对"新闻经典"问题进行研究，为经典这块园地新增一方土地，扩充经典的疆域，借此也将可以与其他学科交流对话，为其他学科提供些许营养。

二　国内外研究综述

在中国，直接以"新闻经典"命名的著述数量不少，陈力丹在其主编的《马列主义新闻学经典论著》（人民日报出版社，1987 年）中率先把马克思、恩格斯、列宁及斯大林的新闻思想冠之以新闻学经典。后来童兵出版的《马克思主义新闻经典教程》也以"新闻经典"命名，其他以"马克思主义新闻经典"命名的一批著作还包括郑保卫主编的《马克思主义"新闻经典"论著导读》，吴飞编选的《马克思主义新闻传播思想经典文本导读》，所选为马克思、恩格斯、列宁、毛泽东、刘少奇关于新闻传播思想的经典文本，其他相关论文有《无产阶级新闻学的经典教科书——读胡耀邦同志关于党的新闻工作的发言》（《中国记者》1985 年第 5 期），徐人仲的《一部新闻工作的经典文献——学习〈邓小平论新闻宣传〉》，（《中国记者》1998 年第 3 期）等。除了马克思主义"新闻经典"，"新闻经典"还意指新闻作品。颜雄主编的《百年"新闻经典"1900—2000》，白庆祥主编的《中外新闻名著鉴赏大辞典》（2001年）中，都将"新闻经典"指向了新闻作品。相关论文有谈嘉祐的《学习经典名篇增强精品意识——毛泽东撰写和论述写作新闻精品浅析》（《记者摇篮》1998年第9期），张素珍的《〈冷血〉：美国新新闻主义之经典》（《徐州师范大学学报》2002年第1期），安春红、谭光灯、胡先成的《让穿行历史的新闻成为经典——探析〈北京青年报〉"我的长征——寻访健在老红军"系列报道》（《新闻传播》2005年第2期），刘乃仲的《一座指点经典新闻的文库——评〈中外新闻名著鉴赏大辞典〉》（《学术交流》2001年第6期）等；除此，"新闻经典"的称谓还被用于新闻学经典。如中国人民大学出版社出版的当代世界学术名著——新闻与传播学译丛大师经典系列、中国人民大学出版社出版的由清华大学熊澄宇教授选编的《西方新闻传播学经典名著选读》《西方新闻传播学经典文库》《20世纪中国学术大典：新闻学传播学出版学》等。相关论文有孙玮、王丽好的《新闻传播经典阅读札记新闻场解密——读布尔迪厄〈关于电视〉》（《新闻记者》2006年第5期）等。这些冠以"新闻经典"的著述从不同角度对各自认定的"新闻经典"做了介绍，但对这些作品为什么能够称为"新闻经典"，"新闻经典"应该具有哪些品质，这些作品究竟具备哪些资质才能担当起经典这一称谓等缺乏较为深入的分析，大多以就事论事的简单评述为主，因此严格来说，这些都不能算作"新闻经典"的研究。

与"新闻经典"的命名蔚为壮观相反，直接针对"新闻经典"这个命题进行专门研究的著述却不多见。《新闻传播》上郑保章的《新闻有经典作品吗？》，貌似质疑，文中却以确凿的口气指出，新闻的确有经得起时间考验的经典作品。比如《西行漫记》《中国的西北

角》等①；靳国君发表在《新闻传播》上的《读经典新闻作品有感》
一文中认为，"新闻经典"作品包括范长江的《中国的西北角》《塞
上行》，魏巍的《谁是最可爱的人》以及曾任《纽约时报》副总编辑
的哈里森·索尔兹伯里的代表作《列宁格勒被围困九百天》等，这些
作品虽然长短不一，风格各异，但"新闻经典"作品也有其共性，比
如，产生于新闻发生的现场，深入的现场采访，在写作上追求新闻
性、政治性、文学性和知识性的完美结合，追求新闻的真实性、厚重
的时代感和强烈的人文精神，以使作品具有震撼人心的力量。②学者
王辰瑶的著作《嬗变的新闻：对中国新闻经典报道的叙述学解读
（1949—2009）》则从经典新闻报道出发探究新中国成立六十年来新闻
叙述结构性嬗变的社会原因。相关研究对于本议题的进一步深化有借
鉴启发意义，但问题在于其对"新闻经典"的探讨大多止于相关新闻
作品较为浅显的印象式的分析，对于"新闻经典"问题缺乏从跨学科
角度的深入的探讨。

　　还有论者以典型的"新闻经典"作品为例，来探讨"新闻经典"
的相关问题。姚志文发表在2009年中国新闻学研究生年会上的《试
析新闻作品经典化的可能性》一文以范长江的《塞上行》作为个案，
分析新闻作品的经典化不仅在于自身的优秀品质，而且是多种外部力
量共同建构的结果。文章认为，新闻作品经典的建构，对马克思主义
新闻观体系的完善，以及中国新闻传统的传承具有重大而深远的影
响。新闻作品经典化所需要的一些内在特质包括：服务公众、担当道
义的新闻精神和人文关怀，"秉笔直书"的史家态度和真实、客观、
公正报道的专业理念，文本的广涵性和对新闻文体、新闻写作的发展

　　① 参见郑保章《新闻有经典作品吗?》，《新闻传播》2002年第9期。
　　② 参见靳国君《读经典新闻作品有感》，《新闻传播》2002年第9期。

创新。外部因素则表现在：政治权力对经典的建构，新闻教育体制，这一体制表现在新闻史的编写、新闻教学大纲的制订和教师、学生对相关作品的授习，等等。① 苗艳发表在《中国社会科学院研究生院学报》上的《萧乾〈人生采访〉经典性研究——兼论"新闻经典"研究价值与判断标准》主要对萧乾的《人生采访》之所以成为"新闻经典"进行研究，文章谈及了"新闻经典"的研究价值和判断标准问题，认为从新闻学科自身的特点来看，经典作品研究存在两点重要的价值：其一，从文化继承与发展的角度，新闻报道作为不同于客观物质世界的"符号世界"，在传播信息的同时，也在传播、建构文化现实，反映特定时期、特定区域的思想文化价值观念。新闻不仅是今天的历史，也是明天历史研究的重要资料。其二，从新闻学学科本身的建设与发展来看，一定时期的经典代表作品不仅反映了当时新闻理念与操作水平，也为今天的新闻理论建设和新闻实践提供"镜像"似的反思功能，为我们在陷入困境时找到新的突破点提供永不竭尽的历史资源。因此，从这个意义来说，新闻不仅可以产生经典作品，而且需要经典作品。"新闻经典"作品的特征有三点：第一，"新闻经典"作品必须具备"新闻"的基本特征。作品必须是新闻报道体裁，具有"新鲜、真实"的基本特点，能及时、客观真实地反映当时社会环境和社会动态。第二，"新闻经典"作品的选题必须具备重要社会历史研究价值，能代表性地反映社会历史状况。第三，"新闻经典"作品必须具备较高的艺术价值，具有穿越时空长存的生命力，能引出人们普遍的共鸣和赞誉，值得让人反复揣摩、学习、研究，才能成为"优

---

① 参见姚志文《试析新闻作品经典化的可能性》，中国传媒大学第三届全国新闻学与传播学博士生学术研讨会，2009 年。

秀、典范、不朽"① 的代表。这些论文从个案入手探讨"新闻经典"问题，为"新闻经典"研究提供了有益的启示，但是"新闻经典"问题不仅仅是经典文本的问题，它还是关系到新闻学科建设的一个基础命题。

目前，笔者和蔡尚伟发表的《"新闻经典"在中国的建构》是首篇系统地将"新闻经典"上升为一个学科命题展开探讨的文献，该文认为"新闻经典"的建构是事关新闻学科能否与其他学科展开平等对话的基础性问题，比较系统地对"新闻经典"问题进行了分析，文章从"新闻经典"研究的学科意义、"新闻经典"建构的历时性考察、文化经典、"新闻经典"的界定及特征，新闻作品有无经典，"新闻经典"产生的可能途径等几大方面对"新闻经典"进行了初步阐述。② 该文为本课题进一步深入研究提供了参照和依据。文章着重于提出问题，对深入开展"新闻经典"问题研究起到了抛砖引玉的作用，是本文研究的基础性文献。但该文发表后，仍有部分学者对能否展开跨学科视野下的"新闻经典"建构持怀疑态度。学者胡易容坚持新闻传播学科内部的经典观，提出新闻的经典性不在于孤立的新闻"文本"的经典性，而在于新闻"报道"中所蕴含的与新闻本质相关的典型性。应在全文本中建构新闻经典。③ 冯月季则指出，无论是从其历史影响还是学术积淀来看，新闻经典文本的建构在当下似乎有操之过急之嫌。④

① 苗艳：《萧乾〈人生采访〉经典性研究——兼论"新闻经典"研究价值与判断标准》，《中国社会科学院研究生院学报》2009 年第 3 期。
② 参见蔡尚伟、刘锐《"新闻经典"在中国的建构》，《西南民族大学学报》2007 年第7 期。
③ 参见胡易容《"新闻经典"抑或"经典新闻"——在"全文本"中构建"新闻经典"》，《中国出版》2011 年第 6 期。
④ 参见冯月季《中国现代文学经典与新闻经典的建构》，《新闻爱好者》2011 年第16 期。

与"新闻经典"研究相联系的一大背景是新闻学界对于新闻范文的编撰、新闻作品选读教材的编写、新闻名著的介绍等。新闻学自诞生之日起，相关图书的出版就一直未中止。诸多"新闻精品选""新闻佳作选""优秀作品鉴赏""新闻奖精品赏析""新闻传播学名著"等著作的问世，为"新闻经典"研究提供了重要参照，但是，"新闻佳作""新闻名作""获奖作品""新闻精品""新闻名著"等并不能与最高等级的"新闻经典"相提并论，相关论述多限于作品层面的介绍和业务探讨，不具有研究性质，且未上升到更高的学科建设层面予以观照。

国外文献资料方面，笔者搜索中国国家图书馆（http：//www.nlc.gov.cn）之外文文献数据总库（包括外文图书、外文期刊、外文善本、外文报纸、外文缩微文献、外文地图、外文乐谱、国际组织与外国政府出版物），以"journalism + classic"为检索关键词，检索结果，未发现有以"新闻经典"命名的书籍，与中国名目繁多的"新闻经典"著作形成鲜明的对比，西方"新闻经典"的相关书籍付诸阙如，相关论文、论述对"新闻经典"的探讨也不多见。笔者在所在单位图书馆外文报刊数据库中以"journalism classic"为关键词进行整合检索，发现文中含有"journalism classic"词组的有两篇（重复的算作一篇）。在这两篇全文中含有"journalism classic"的文章里，一篇是《纽约时报》（*New York Times*）1999 年 3 月 22 日在 *THIS WEEK* 文里谈到的，文章提及 James Baldwin 的作品荣登现代文学 100 部最好的英文小说和美国 20 世纪"新闻经典"名单（James Baldwin's writings landed on the Modern Library's list of the 100 finest English-language novels and in New York University's picks of 20th-century American journalism classics）。另一篇则是发表在 2004 年 3 月 17 日报纸 *Charlotte Observer* 上的讣告，题名为 *Marshall Frady：Master of Literary Journalism*，文中提及，Marshall Frady 的第一部作品 *Wallace* 是新新闻主义的经典之作（Here's how Frady opened his first book，"Wallace"，a New Journalism classic）。由此可见两篇谈及"新闻经典"（journalism classic）的文章都是发表在报纸上的新闻作品，而非学术期刊，因此不能算作对"新闻经典"的研究，而且在谈到"新闻经典"时并未过多地进行阐述，仅仅是一笔带过。

相关新闻作品分析类的书籍、论文方面，有的研究者称首创"新闻院校重视业务实践训练"模式的美国，鲜见"新闻范文"，并称课堂、书市和馆藏中并未见像"小说集"或"诗集"那样的"新闻范文集"。① 而实际上，美国翻译到中国的新闻范文集就有《英语新闻特写精华》（台湾学生书局，1976 年初版，1977 年再版，根据《美国合众社 1966 年新闻特写选粹》编成）、《美国优秀新闻写作选》（〔美〕罗·彼·克拉克编，魏国强等译，新华出版社，1986 年）、《普利策新闻获奖作品选》（1959—1980）（普利策奖委员会主席、美国哥伦比亚大学著名新闻学教授 J. 霍恩伯格选编，熊昌义译，新华出版社，1984 年）、《最佳新闻写作1998》（〔美〕克里斯托弗·斯坎兰编，李彬译，新华出版社，1999 年）、《美国最佳新闻作品集/1999》（克里斯托弗·斯坎伦编，新华出版社，2001 年）、《2001 美国最佳新闻作品集》（〔美〕基思·伍兹编，新华出版社，2003 年）等，其中《美国优秀新闻写作选》的文章选译自美国报纸主编协会主持出版的《美国报纸优秀作品》丛书，可见不但有相关作品选集问世，还有之类的丛书出版，美国新闻作品范文集之类的书籍并不少见，尽管其并不命名为"新闻作品范文选"，但无论是获奖作品还是公认的新

---

① 参见孔祥军《新闻精品：一种理论建构和组织文化的框架》，博士学位论文，复旦大学，2005 年，第 21 页。

闻优秀作品，都是新闻范文的范畴。只是与中国情况相类似的是，不少书籍仅仅是优秀作品的选编，未加任何解说，有的即使较为详细地介绍了作者的构思过程、采访方法、写作技巧及作者对某些新闻理论的认识等，也未上升到学科命题的高度去认识。

三　本研究思路和方法

综观国内外的相关研究，可以发现：

第一，中外新闻界对"新闻经典"的认识是含糊的，甚至是无意识的，除《"新闻经典"在中国的建构》等少部分论文外，大多未从学理层面将"新闻经典"视为一个学科问题进行系统全面的研究，没有意识到"新闻经典"的建构对学科建设的重大意义。《"新闻经典"在中国的建构》为本课题进行深入研究开了一个好头，但该文发表后，学界对此话题的呼应寥寥无几，足见学界对此问题仍未引起足够的重视。

第二，相关"新闻经典"的概念是混乱的、模糊的，有的是指单篇的新闻作品，有的指向马克思主义经典作家的新闻传播思想文本，有的则意指新闻学的经典著作。那么究竟什么是"新闻经典"？众说纷纭，莫衷一是，一个为大家公认的经典名单付诸阙如。

第三，大多未将"新闻经典"置于跨学科的框架内进行考量，"新闻经典"与文学经典、史学经典、哲学经典等的关系如何？未来的新闻学能否出现与其他学科相提并论的"新闻经典"？前期相关研究对这些问题的回答尚不充分，仍需进行更进一步的研究。

因此，本研究将在借鉴前人研究的基础上，对"新闻经典"问题进一步展开深入研究。整体的研究思路为：立足于"新闻经典"的建构与新闻学科建设的关系，以宏观的视角探讨"新闻经典"问题；将"新闻经典"视为一个整体现象，从系统的角度研究"新闻经典"，而不是孤立地研究"新闻经典"文本。同时本研究力图不做新闻学科内部的独白，而将"新闻经典"问题放置在跨学科的框架下予以探讨，从新闻学与其他学科展开平等对话的角度研究"新闻经典"。本文的具体研究方法包括以下几个方面。

跨学科比较的方法。通过与其他学科经典的比较，研究"新闻经典"的界定、特征、产生的途径等基础理论问题，建立"新闻经典"的理论框架；从跨学科的角度分析"新闻经典"的典范价值，"新闻经典"与文学经典、史学经典连接的关节点及"新闻经典"的局限性等，探讨"新闻经典"背后政治、学术、教育、受众等建构"新闻经典"的要素与机制。

历史实证法。在"过去—现在—未来"的框架下探讨"新闻经典"涉及的系列问题，将历史意识贯穿整个研究工作，来探析"新闻经典"概念的由来和发展，对人们建构"新闻经典"的努力进行历时性考察，对新闻作品经典化的过程进行分析，深描"新闻经典"的接受史、批评史等。

定量的分析方法。对后人建构的新闻范本进行量化统计，找出最有可能入选"新闻经典"的文本；然后结合德尔菲专家评价法和层次分析法建立"新闻经典"的评估模型，以确立一个相对合理的"新闻经典"名单。

文本细读的个案研究法。对具有典范性的"新闻经典"进行深入的文本细读，重现每一个文本的意义肌理，以揭示其恒久的典范性及在语境转换中的可再阐释性与新的文化意义空间。

需要说明的是，由于"新闻经典"涉及问题繁多，相关资料尤其是西方资料缺乏，因此，笔者将"新闻经典"的问题仅限于"新闻经典"在中国的建构和研究等情况，本论文各章节提到"新闻经典"问题时，不加说明，即表示"新闻经典"问题在中国的发展情形。

第一章 "新闻经典"问题的提出

问题是所有研究的出发点。爱因斯坦甚至说过，提出一个问题比解决一个问题更重要。本文提出"新闻经典"问题，不单单因为它是一个事关新闻学科建设的基本问题，是"新闻无学论"背景下捍卫新闻学科尊严、与成熟学科平等对话的问题，是新闻学的学科性质决定的新闻学必须要回答的一个问题，是新闻学自身发展的必然要求。而且，在媒介化生存时代，它还是人们提高媒介素养、提升文化品质的一个根本问题。

第一节 媒介化生存背景下的"新闻经典"问题

自从人类诞生之日起，人类便与媒介结下了不解之缘。从远古时期的结绳记事到如今我们赖以生存的各种信息手段，人类的每一步活动都离不开媒介的作用。特别是现代社会，我们更是被形形色色的大众传播媒介所包围。"传媒充斥在我们生活的每个角落，大众传媒已经成为当今世界的'文化中心'。"① 随着传播技术的发展、社会分工的日益细致、人类交往范围的不断扩大，传播媒介在社会生活中的作用越来越突出，人们生活的每一环节几乎都和传播媒介紧密地联系在一起。"媒介是现代社会生活的核心。"② 人们不但每天花费大量时间消费媒介信息、接触媒介，按照媒介设置的时间安排自己的生活，而且人类生活的方方面面都深受媒介的影响，大至政治选举、投资决策，小至购物、休闲、娱乐方式的选择，等等，都或多或少在媒介的指导和影响下做出相关决定。媒介不但设置了信息议程，而且一定程度上设置我们的日常生活议程。我们如同鱼儿一样，生活在媒介构成的海洋里。我们的人际交往越来越多地有了媒介的参与，面对面的直接交流机会越来越少；我们对世界的感知更多地被各种媒介所左右，而不复像我们的祖辈依赖亲力亲为的直接经验。

人类传播史生动地表明，传播技术愈进步，传播手段越发达，人类对媒介的依赖程度愈深。这种状况在人类进入网络社会以后变得更加无以复加。"当网络与我们的经济、政治、文化等社会生活的各个方面开始全方位地有机结合时，事情就变得越来越复杂，真实本身开始变得沉默，人们的警惕心理随着对网络生活的习惯而退居幕后。""网络依靠高度发达的科技手段，成功构建出一个'超真实'（hyper-reality）的异度空间，使得生存其中的人，正逐渐被异化，就像卡夫卡笔下的甲虫，人的本质丧失了，人的主体精神消亡了，人们失去了想象力、创造力，也不具备否定、批判、超越的能力而最终变成了马尔库塞（Herbert Marcuse）所说的'单向度'（one-demension）的人。网络媒体不再是为满足人们的信息需要而进行生产，相反，却是人为

① ［美］塞伦·麦克莱：《传媒社会学》，曾静平译，中国传媒大学出版社2005年版，第6页。
② 陈力丹、闫伊默：《传播学纲要》，中国人民大学出版社2007年版，第238页。

了使得信息被接收、被消费而存在。越来越多的现代人喜欢沉浸在五光十色的'赛博世界'（cyberspace），习惯了依赖网络而生，寻找那种自我的感觉，更有甚者将自己封闭在梦境般的网络里，冲浪聊天、看帖回帖、游戏购物，等等，对他们而言，具体的行为是什么并不重要，他们在乎的是上网这一行为本身，上网就是现实。"① 尽管现在这一预言并未成为普遍的事实，但在现代社会，已经显露出某些端倪。据中国互联网络信息中心发布的《第 37 次中国互联网络发展状况统计报告》，截至 2015 年 12 月，我国网民规模达 6.88 亿，稳居世界首位，互联网普及率（50.3%）超过全球平均水平 3.9 个百分点，超过亚洲平均水平 10.1 个百分点。网民上网的频率相对较高，2015 年，中国网民人均周上网时长 26.2 小时。②

早年在电视影响下成长起来的"容器人"而今已被新一代在计算机的熏陶下的人群所替代，"御宅族""宅男""宅女""干物女"等描述了新一代年轻人对计算机和网络的依赖程度。这类人群对于本族群和自身兴趣领域之外的规则和他人缺乏信任感，甘愿蜗居在自己的一方小天地通过每日接触的媒介如互联网媒介等寻找朋友、寻找价值取向和行为依据，满足于媒介中的虚拟社会互动。他们自闭、孤僻，缺乏与他人的交往能力，患上了"严重的媒介依存症"。而且，与以往的电视人不同的是，今天的"御宅族""宅男""宅女""干物女"比"电视人"通过媒介接触获得的信息更多、更广，更容易满足于虚拟世界中的生活。另外，电视是单向的大众传播工具，受众不能即时与之产生互动、交流，因此"电视人"多半为一个个单独存在的个

---

① 蒋晓丽、张杰：《青蛙之死：异度空间里的网络化生存》，《思想战线》2006 年第 3 期，第 59 页。
② 参见中国互联网络信息中心《第 37 次中国互联网络发展状况统计报告》，2016 年 1 月 22 日，CNNIC 网站。

体。而网络是双向互动性的媒介，它如此方便快捷，随时随地可以得到想要的信息、资讯、情报，并且可以通过多种渠道及时地做出反馈和互动，所以"御宅族""宅男""宅女""干物女"的族群个体之间可以通过互联网这样的媒介相互交流，在这个虚拟世界的社会交际当中，他们能够得到现实社会中无法得到的存在感和满足感，这也使得这一族群不断壮大。① 早在 2007 年，就有媒体报道中国游戏动漫产业催生了 4000 多万御宅族；2008 年一份针对外地留沪高校毕业生的调查显示，新上海人多为"御宅族"，2010 年针对浙江大学生的一份调查表明，84.8% 的学生觉得自己多少有点"宅"；有 67.4% 的学生称自己已经宅了几个月到两年不等的时间，更有 12.2% 的学生认为自己的"宅龄"已经超过了两年。除去上课和睡觉时间，有 45.8% 的学生每天有 3~5 小时宅在宿舍中②……这些触目惊心的数字和事实不能不让我们审视媒介化生存时代人类的命运。

当媒介不再仅仅作为一种信息传播的手段，而成为我们的生活方式本身的时候，也许任何人都会有这样的担心：会不会有一天我们将变成一只只在温水里游走的青蛙，沉湎于媒介给我们提供的温暖舒适的环境里，扬扬得意，直至水温愈来愈高，我们再也无法跳出这滚烫的开水？当然，我们可以说，人类是有理性的，人类的理性会断然拒绝这种生活方式，但是人类的理性也是有限度的，当越来越多的人被各种媒介牵着鼻子走的时候，人类的理性似乎又是那么的脆弱。试看未来之域中，竟是谁家之天下？在人类一步步走向媒介化生存的时代，人类又该如何拯救自己的理性，乘上一叶方舟，拥抱崭新

---

① 参见汪靖、顾晓晨《"御宅族"现象——新一代媒介依存症》，《当代传播》2008年第 5 期，第 42 页。

② 参见沈燎、张益斌、楼仁功《大学生"宅"现象调查研究》，《当代青年研究》2010 年第 7 期，第 49 页。

的生命？也许正应了那句古语："解铃还须系铃人！"应对之途仍指向媒介，然此媒介非彼媒介，彼媒介之信息鱼龙混杂、真假莫辨，如水银泻地般恣肆流淌，避之莫及；此媒介之信息如洪钟大吕、珍奇琼浆，闻之振奋，甘之如饴，这就是新闻中的极品——"新闻经典"，它是提高受众媒介素养的重要手段。

媒介素养"不仅包括接受媒介产品的能力，用独立的、批判的眼光看待媒介内容和建设性地利用媒介的能力，还包括对媒介机构的生产活动及受众的接受过程的了解，以及对整个媒介传播活动的社会历史语境的认识"①。"新闻经典"是新闻作品之最佳典范，它代表着文本的最高标准和尺度，通过阅读"新闻经典"，可以潜移默化地培养和提高我们的媒介素养，使我们能够在泥沙俱下的传媒产品中有效鉴别媒介产品的好坏、好坏的程度。可以这样说，"新闻经典"犹如一杆秤，一旦其他传媒产品放到"新闻经典"这个天平上去衡量时，高低好坏、善恶美丑即能立刻现出原形。"新闻经典"不仅可以提高受众辨别新闻产品的能力，而且还可以提高受众建设性地使用媒介的能力。未来的受众不仅仅是接受信息的客体，他同时还将作为传播信息的主体而存在，而通过了解认知"新闻经典"，可以较为清晰地知晓创造出"新闻经典"的主体是如何判别信息、搜集信息，抓住机遇传播信息的……"取法乎上得乎其中"，在与经典大师的对话中，受众自身的信息传播能力也将得到一次质的飞跃。另外，深入体会新闻文本的每一个符号，可以洞察文本背后的权力博弈、文化、社会因素等，深刻地认识经典文本产生的社会环境，以利于我们更加深刻地认识和了解当下的媒介环境。一言以蔽之，通过"新闻经典"的阅读等媒介素养教育的开展，在媒介化生存时代，"媒介传播效果对人的影

---

① 陈力丹：《传播学是什么》，北京大学出版社 2006 年版，第 298 页。

响就像天气对人的影响一样，它无处不在，无时不有，且存在形式多种多样。……然而个人却能有效地控制气候对各自自身的影响"①。

第二节　"新闻无学论"阴影下的"新闻经典"问题

中国新闻学自 1918 年诞生以来，即饱受"新闻学科幼稚论""新闻无学论"的困扰。20 世纪 20 年代至 30 年代，新闻学科刚刚蹒跚起步，当时的新闻学者已从新闻学科发展的客观现实出发清醒地认识到新闻学科的学术地位，认为新闻学科尚处于幼稚期。邵飘萍指出："其尚未完全脱离幼稚之境域"，"可谓'新闻学'者，乃尚如婴儿之未学步"②。吴天生同样指明："盖新闻学之在今日，实为一新生之科学，尚在萌芽创造时期，而未达乎完备形成之境。"③ 陶良鹤认为，"新闻学构成一种独立的学科，在学术界是'后起之秀'，在中国更幼稚了。"④ 陈布雷也指出，中国新闻学正在孕育过程中："新闻学之成为一种独立的学科，为时盖尤为久……journalism 者，盖犹在胎孕滋息中之一种科学，而有待斯业者之含宏光大，使之充实而蔚为大观者

---

① W. James Potter, *Media Literacy*, second edition, Sage Publication, 2001, p. 260.

② 邵飘萍：《我国新闻学进步之趋势》，《东方杂志》1924 年第 26 期，第 6 页，转引自姜红《现代中国新闻学科建构与学术思想中的科学主义（1918—1949）》，博士学位论文，复旦大学，2006 年，第 40 页。

③ 吴天生：《中国之新闻学》，黄天鹏《新闻学论文集》，光华书局 1930 年版，第 15 页，转引自姜红《现代中国新闻学科建构与学术思想中的科学主义（1918—1949）》，博士学位论文，复旦大学，2006 年，第 40 页。

④ 李秀云：《中国新闻学术史》，新华出版社 2004 年版，第 85—87 页。

也。"① 储玉坤也称"'新闻学'尚在萌芽时期，在科学中是最幼稚的一门"②。"新闻学（journalism）被公认为科学（science），还是近 40 年的事。说得好听些，新闻学是最年青的一种科学；说得不好听点，就是最幼稚的一门科学。是否能和其他社会科学一样可以学校教育的方式来教授与学习，更是一个严重的问题。至今还有许多悲观论者，以新闻学形态的混乱及其内容的庞杂，坚称新闻学是一种未成的科学。"③ 刘元钊认为："新闻学的原名叫 journalism，这字的语尾是 ISM，这三个字母的意义是'方法'的意思。不过普通的外国的科学名词的语尾，后面都是 LOGY 四字母，而新闻学的名词却独异。在这一点，我们可以推测外国学者对于新闻学的这个东西，并不把它列于科学的地位。""新闻学的萌芽以至于荣发滋长的这个时期，是比别种科学的时期要来得迟一些，别种科学已经由许多的学者研究得很透彻，得到了一个结论了。但是新闻学……到现在还没有充分的成长。"④

20 世纪 40 年代，"纯粹新闻学"与"大众新闻学"的分野，是这一时期新闻学研究的最显著特征。⑤ 抗日战争的结束使得一些新闻学者重返书斋，进行"纯粹新闻学"的学理思考。尽管此时的新闻学科从成长时间上来看仍处于"萌芽期"，但回顾 20 余年新闻学科发展

---

① 陶良鹤：《最新应用新闻学》，复旦大学新闻学会，1930 年，第 1 页，转引自姜红《现代中国新闻学科建构与学术思想中的科学主义（1918—1949）》，博士学位论文，复旦大学，2006 年，第 40 页。

② 储玉坤：《现代新闻学概论·初版自序》，世界书局 1948 年版，第 1 页，转引自姜红《现代中国新闻学科建构与学术思想中的科学主义（1918—1949）》，博士学位论文，复旦大学，2006 年，第 40 页。

③ 储玉坤：《现代新闻学概论》，世界书局 1948 年版，第 1 页，转引自姜红《现代中国新闻学科建构与学术思想中的科学主义（1918—1949）》，博士学位论文，复旦大学，2006 年，第 40 页。

④ 刘元钊：《新闻学讲话》，乐华图书公司 1936 年版，第 3—4 页，转引自姜红《现代中国新闻学科建构与学术思想中的科学主义（1918—1949）》，博士学位论文，复旦大学，2006 年，第 41—42 页。

⑤ 参见李秀云《中国新闻学术史》，新华出版社 2004 年版，第 212 页。

历程，不少有识之士已经开始从学理层面上深入思考新闻学科发展的困境问题。胡傅明对中国新闻学的研究状况进行了检讨：新闻学这一门新兴的科学在中国的学术地位尚在萌芽状态，不仅完善的理论体系未经建立，即使正确的定义与范畴，也未予确定。杜绍文撰文也认为，中国新闻学理论体系的建构，仍在幼稚时期，既有的研究成果，不是稗贩欧美，就是抄袭东洋、拾人牙慧的结果，与中国国情格格不入。从事新闻理论研究的人，或削足适履，或隔靴搔痒，这是新闻学术研究的一大憾事。① 大众新闻学萌芽于20世纪30年代初，至40年代开始以独立的理论形态问世。萨空了在《科学的新闻学概论》中指出："什么是新闻学？今日要解答这个问题，并不像解答什么是哲学，什么是经济学那样，容易用一个简短的定义，把它说明。因为新闻学者名词之形成，在人类社会中历史非常短暂，世界学者间对这类研究应否列入专门科学之一种，尚有许多争辩。不过即使承认新闻学为一种专门科学，它到现在仍是极其幼稚的科学，是不容否认的。因为迄今为止，世界上还没有一种权威的新闻学著作足以奠定新闻学在世界科学界中的地位。"②

新中国成立以后，新闻学界在借鉴他国和革命战争时期的宝贵经验，致力于中国新闻学学科建设，取得了有目共睹的成就。1987年国家科委发表的统计年报文件就已将新闻学正式列为我国社会科学和人文科学项目之一。1997年国务院学位委员会将新闻传播学擢升为一级学科，下设新闻学和传播学两个二级学科，中国的新闻传播学学科建设取得重大发展。2004年1月，中共中央启动马克思主义理论

---

① 参见李秀云《中国新闻学术史》，新华出版社2004年版，第212—213页。

② 萨空了：《科学的新闻学概论》，《萨空了文集》，上海科学技术文献出版社2002年版，第98页，转引自姜红《现代中国新闻学科建构与学术思想中的科学主义（1918—1949）》，博士学位论文，复旦大学，2006年，第40页。

研究和建设工程，将新闻学列为九大重点建设学科之一。上述举措表明中国新闻学得到国家层面的认可，新闻学科在学科建制层面成为与其他学科并列的一门学科。但是从学理层面而言，新闻学学科地位的尴尬犹存。尽管"绝对的新闻无学论"的言论日弱，但与文学、史学、哲学等成熟学科相比较，新闻学学科学理基础薄弱、研究品位不高、研究不规范等问题仍然是新闻学科发展之弊病。"相对新闻无学论"（新闻学科幼稚论）的观点充斥着新闻学界，几乎所有对新闻学科本身进行研究的新闻学者都不无忧虑地指出这一点。童兵教授在谈到新闻理论徘徊不前状况时深有感触地说："'新闻无学论'虽有所纠正，但新闻学研究尚未走完从术到学的科学化进程。新闻理论研究从总体上看还停留在较低层次上，要么简单地描述新闻业务经验，要么对某些新闻政策做图解式的阐释，探讨新闻规律、扎扎实实从事基础理论研究的人和作品都太少，研究成果中论题重复者甚多。"[①] 刘建明指出："几十年来，我们的新闻理论研究从某种意义上说，还没有完全把新闻学当作科学体系来探讨，有时竟简单地把它当作一种运动工具去使用。这种忽视科学内在规律的态度，不能不使新闻的学术活动深受政策变动的影响，实用主义色彩时而掩护了理论上的浅薄。"[②] 陈力丹认为："我们现在是把新闻理论的地犁了多遍，但缺少的是在地里的一个点上挖下去，掘一口井，涌出水来，然后再向四面扩散。从新的角度看旧的问题，需要有创造性的思维，这是学科进步的一个标志。"[③] 还有学者从 CSSCI 的相关数据来量化分析新闻传播学研究中存在的问题，如新闻传播学引文数大大低于人文社会学科所有学科的平

---

① 童兵、林涵：《20 世纪新闻学与传播学———理论新闻学卷》，复旦大学出版社 2001 年版，第 412 页。

② 刘建明：《宏观新闻学》，中国人民大学出版社 1991 年版，第 10—11 页。

③ 陈力丹：《深化新闻学和传播学的研究》，《当代传播》2003 年第 2 期，第 4 页。

均数，一定程度上反映了本学科的研究在学术功力、学术规范、研究方法上存在的缺陷。而新闻传播学期刊的影响因子偏低，也反映了本学科研究水准普遍不高。①

新闻学科需要扎实的新闻学基础理论建设来提升新闻学的学科品质，提高新闻学科在学术丛中的学术地位。"从学科建设角度看，一门学科要想获得较大发展，研究者就不仅要关注实践和应用理论层面的变化，更要将精力投向基础理论研究，基础理论的研究水平常常对一门学科的发展起决定性作用。"② 经典问题是每一个成熟学科都绕不过的一个基础问题。任何成熟学科都有为人所公认的经典之作，正如谁都不能否认四大名著是文学经典，《史记》《资治通鉴》是历史经典一样。一定意义上，有无经典是一个学科走向成熟的标志之一。"关于学科的标准，比较权威的说法是，要有特殊的研究对象，要有完整的理论体系，要有公认的专门术语和方法论，要有代表性的人物和经典著作。"③ 经典作品的问世、权威学术刊物的建立、学术大师的出现、资金资助、人才培养等是学科制度建设的重要指标。④ 我国著名教育理论家瞿葆奎先生在谈到教育科学分支学科的成熟标准时说道："归纳起来，评判一门教育科学的分支学科是否成熟，其指标可以从两方面来看，一是属于'理论'方面的——对象、方法（及理论体系），一是属于'实践'方面的——是否有代表人物、著作、学术组织、学术刊物等。这就是说成熟意味着是否满足了所有这些方面，

① 参见任亚肃、段京肃《新闻传播学术研究中存在的问题——CSSCI 中几组数据的分析》，《新闻界》2007 年第 6 期。
② 陈作平：《当前我国新闻理论研究状况评析》，《现代传播》2004 年第 5 期，第 42 页。
③ 王建华：《学科、学科制度、学科建制与学科建设》，《江苏高教》2003 年第 3 期，第 55 页。
④ 参见张昊鹏《学科制度建设研讨会综述》，2003 年 7 月 7 日，中国社会科学院网站。

满足的程度又如何。"① 由于新闻学与教育学分支学科一样，在学科结构上兼有理论和实践双重特点，因此，此一论点，对于新闻学科走向成熟亦有启发意义。可以说，新闻学科要从相对幼稚走向成熟，"新闻经典"的建构是其前进路上必须要解决的拦路虎之一。尽管之前的中国新闻界关于"新闻经典"的命名繁多，学界建构"新闻经典"的冲动强烈，但"新闻经典"更多的是从自说自话的学科发展史的角度进行"新闻经典"的选定，从典范作品或著作的角度宽泛地使用"新闻经典"概念，假如将这些建构的"新闻经典"放置在与成熟学科比较的天平上衡量，新闻学科为其他学科所承认的"新闻经典"又有哪些呢？这个问题仍需进一步明晰。

尽管与历史悠久的文、史、哲等成熟学科相比，新闻学科由于成立时间不长，积淀不深、根基尚浅是不争的事实，而且也许在未来很长的一段时间内，新闻学科可能也难以达到与文、史、哲等成熟学科比肩的地位，但如果因此放弃与成熟学科争锋对话的勇气，沉湎于自说自话的洋洋自得中，那么，也将是新闻学科幼稚之表现。见贤思齐是个人成长进步的源泉和动力，个人如此，一个学科发展又何尝不如此？"虽不能至，心向往之"也应是一个学科发展的应有理性。新闻学科要走向成熟，必须有向成熟学科靠近、与成熟学科平等对话的决心。对话的前提是有共同的话题，经典是所有学科共同关心的问题，也是成熟学科得以向其他学科昭示自己地位的标志之一，新闻学科的加入，扩展了经典的边界，建构了一个新闻学科与其他学科对话的平台，赢得了与其他学科对话的机会。随着交流的日益频繁，可以期待，新闻学科也许某一天会逐渐站立在与成熟学科同等的地位，成为一门为其他学科所公认的成熟学科。

---

① 唐莹：《元教育学》，人民教育出版社 2002 年版，序言第 12 页。

第三节　新闻学学科性质与"新闻经典"问题

《红楼梦》《三国演义》《水浒传》《西游记》《史记》《资治通鉴》《论语》《理想国》……这些众所周知的经典之作如一颗颗耀眼的明星闪烁在人类知识的天空。其他学科的经典巨著隐约向我们昭示了"新闻经典"这一事关新闻学科发展的基本问题的存在：经典是一个成熟学科的必备条件，经典的建构是新闻学由幼稚走向成熟的必由之路。然而，其他学科经典之作的存在并不能成为新闻学科必定需要经典的理由，作为新闻学科自身而言，何以经典的建构成为新闻学走向成熟一道绕不过去的门槛？这里笔者将从经典何以会成为一个学科命题，哪些学科需要经典出发，在论证新闻学学科归属的基础上，来回答"新闻经典"为何会成为学科命题。

一　经典与人文学科的关系

理论上，只要是人类创造的优秀文化成果都可能包含经典之作。经典是人类智慧的结晶，是一个民族和国家最为深层的文化底色。从学科分类来看，无论是自然科学、人文科学还是社会科学，都是人类创造的宝贵知识财富，积淀为本民族和国家的文化传统，这些学科无疑都蕴藏着经典的因子。除了我们耳熟能详的文史哲等人文学科经典著作外，自然科学和社会科学领域也不乏经典之作，比如经济学中亚当·斯密的《国富论》、法学中孟德斯鸠的《论法的精神》、政治学中马基雅维利的《君主论》；自然科学中，如欧几里得的《几何原本》、达尔文的《物种起源》等，但这些学科中，在哪一类更需要经典，容易产生经典的问题上，三大学科类别之间是有差异的。笔者的观点是，人文科学更需要经典，更容易产生经典。

从学科成果表现形式来看，人文学者在人文科学领域中的探索与创造，主要表现为精神和思想的收获和成果；而这些收获与成果，主要以人文著述即文本的形式保存下来。这一点，可以说是人文学科区别于社会科学、自然科学的根本标志。巴赫金曾将文本作为人文学科的第一性实体。"文本（书面的和口头的）作为所有这些学科以及整个人文思维和语文学思维（其中甚至包括初始的神学和哲学思维）的第一性实体。文本是这些学科和这一思维作为唯一出发点的直接显示（思想的和情感的现实）。没有文本，也就没有了研究和思维的对象。"① 而自然科学探索与创造的成果，除了以自然科学著述的形式保存下来外，往往还以实验、器物、标本、技术等形式加以保存。社会科学创造的成果，除了以社会科学著述的形式保存下来外，还集中表现为决策的制定、规划的设计、社会实践活动的开展等，甚至表现为规模宏大、长期持续的社会运动。这与人文科学是不同的。人文科学探索与创造的成果，除了以人文著述的形式保存下来外，很少以器物、标本、实验、技术等形式加以保存（考古学可能是个例外），也不可能集中表现为决策的制定、规划的设计、社会实践活动的开展（人文科学虽然在大规模社会运动中能够为其提供思想旗帜和理论武器，但运动本身并不是人文科学的直接产物）。② 文本才是人文学科主要的保存形式和研究对象。

从研究方法上看，文本阐释和解读也是人文学科和自然学科、社

---

① ［俄］巴赫金：《文本问题》，《巴赫金文集》第 5 卷，河北教育出版社 1998 年版，第 300 页。

② 参见李维武《人文科学概论》，人民出版社 2007 年版，第 40 页。

会学科的区别之一。① 人文学者所留存的人文著述，不仅是对创作它的人文学者思想成果的保留，而且也是供其他人文学科以及以后的人文学者进行解读的文本。重视这些文本，解读人文著述，是人文学科研究的一项相当重要的内容。对于今天的人文学者来说，庄子的散文无疑仍是必读之作，有着重要的文本意义；而对于今天的生物学家来说，庄子的散文则绝对不是必读之作，去读的人可能很少，当然没有什么文本的意义。由此可见，人文学科研究离不开对人文著述的解读。这一点，正如卡西尔所引康德言："自然科学教我们如何'打破现象，以便将它们看作经验'；而文化科学则教我们去诠释符号，以便将其中隐藏的意义揭示出来，使这些符号原先产生的那种生活得以再现。"② 解读人文著述，就是这样一种诠释符号、揭示意义、重现生活的工作。人文学科作为极为重视文本著述和阐释的学科门类，必然会在成千上万的文本中进行优劣比较，搜寻其最高等级的文本——经典作品，作为以后研究治学、写作的依据和示范。如果文本是人文学科的第一性实体的话，那么经典文本则是这第一实体的核心。可以说，对经典文本的选择和不断的解读是人文学科的立学之基。

从其与传统文化的关系上看，人文科学、社会科学、自然科学各自的学科特点决定了人文学科的成果更容易积淀成为民族文化传统，成为为后世所敬仰的经典，而自然科学和社会科学则由于不断地推陈出新，随社会发展而不断变化，很难长久留存。自然科学和社会科学强调数学化，重视实证性，其思想理论随社会生活的变化而很快变化，这种研究方式与人文科学有着明显的不同。所谓其思想理论随社会生活的变化而很快变化，是指由于人与社会的联系变动较快，研究

---

① 参见李维武《人文科学概论》，人民出版社 2007 年版，第 41 页。

② ［德］卡西尔：《人文科学的逻辑》，中国人民大学出版社 1991 年版，第 139 页。

人与社会联系的社会科学变动也较快，因而自然科学和社会科学的思想理论往往很难积淀下来，进而转化为民族文化传统，得以长久地保存。而人文科学正相反，不以数学化、实证性为主要研究方式，其思想理论的内核也不会随社会生活的变化而很快变化，总有一部分内容逐渐积淀下来，并转化为民族文化传统，得以长久地保存。① 这就决定了积淀成为民族精神和文化传统的经典相当大一部分是人文学科的经典之作。自然科学、社会科学虽然也有经典存在，但这些经典往往不像人文科学一样，被后来的研究者不断阐释批评，从而永葆青春活力。自然科学、社会科学的经典常常成为后人超越的对象，在不断的超越中，自然科学、社会科学得以发展进步。而这些学科的经典著作之所以能够成为经典，往往是由于其提出了新的理论、观点，从而受到人们关注，并不是因为承载理论、观点的文本受到人们的特别推崇，某种意义上，这些理论和观点即使不依托经典文本，也会得以流传，比如爱因斯坦的相对论、牛顿的万有引力理论等，并没有什么可供承载的经典文本，但一样受到后人的推崇。

由此可见，经典与人文学科存在着不解之缘。经典天生就带有人文学科的气质，与自然科学、社会科学相比，人文学科更需要经典。

二　新闻学的学科性质之辨②

既然人文学科更需要经典，更容易出经典，那么，新闻学究竟具有怎样的特质，使得它也需要"新闻经典"的建构呢？我们从新闻学的学科性质谈起。可以说，正是新闻学的学科属性决定了"新闻经典"的建构是事关新闻学科建设的基本问题。

---

① 参见李维武《人文科学概论》，人民出版社 2007 年版，第 425—426 页。
② 本节部分内容发表于刘锐《新闻学是具有强烈人文底蕴的社会科学——新闻学的学科属性之辨》，《编辑之友》2013 年第 10 期。

然而，至今关于新闻学科属于人文学科还是社会学科，学界仍无一致的看法，关于新闻学科的归属大致可分为三类：

一类以童兵、李彬、屠忠俊、吴廷俊、徐培汀等人为代表，认为新闻学科是人文学科。他们在分析新闻学与传播学的差异时指出，首先，二者的学科属性不同，新闻学属于人文学科中的应用学科，而传播学是社会科学的行为学科。其次，二者研究的方法不同，新闻学属人文学科，人文学科讲究人文性，体现人对人的终极关怀，其研究方法主要是定质的方法、思辨的方法；传播学属于社会科学，其研究方法主要是定量方法、实证的方法。[①] 中国人民大学博士唐远清则根据李承贵提出的划分人文学科的四个主要依据认为新闻学属于人文学科。[②]

一类以郑保卫、张昆、赵凯、丁法章、黄芝晓等为代表，认为新闻学是以新闻现象和新闻规律为对象的一门社会科学。[③]

另一类以杨保军为代表，认为新闻学是一门以社会科学性质为主，但同时兼有一定人文科学性质的学科。新闻学是对人类新闻传播现象、新闻活动特征及其规律的探讨和揭示。按照对人文科学和社会科学的一般理解与基本区分，新闻学作为一门学科，属于社会科学。但是，严肃一点讲，社会科学从严格意义上说要求研究者以价值中立或者价值无涉的态度对待自己的研究对象和结论，而新闻学还包含着人文的思想和论述、价值性的评价与判断。因而，就学科性质而言，

---

① 参见童兵《用科学和人文精神推动新闻学学科创新》，《中国社会科学》2003 年第 1 期，第 83 页；李彬《媒介话语新闻与传播论稿》，新华出版社 2005 年版，第 299 页；屠忠俊、吴廷俊《网络新闻传播导论》，华中科技大学出版社 2002 年版；徐培汀《中国新闻传播学说史 1949—2005》，重庆出版社 2006 年版，第 11 页。
② 参见唐远清《对"新闻无学论"的辨析及反思》，中国广播电视出版社 2008 年版，第 204—205 页。
③ 参见张昆《中外新闻传播思想史》，复旦大学出版社 2006 年版，第 435 页；赵凯、丁法章、黄芝晓《二十世纪中国社会科学·新闻学卷》，上海人民出版社 2005 年版，封面。

在一定程度上可以说，新闻学是一门以社会科学性质为主，但同时兼有一定人文科学性质的学科。①

上述论点可以说都有一定的合理性，但他们的一个明显缺陷即大多并未从人文科学和社会科学的科学区分角度进行新闻学学科性质的界定，唐远清和杨保军虽然区分了人文学科和社会学科的不同特征，但失之系统、全面。

唐远清依据李承贵提出的划分人文学科的四个主要依据来定义新闻学科的学术归属，但相应标准虽然理论上容易区分，但具体到实践中则很难操作，究竟何谓突出的"人文"气质，什么学科的研究才算与人的意义特别是精神价值直接相关，等等，并无明确的具体的规定。由此也就不难理解，为什么作者单列一节论述新闻学的学科归属问题，坚持认为新闻学是人文学科，但在前文中却把新闻学界定为"新闻学是一门研究大众传媒业的独立的社会科学"（博士论文阅评人雷跃捷也指出了这一点），出现了前后矛盾、顾此失彼的现象。

而杨保军在谈到人文科学与社会科学之别时仅谈到了研究对象和研究判断类型的不同，判断标准有失片面。另外，在认定新闻学兼有人文学科属性时，仅仅从目前新闻学研究现状出发，认为相关的理论著述在事实判断之后，总要加上一个价值判断的尾巴，就认为新闻学科兼具人文学科属性的理解也存在偏差。因为现有著述存在的问题与该学科属性并不等同。

因此，这里，笔者从区分人文学科和社会科学的不同特性出发，

---

① 参见杨保军《新闻活动论》，中国人民大学出版社 2006 年版，第 2—10 页。

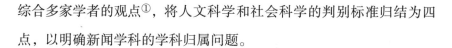

综合多家学者的观点①，将人文科学和社会科学的判别标准归结为四点，以明确新闻学科的学科归属问题。

1. 研究对象和价值

人文科学研究的是人的观念、精神、情感和价值，是人的精神世界及其所积淀下来的文化。人文科学的价值不在于提供物质财富或实用的技术，而在于为人类提供一个有意义的世界和精神的家园，使人类的心灵有所安顿、有所依归。而社会科学以社会为研究对象，它侧重于对社会结构、社会组织、社会运作和变革的普遍性和规律性的认识，解决社会矛盾，促进社会发展。即人文学科研究的是人的主观世界和人类的精神文化，社会科学关注的则是客观的人类社会，它是外在于具体个人的。

2. 研究方法

人文科学具有体验性、阐释性、评价性的特点，强调研究者的个体性和独创性，它的知识并不完全像科学知识那样呈前后递进式发展，而是散点、跳跃式的或不断阐释性的。一些古典著作中提出的命题可以被后人不断地理解和阐发。而社会科学的研究方法具有分析、归纳、证实等特点，强调研究的客观性和普遍性，社会科学知识的发展是前后递进式的，前人提出的某些命题可以被证伪或替代。当然，社会科学的研究方法虽然越来越多地借鉴自然科学的实证研究法，但社会科学并不排斥人文科学的研究方法。社会科学既采用自然科学的逻辑实证方法来研究认识人类社会生活中的制度、关系、结构和功

① 参见汪信砚《人文学科与社会科学的分野》，《光明日报》2009 年 6 月 16 日；张明仓《人文科学与社会科学关系研究述评》，《哲学动态》1999 年第 6 期；朱红文《社会科学的性质及其与人文科学的关系》，《哲学研究》1998 年第 12 期；王忠武《人文科学与社会科学的基本关系及其系统划分》，《自然辩证法研究》2001 年第 4 期；李维武《什么是人文科学?》，《武汉大学学报》1999 年第 4 期等。

能，又需要采用人文科学的精神与情感体验方法来把握人类社会生活中的价值与意义问题，因为社会具有物质客观属性与精神观念属性两重性质。

3. 研究成果

如前所述，人文学者在人文科学领域中的探索与创造，主要表现为精神的收获和思想的创造；而这些收获与创造，主要以人文著述的形式保存下来。社会科学探索与创造的成果，除了以社会科学著述的形式保存下来外，还集中表现为决策的制定、规划的设计、社会实践活动的开展，甚至表现为规模宏大、长期持续的社会运动。而人文科学探索与创造的成果，则很少以文本之外的形式加以保存。

4. 研究效用

人文科学是基础性学科，而社会科学是应用性学科，所以人文科学的研究成果往往不具有明显的实际运用的价值，而社会科学的成果则往往具有明显的实际运用的价值。当然，这并不是说人文科学没有用，只有社会科学才有用，而是说人文科学是一种无形之用，而社会科学则是一种有形之用。社会科学更能直接指向人的现实生活，对人的现实生活产生直接的影响。

依据以上人文科学和社会科学的划分标准，笔者认为，新闻学总体属于社会科学。理由如下：

从研究对象来看，虽然目前新闻学术界并没有取得共识，但根据不同学者对新闻学研究对象的论述，较为常用的关键词是：新闻事业、新闻工作、新闻活动、新闻、新闻传播活动、新闻现象、新闻与社会关系等。有学者依据56位新闻学者对新闻学研究对象的论述，筛选出中心词的出现频率，从高到低分别是：新闻事业（27次）、新闻（传播）活动（24次）、新闻现象（18次）、新闻工作（14次）、新闻（12次）、报纸（10次）、新闻事业与社会关系（6次）。① 可见这些关键词都与社会活动、现象、组织、运作等有着密切的关系，更有不少学者如徐宝璜、黄天鹏、李公凡等认为，新闻学的间接对象就是全社会。② 而且，自新中国成立后第一部理论新闻学著作——甘惜分的《新闻理论基础》开始，对新闻学研究对象界定的中心词都由比较具象的"报纸"转换为比较抽象的"规律"——学者们几乎都使用了"规律"一词，尽管在与其他中心词的搭配上，有"新闻事业规律""新闻活动规律""新闻工作规律""新闻传播规律"等的不同。③ 这符合社会科学以社会为研究对象，主要侧重于对社会结构、社会组织、社会运作和变革的普遍性和规律性的认识的观点，而非人文科学研究对象范畴。

从研究方法来看，新闻学强调研究"新闻事业规律""新闻活动规律""新闻工作规律""新闻传播规律"等，既然研究对象的中心词是"规律"，那么，强调研究的客观性和普遍性就是理所当然的了。虽然新闻学的研究方法目前仍以定性研究为主，但定性研究并不代表就是主观性研究，定量研究也并不意味着就是客观研究，定性与定量只是研究方法的区别，而主观和客观则是研究对象与客观事物的符合、相去程度。"科学是理性的产物，使用事实、规律、原因等概念，并通过客观语言沟通信息。"④ 与此不同，"人文学科是想象的产物，使用现象与实在、命运与自由意志等概念，并用感情性和目的性的语

① 参见唐远清《对"新闻无学论"的辨析及反思》，中国广播电视出版社2008年版，第135页。
② 参见李秀云《中国新闻学术史》，新华出版社2004年版，第88—92页。
③ 参见唐远清《对"新闻无学论"的辨析及反思》，中国广播电视出版社2008年版，第134页。
④ 《简明不列颠百科全书》第6卷，中国大百科全书出版社1986年版，第761页。

言表达"①。从这一点看，新闻学无疑也归属于社会科学，几乎所有的研究者都希望自己的研究能够反映新闻现实，符合新闻实践的要求和发展规律，有效地指导新闻实践，而非自由想象、闭门造车。

从研究成果来看，新闻学探索与创造的成果，除了以著述的形式保存下来外，还集中表现为新闻社会实践活动的开展、新闻管理决策的制定，甚至还表现为规模宏大、长期持续的社会运动（譬如公共新闻学）。从新闻学界尤为强调新闻学研究成果要对新闻实践有指导意义即可见一斑。

从研究成果的效用来看，新闻学的研究成果尤其是新闻业务的研究具有明显的实际运用的价值，能够对新闻实践产生直接的作用和影响，即使是新闻理论和新闻史研究，也强调要对新闻实践有所启迪和教益。尽管目前学界的研究和业界现实尚有一定的隔膜，但已有一批研究成果得到业界和政界的认可，从长远来看，新闻学将会更好地服务于新闻传播实践，对新闻传播实践产生更大的影响。

从以上四点可以看出，新闻学无疑当归属社会科学。然而，事实上，我们很难在人文科学和社会科学之间画出泾渭分明的界线，正如著名学者让·皮亚杰所说："在人们通常所称的'社会科学'与'人文科学'之间不可能做出任何本质的区别，因为显而易见，社会现象取决于人的一切特征，其中包括心理生理过程。反过来说，人文科学在这方面或那方面也都是社会性的，只有当人们能够在人的身上分辨出哪些是属于他生活的特定社会的东西，哪些是构成普遍人性的东西时，这种区分才有意义。"② 新闻学虽然属于社会科学，但新闻学也具有较为浓郁的人文色彩，从学科性质而言，新闻学是具有人文底蕴的

---

① 《简明不列颠百科全书》第6卷，中国大百科全书出版社1986年版，第760页。

② ［瑞士］让·皮亚杰：《人文科学认识论》，郑文彬译，中央编译出版社1999年版，第1页。

社会科学。表现在：

第一，从研究对象和价值来说，新闻学既是事学，是对社会结构、社会组织、社会运作和变革的普遍规律的研究；又是人学，除了研究新闻媒体作为一个社会组织对于社会所起的作用及其运作之外，还需关注在媒体运行过程中传者和受众各自的精神状态、价值情感等。新闻传播事关每一位公民的言论自由权利，新闻学研究绝不能因事废人，放弃对新闻传播学的人文属性。因为"新闻传播活动根本上是人的交流活动，尽管这种活动在现代以来越来越需要利用机器和制度等途径进行，但它毕竟与人的生存息息相关，从没有离开'人'的新闻传播"①。"新闻学的终极关怀或指向是为人的，新闻学研究的最终目的和新闻传播活动的最终目的都是让人更加趋近人所能拥有的自由、美好而不悖乎人性的生存方式，即马克思所说的'自由人联合体'。"② 从这一点上来说，新闻学科注定将难以回避价值判断，价值判断在新闻学科中占据较大的比重。价值判断是每一个新闻学研究者不可回避的一个问题，新闻学需要事实判断，也需要价值判断。

第二，新闻学的文本之学特征较其他社会科学更重。尽管学界对新闻学的研究对象是否为新闻文本仍存争议，与"新闻事业""新闻活动""新闻现象""新闻工作"等这些关键词相比较，将"新闻"文本作为新闻学研究对象的呼声相对弱小一些，但一个不争的事实是，无论是新闻事业、新闻活动、新闻现象、新闻工作，其成效好坏最终都将反映到新闻文本上，可以说，新闻文本是新闻事业、新闻活动、新闻现象、新闻工作最重要的环节，无新闻文本则无新闻事业、新闻活动、新闻现象、新闻工作。新闻学的研究起步于新闻文本，最

---

① 姜红：《现代中国新闻学科建构与学术思想中的科学主义（1918—1949）》，博士学位论文，复旦大学，2006 年，第 153 页。

② 同上。

终无论是作用于新闻实践，还是作用于新闻管理政策，都将落脚在新闻文本上。新闻学研究是围绕着文本这一中心运行的，这是新闻学与社会学、经济学、法学、政治学等其他社会科学不同之处，他们的研究未必起步于文本，也未必最终作用于文本，从这点看，新闻学也具有较为鲜明的人文色彩。

因此，新闻学的学科性质为具有强烈人文底蕴的社会科学。新闻学不单单是人事之学，也是文本之学，具有浓郁的人文色彩。既然文本在新闻学中占据中心地位，那么对文本之典范和最高存在样态——经典文本的追寻和研究就是自然而然的了。"新闻经典"文本是新闻学科社会属性、人文属性的最集中体现。新闻学科其文本之学的性质要求必须将"新闻经典"问题提上议事日程。"新闻经典"是事关新闻学科建设的基本问题。

第二章 "新闻经典"建构的
历时性考察

　　尽管"新闻经典"的研究目前尚付诸阙如，但是"新闻经典"问题之于新闻学科是如此重要，我国新闻界自中国新闻事业起步之日起，即开始了"新闻经典"的建构工作。特别是自1918年中国新闻学诞生之后，新闻界为提高新闻学科的地位而不懈奋斗，这其中自然也包括建构"新闻经典"的自觉或不自觉的努力。但由于对"新闻经典"的理解不同，前人对"新闻经典"的建构不单单包括新闻作品文本，还有将新闻学著作、马列主义经典作家著述等作为经典来建构的，"新闻经典"建构过程中存在着一定的争议。

　　依据"新闻经典"建构的动机不同，笔者将"新闻经典"的建构史划分为四个阶段，即1949年以前的"新闻经典"建构的萌动期，1949—1985年"新闻经典"建构的准备期，1986—1999年"新闻经典"概念的明确提出期，2000年至今"新闻经典"建构的兴盛期。

第一节 "新闻经典"建构的萌动期

"新闻经典"建构的萌动期为自现代新闻事业诞生之日起至1949年之前。这一时期中国新闻事业从蹒跚起步逐步成长壮大，新闻学作为一门现代知识也开始走入中国人的视野，但是作为一门学科，在众多较为成熟的学科面前，它还显得过于年轻幼稚，作为一项事业，它刚刚步入正轨，因此，对于一个需要较长时间段去审视的"新闻经典"命题，无论对于新闻作品还是新闻学著述似乎都还显得为时尚早，但是建构"新闻经典"的举动已经萌发。

"新闻经典"的建构早在新闻学诞生之前就开始了，近代以来，大规模的新闻传播活动出现以后，就有零星的新闻作品（集）问世。比如，1895年上海广学会出版的《时事新论》、1904年上海东大路图书译印局出版的《国民日日报汇编》等，但是限于条件，当时出版的新闻作品（集）是零散的、稀少的，在社会上的影响力也极为有限。而从1918年中国新闻学诞生，新闻学作为一门显学进入国人的视野之后，新闻作品（集）的出版才如雨后春笋般兴旺起来。当然，此时的人们并无清晰明确的"新闻经典"建构意识，但出版的新闻作品（集）客观上为"新闻经典"的建立打下了坚实的基础。特别是《远生遗著》（商务印书馆，1920年）、《小言论》《萍踪寄语》《从东北到庶联》（上海生活书店，1935年）、《红旗下的中国》（上海大众出版社，1937年）、《中国的新西北》（平凡书店，1937年）、《萍踪忆语》《中国的西北角》（天津大公报馆出版部，1935年）、《塞上行》（天津大公报馆出版部）、《西线风云》《西行漫记》（上海复社，1938

年)、《华北前线》(上海文缘出版社,1939 年)、《北方巡回》(重庆生活书店,1939 年)、《为自由而战的中国》 (上海棠棣社,1939 年)、《续西行漫记》(上海复社,1939 年)、《中国的新生》(上海文缘出版社,1939 年)、《季鸾文存》 (天津大公报馆,1944 年)、《红色中国的挑战》(上海晨社,1946 年)、《中国解放区见闻》(重庆学术社,1946 年)、《中国解放区印象记》 (北平认识出版社,1946 年)、《人生采访》 (上海文化生活出版社,1947 年)、《芸生文存》(大公报社,1947 年) 等成为后人思考"新闻经典"问题的重要参照。一些报社出版的作品选辑,《申报评论选第一集》(上海申报馆,1932 年)、《北平晨报社论集》(北平晨报社,1933 年)、《时事新报评论集:一九三四年一月至三月》(上海四社出版部,1934 年)、《天津日报十年来之记者长篇通信》(传信印书局,1937 年)、《大晚报评论选》《新华通讯集》 (汉口新华日报馆,1938 年)、《新民报社论》《时代日报社论》 (共六集,1938 年)、《中国国民党党报社论集》(国民党中央执行委员会宣传部编印,1938 年)、《海外社论选编》(香港海外通讯社,1940 年)、《中国国民党党报社论类编》(国民党中央执行委员会宣传部,1940 年)、《福建中央日报评论集》(福建中央日报社,1942 年)、《新中国报评论集》(上海新中国报社,1943 年) 等均有设立新闻范本之意在焉。

这一阶段,与新闻作品之于"新闻经典"建构的无意识相比,将新闻学著作建构为"新闻经典"的冲动强烈,特别是早期新闻学的几部奠基之作如 1919 年徐宝璜著的《新闻学》、邵飘萍的《实际应用新闻学》、戈公振的《中国报学史》等,备受当时不少文化名流追捧,表现出国人对于这些新闻学著作能够成为"新闻经典"的热切期待。

《新闻学》一书是我国新闻学的开山之作,也是我国新闻教育第一部正规的教材。蔡元培亲自为其校阅、作序和题写书名,并给予高度评价，称其为"在我国新闻界实为'破天荒'之作"①，黄天鹏认为"《新闻学》在中国新闻史上应居最高峰的位置"②。京报曾评《新闻学》说："新闻学以前中国无专门研究新闻之书籍，有之自先生始，虽仅五六万字，以言简赅精当，则无出其右者。在中国新闻学史上，有不可磨灭之价值，无此书，人且不知新闻为学，新闻要学，他无论矣。"③该书在新中国成立前的1930年、1932年、1934年、1937年四次再版。

《实际应用新闻学》是中国人自撰的第一部论述新闻采访学的专著，曾被作为北京大学新闻学研究会和平民大学新闻系的采访讲义。1923年由京报馆出版发行。该书"颇得中国大多数著名新人物之赞许"④，该书出版时，黄炎培题写了书签，政界要人和文化名流如顾维钧、颜惠庆、汤尔和、王正廷、黄郛、江庸、蒋梦麟、张东苏、徐宝璜以及英国路透社记者伊文思为之作序。顾维钧称此书是中国新闻学的"开山之初祖"，颜惠庆则以为："新闻家之事业，实太史氏之勋劳也……邵君有是书之作，吾国新闻事业进步此其征已。"汤尔和在序中称："中国有报纸五十二年（这大致是以《申报》的创刊为标志的。——笔者注），足当新闻外交而无愧者，以余所知仅得二人，一为黄远生，一即飘萍。"⑤本书问世后影响很大，当时知识界普遍赞扬此书"立论本于国情，举例由于实践"，因此多次重版，成为不少新

---

① 徐宝璜：《新闻学》，中国人民大学出版社1994年版，序言第6页。
② 同上书，序言第15页。
③ 同上。
④ 谭启泰：《邵飘萍与〈实际应用新闻学〉》，松本君平、休曼等《新闻文存》，中国新闻出版社1987年版，第482页。
⑤ 参见散木《乱世飘萍：邵飘萍和他的时代》，南方日报出版社2006年版，第198页。

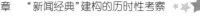

闻工作者的案头必备之书。①

　　戈公振的《中国报学史》是"我国最早的一部叙述中国报纸包括中国最初的新闻事业历史的著作,奠定了他在中国新闻业史研究中拓荒者的地位"②。《中国报学史》作于1926年,1927年由商务印书馆初版,1928年5月"天津《大公报》文学周刊刊载书名'素痴'的《评戈公振中国报学史》文章……此书搜讨之勤,网罗之富,实为近来著作之罕见者……"③。1944年,鲁风在评价中国的新闻学书籍时,举戈公振的《中国报学史》为"有得于心而言之有物"之代表:"我国出版的新闻学书籍,近二十年来也先后发行了数十种,但有得于心而言之有物者,只戈公振的《中国报学史》等寥寥数种……"④ 20世纪40年代末,恽逸群在《新闻学讲话》中提道:"到现在为止,中国出版的有关新闻学的著作不过数十种,真正有内容的数不出几种。戈公振先生的《中国报学史》是一本好书……"⑤ 该书在中国大陆至今已重版十余次。

　　上述新闻学著作的出版,标志着新闻学作为一门学科真正走入国人的视野。20世纪20年代以后,新闻学论著如雨后春笋般涌现。据《中国新闻学书目大全》的不完全统计,1903年我国第一部新闻学书籍问世起到1949年9月止,全国印行的书籍有468种,这其中除很小一部分是1903年至1919年出版之外,大部分系1920年以后问世

---

　　① 参见谭启泰《邵飘萍与〈实际应用新闻学〉》,松本君平、休曼等《新闻文存》,中国新闻出版社1987年版,第482页。

　　② 戈宝权:《谈戈公振和他的〈中国报学史〉——写在〈中国报学史〉重印本的卷首》,《新闻研究资料》1985年第32期,第46页。

　　③ 洪惟杰:《戈公振年谱》,江苏人民出版社1990年版,第35页。

　　④ 鲁风:《新闻学》,新中国报社1944年版,序言第2页。

　　⑤ 江苏省社会科学院《恽逸群文集》编选组:《恽逸群文集》,江苏人民出版社1986年版,第253页。

的。① 其中代表性的新闻学著作有恽逸群的《新闻学讲话》、萨空了的《科学的新闻学概论》、张友渔的《新闻之理论与现象》、储玉坤的《现代新闻学概论》等。其中储玉坤著的《现代新闻学概论》是新中国成立前国民党政府教育部唯一的部定大学用书，在旧中国，是一部较有影响的大学新闻理论教材。虽然未上升到"新闻经典"的角度去命名，但显示了官方建构此书为"新闻经典"的努力。

第二节　"新闻经典"建构的准备期

"新闻经典"建构的准备期从 1949 年至 1985 年。新中国成立后，我国逐渐进入社会主义新闻事业建设时期，这一时期，对于新生的中国来说，是一个全新的时期，如何进行社会主义工作，如何发展社会主义新闻事业，成为摆在每一个新闻工作者面前的问题。为此，新中国新闻事业的建设者们一方面学习苏联的先进经验，另一方面从历史和现实中寻找可资利用的资源，并将它们作为学习借鉴的范本，"新闻经典"建构的意识明确而清晰，只是这一时期"新闻经典"的命名一直没有出现，因此，笔者将其称为"新闻经典"建构的准备期。

新中国成立初期，我国实行"一边倒"的国策，在"苏联的今天就是我们的明天"的口号指引下，学习苏联新闻工作经验，成为当时我国社会主义新闻事业建设的一个重要指导思想。1950 年 1 月 4 日，《人民日报》开辟《新闻工作》专栏，每两周出版一期，以一个整版

---

① 参见童兵、林涵《20 世纪中国新闻学与传播学·理论新闻学卷》，复旦大学出版社 2001 年版，第 145 页。

的篇幅系统介绍苏联新闻工作经验。至 1950 年 12 月，《新闻工作》共出 26 期，刊登了译介列宁、斯大林论报刊和苏联新闻工作经验的文章近 30 篇。1950 年秋，生活·读书·新知三联书店推出"新闻工作丛书"，先后出版了《怎么领导党报》《报纸编辑部的群众工作》等小册子，其内容选辑自《人民日报》的专刊《新闻工作》上发表的介绍苏联新闻工作经验的译文，也有一些新发表的译文。进入 1954 年，新闻界代表访问苏联对口学习蔚然成风，学习苏联经验达到高潮。1954 年至 1955 年，人民出版社又翻译出版了《联共（布）中央直属高级高校新闻班讲义汇编》第一、二集和苏联国家政治书籍出版局编辑的《布尔什维克报刊文集》，作为全国新闻工作人员和大学新闻系学生的学习用书。1958 年，中国人民大学出版社出版《列宁论报刊》《马克思恩格斯论报刊》。这些都显示了新中国建设初期的国人希望以马列主义经典作家作为开展新闻工作指导的意向，可谓后来马克思主义"新闻经典"著作出版的先声。

这一时期出版的新闻作品选集也成为社会主义建设初期新闻工作的重要参考文本。北京大学中文系、中国人民大学新闻系、南开大学、复旦大新闻系、郑州大学、广西大学、新华社、解放军报社、战友报社、南方日报社、湖北日报社、西安日报社等都编印了"新闻文选""新闻选""新闻选读"等新闻作品选辑，旨在为社会主义初期阶段的新闻工作提供范本。相关著作有：《新闻选读》（新华社西南总分社编，1953 年）、《一九五三年工业建设新闻通讯选集》（重庆新华日报编辑部编，1954 年）、《社论写作学习资料》（中共中央党校新闻教研室编，1955 年）、《新闻文选》（中共中央高级党校新闻教研室编，1956 年）、《〈观察〉储安评言论选》（全国记协、中国人民大学新闻系合编，1957 年）、《杂文写作参考资料》（中国人民大学新闻系，1959 年）、《中国报刊研究文集》（复旦大学新闻系编，1959

年)、《中国报刊评论文选》(复旦大学新闻系，1959 年)、《新华社评论集：1945—1950 年》(新华通讯社编印，1960 年)、《新华社评论集：1947—1950 年》(新华通讯社编印，1960 年)、《通讯特写选》(中国人民大学新闻系编，1962 年)、《新闻选》(中国人民大学新闻系，1962 年)、《报刊评论选》(中国人民大学新闻系报刊体裁教研室编，1963 年)、《中国报刊工作文集》(中国人民大学新闻系，1962 年)、《广播稿选第 1 集》(北京广播学院新闻系编印，1964 年)、《典型报道文选》(解放军报社编印，1970 年)、《红色新闻特辑》(新湖南报编辑部编印，1970 年)、《通讯报道文选》(解放军报社编印，1970 年)、《新闻文选》(北京大学中文系编印，1973 年)、《新闻报道好稿评介》(西安日报社编印，1975 年)、《新闻报道汇编》(南方日报社编印，1975 年)、《新闻报道文选》(1974 年 1—12 月)(湖北日报编辑部编印，1975 年)、《新闻文选》(天津南开大学编印，1975 年)、《典型报道文选》(解放军报社编印，1976 年)、《广播稿选》(上、下两册)(复旦大学新闻系编印，1976 年)、《新闻选读》(通讯部分)(郑州大学中文系编印，1976 年)、《新闻选读》(消息调查报告部分)(郑州大学中文系编印，1976 年)、《新闻作品试析》(北京军区政治部战友报社编印，1976 年)、《广播稿选(一)》(北京广播学院新闻系编，1977 年)、《对外特稿选》(新华社对外编辑部编，1978 年)、《广播稿选》(河北人民广播电台编辑部编，宁夏人民广播电台编辑部翻印，1978 年)、《消息选》(复旦大学新闻系新闻采访写作教研室编印，1978 年)、《新闻通讯》(北京师范大学中文系编印，1978 年)、《通讯选》(一、二、三)(复旦大学新闻系采访写作教研室编印，1979 年)、《新闻通讯选》(中国人民大学新闻系、解放军报社编，1979 年)、《新闻文选》(北京广播学院新闻系编印，1979 年)等。

进入 20 世纪 80 年代，学界开始有意识地进行社会主义新闻理论的建设。这一时期，新闻界在从马列主义经典著述和历史经验中寻找可资借鉴的资源的同时，开始有意识地引进西方新闻传播学的成果以摆脱中国社会主义新闻学的理论困境，如《报刊的四种理论》（1980年）、《传播学概论》（1984年）等。这些论著和论述成为后人建构"新闻经典"的重要参考。与此同时，中国社会主义新闻学的理论体系建设拉开帷幕。1982年，甘惜分教授的《新闻理论基础》问世，这是新中国成立后我国正式出版的第一部新闻理论著作，也是对中国社会主义新闻学进行的第一次系统化的表述。该书曾被多所院校、科研、培训机构引为教材，对我们新时期的新闻理论研究影响广泛。

新闻作品（集）及评析的出版在这一阶段高温不退，建构"新闻经典"的潜意识强烈。作品有综合性的，有以新闻的各类文类分门别类选的，有记者个人的文集，也有以一个时代、一个主题收集不同作者的作品的选辑。1984年，由湖北人民出版社最早挂牌出版了《当代中国记者丛书》第一辑。这是一套当代中国名记者的作品自选集。以后各个省、区、市以当地省报、电台为主出版记者丛书，作为《当代记者丛书》的各省分册。名记者和各地省级新闻单位记者的丛书犹如决了口的洪水迅猛地冲向社会。有的虽然不叫丛书，但出版"连台本"的通讯选，其实也是丛书。新闻作品出版的繁荣，使文学作品的选集望尘莫及。[①] 新闻院校和新闻单位编选新闻作品选也出现了一股热潮，20世纪80年代以后陆续出现的各大学新闻系和新闻机构编纂的"新闻写作参考资料""新闻范文选读"书籍以及散见于各种新闻学术期刊上的"新闻作品赏析"文章，更是数以千计。其中，由黎信选译、辽宁省新闻工作者协会1981年编印的一本小册子《西方新闻

---

① 参见卢惠民《十年新闻学图学出版情况及存在的若干问题》，《中国广播电视学刊》1990年第5期，第67—68页。

作品选》是我国第一部公开出版的西方新闻作品选集，在改革开放初期的中国新闻业界和学界反响强烈。后来出版的还有《"美国之音"录音报道选介》（北京广播学院新闻系，1981 年）、《西方新闻作品选读》（辽宁省新闻工作者协会，1981 年）、《新闻作品选》（1983 年）（中央人民广播电台编，1984 年）、黎信主编的《外国新闻通讯选评》（1984 年）；黎信，曹文秀选编的《西方新闻作品选读》（1984 年）、《中国优秀通讯选》（上、中、下三册）（徐占焜选编，新华出版社，1985 年）、《广播消息选评》（武汉大学新闻系，1985 年）、《外国优秀作品评选》（新闻刊授大学，1985 年）、《消息选评》（新闻刊授大学，1985 年）、《消息通讯评论写作》（新闻刊授大学，1985 年）、周胜林、严硕勤著的《中国新闻通讯选》（1985 年）等。新闻奖作品日益引起关注。1979 年，年度"全国好新闻"评选活动启动，持续了10 年。出版的相关著作有每年一集的《全国好新闻作品》等。这一时期我国还选编有西方新闻奖的著作，如《普利策新闻奖获奖作品选》（1959—1980）、《英文新闻名著选粹》等。

第三节　"新闻经典"概念的提出期

"新闻经典"概念的明确提出始自 1986 年。经过几十年的发展，社会主义新闻事业和新闻学科逐渐走向成熟。反思以往新闻业和新闻学走过的历程，"新闻经典"的命名开始出现，名目繁多的新闻范本、新闻优秀作品、新闻精品如雨后春笋般不断涌现，"新闻经典"建构意识持久而强烈。

　　"新闻经典"的概念随着对马列主义经典作家新闻思想的系统研究开始较多地出现。较早使用"新闻经典"这一概念的是童兵，他在北京市 1986 年自学考试新闻理论试卷阅后，发表文章呼吁"要重视学习马克思主义'新闻经典'著作"①。陈力丹在其主编的《马列主义新闻学经典论著》（人民日报出版社，1987 年）中率先把马克思、恩格斯、列宁及斯大林的新闻思想冠之以新闻学经典。除此，1988 年陈力丹主编的《新闻学小词典》在"新闻学著作和新闻法"一栏中选择《论出版自由》《未被认识的文化力量》《新闻学概论》《传播学概论》《新闻学》《应用新闻学》《中国报学史》《我们对于新闻学的基本观点》《新闻学讲话》《新闻学原理大纲》《世界新闻史》《中国近代报刊史》《新闻理论基础》《新闻学基本知识讲座》《报纸编辑学》《新闻采访方法论》《多种声音，一个世界》等十余部新闻学著作予以推介，显示了学界已开始系统总结新闻学理论成就，并将部分新闻学著作建构为"新闻经典"的努力。

　　如果说新时期马克思主义新闻学著作、新闻理论著作的经典建构刚刚迈开脚步的话，诸多新闻作品选、新闻佳作选、新闻奖作品、"新闻精品"的出版则持续高温，为"新闻经典作品"的概念出场做好了充分的准备。"据不完全统计，从 1979 年到 1988 年十年间，我国共出版公开发行和内部发行的各类新闻学书籍（包括讲义、资料、小册子等）约 950 部，如果加上不定期的论集、丛刊，则超过了 1000种。而新闻作品这类书籍在整个 20 世纪 80 年代持续升温，在十年出版的新闻书籍约占 30%，从资料分析看它的比例呈逐年上升的趋势。如 1985 年，新闻作品占全年出版的新闻书籍综述的 21%，而 1988 年

---

　　① 童兵：《要重视学习马克思主义"新闻经典"著作——北京市 1986 年自学考试新闻理论试卷阅后》，《新闻与写作》1986 年第 7 期。

竟达到40%;也就是说,1988年出版的新闻书籍中,新闻作品几乎占了一半。"① 1986年以后出版的选辑有综合性的,如《外国新闻通讯选评》《美国优秀新闻写作选》,复旦大学出版社出版的《消息选评》《通讯选评》,中国人民大学出版社出版的《新闻通讯选评》,《中国当代精彩新闻评说》(1987年)、《新闻作品评析》(1987年)、《中外通讯选》(1988年)、《改变历史的新闻》(台湾学生书局,1992年)、《中外新闻作品选》等;有以新闻的各个文类分门别类编辑的选集,如《全国短新闻选》《短新闻辑览》《科技新闻作品选》《优秀军事新闻作品评点》《中外广播作品选析》(1989年)、《人物专访作品选评》《全国对外对台报道优秀作品选》《优秀广播稿选与评析》《优秀电视稿选》《全国广播新闻优秀作品选评》《中外广播作品选析》等;有记者个人的文集,如《邵飘萍选集》《旅欧通信》《羊枣政治军事评论选》《乔冠华国际述评集》《子刚作品选》《报刊杂文、通讯和社论》《时评与通讯》《范长江新闻文集》《恽逸群时政评论选》《顾执中考察报告选》《章汉夫文集》《大地的风采》《阎吾战地情景新闻选》《战地萍踪》《姚溱军事述评选》《新西行漫记》《七十年代西行漫记》《中国新女性》《斯诺文集》《史沫特莱文集》《斯特朗文集》《秘密的中国》《中国的新生》《华北前线》《扬子前线》《中国震撼世界》《梁厚甫通讯评论选》《爱伦堡政论通讯集》《随军采访四年》《名流侧影》《战时札记》《苏联女作家、名记者莎金娘旅欧漫记》《我们时代的旅程》《中国未完成的革命》《觉醒了的中国》《世界二百天》《中国的惊雷》等。也有以一个时代、一个主题收集不同作者的作品的选辑,如《保卫中国同盟新闻通讯》《坚持

---

① 卢惠民:《十年新闻学图学出版情况及存在的若干问题》,《中国广播电视学刊》1990年第5期,第67—68页。

团结抗战的号角》《中外记者笔下的第二次世界大战》《延安文萃》《刘邓大军征战记新闻编》《新华文丛》（1982 年起改为《新华社优秀新闻选》）、《当代中国记者丛书》《当代中青年记者丛书》《中青年记者自选丛书》《女记者丛书》等。

这一时期，"全国好新闻"奖项由更权威的"中国新闻奖"所取代。中国新闻奖自 1990 年开设，是中国每年一届的、综合性的优秀新闻作品最高奖。相关著作包括：《中国新闻奖作品选》（1991 年至今，每年出版一集）、《应该这样写：对百篇获奖新闻通讯的评析》等。与此同时。随着中西交流的日益深入，对西方新闻作品的介绍和研究也随之增多，出版的著作有：《国外现场短新闻选萃》《外国优秀新闻作品评析》《伟大的时刻：二次大战新闻报导精华》（麦田出版有限公司，1995 年）、《普利策最佳国际报道奖获奖文选》《最佳新闻写作 1998》《新闻与正义——普利策新闻获奖作品集》等。

新闻精品的概念出现于 20 世纪 90 年代，后来作为一种战略被提出和倡导，在学界和业界都得到了热烈回应。1996 年，中国共产党十四届六中全会提出"以科学的理论武装人，以正确的舆论引导人，以高尚的精神塑造人，以优秀的作品鼓舞人"，这既是对包括新闻在内的整个思想文化战线的要求，也可视为新闻精品战略号角的吹响。同年，人民日报社总编辑范敬宜开展了"精品年"活动。1999 年，复旦大学刘海贵教授在《新闻大学》秋季号上发表了《论新闻精品战略》一文，从学理层面对新闻精品进行了界定，认为所谓新闻精品，意即高质量、高水准的新闻作品，也就是俗称的好新闻。相关著作有：《全国好新闻精品赏析：1990—1996》《国际新闻精品选评》《宣传人民代表大会制度好新闻精品集》等。

第四节 "新闻经典"建构的兴盛期

"新闻经典"建构的兴盛期自 2000 年以来至今。"生年不满百，常怀千岁忧。"世纪之交，人作为一种反思的动物，全面回顾新闻学科历程，出现了不少反思性、总结性的成果。经典作为事后一段很长时间内对文本的命名，至此有了名正言顺的理由，"新闻经典"被越来越多地用于相关作品及著述的命名，出版的相关作品以及理论著作不计其数，"新闻经典"建构进入兴盛期。

2000 年，"新闻经典"一词开始用于新闻作品。颜雄主编的《百年"新闻经典"1900—2000》（2000 年）较早将"新闻经典"指向新闻作品，即"古今中外典范性的新闻佳作"①。作者精选了百年来"中外消息""中外评论""中外通讯""中外深度报道"凡四大类230 篇经典之作。白庆祥主编的《中外新闻名著鉴赏大辞典》（2001年）提出了"新闻经典作品"（即"影响了一代人或一个历史时期，这一概念使大众信从并具有威望或成为引经据典的范例"② 的新闻作品）。2008 年，李彬在其出版的《中国新闻社会史》中，将《西行漫记》《中国震撼世界》《翻身》三部新闻作品著作命名为"新闻经典"，"新闻经典"的外延由单篇的新闻作品转向新闻作品著作。

相关背景是新千年到来之际，人们感今怀古，系统清理文化遗产，新闻界出现了大量系统搜集整理过去有影响力的作品的书籍。如

---

① 颜雄：《百年"新闻经典"1900—2000》，湖南大学出版社 2000 年版，序言第 1 页。
② 白庆祥：《中外新闻名著鉴赏大辞典》，新华出版社 2001 年版，前言第 1 页。

《老新闻珍藏版》丛书、"新闻范文评析"丛书、《新华社优秀新闻作品选集》（1949—1999 年）丛书、《中国高级记者成名作透视》丛书、《新闻传播精品导读》丛书，还有《美联社百年新闻佳作》《路透社百年新闻佳作》《法新社百年新闻佳作》《合众社百年新闻佳作》《时代印记：穿行于中国百年报刊之林》第 1 卷《历史草稿：头条新闻中的事实真相》（光明日报出版社，2002 年）、《石破天惊：震撼中国的报刊文章》（福建人民出版社，1999 年）、《世界著名记者经典报道》《世界著名战地记者经典报道》《世界上最伟大的新闻稿》（2007 年）等。其他新闻作品选集有：新华出版社出版的《新华社 70 年新闻作品选集》，刘明华、张征主编的《新闻作品选读》，谢静著的《中外优秀新闻作品鉴赏》，夏琼编著的《新闻评析》《传媒精品解读：新世纪电子传媒范例与赏析》（新华出版社，2005 年），刘保全编著的《中国新闻奖精品赏析》，新闻专业必修文库系列丛书之刘保全、彭朝丞编著《消息范文评析》；赵凯、张秉礼、孙正一主编的《太阳每天都是新的·新世纪中国新闻精品选评》等。以"马克思主义新闻经典"命名的一批著作如童兵著的《马克思主义新闻经典教程》（2002年）、郑保卫主编的《马克思主义新闻经典论著导读》（2007 年）、吴飞编选的《马克思主义新闻传播思想经典文本导读》（2005 年）、刘建明主编的《马克思主义新闻观经典读本》陆续出版，所选均为马克思、恩格斯、列宁、毛泽东、刘少奇关于新闻传播思想的经典文本。

新闻精品的研究继续走向深入。相关论著方面，有两部新闻传播学精品导读丛书和一部新闻精品专著问世。其中由刘海贵任总主编的"新闻传播精品导读丛书"包括新闻（消息）卷、通讯卷、外国名篇卷、特写与报告文学卷、广播电视卷等。丛书定位于新闻作品，所选皆是各个时期、各个领域具有典型意义的新闻精品。而由陈建云主编的"新闻传播学精品导读丛书"则精选了新闻学和传播学的一些名著，从学科建设的角度回答了什么是新闻传播学中的精品。这套丛书包括《马克思主义新闻传播思想经典文本导读》《中外新闻学名著导读》《中外传播学名著导读》《中国新闻精品导读》和《外国新闻精品导读》共五册。其中《中外新闻学名著导读》分上、下两编，收录《论日报渐行于中土》导读、《论报馆有益于国事》导读、《〈国风报〉叙例》导读、《论出版自由》导读、《富媒体穷民主》导读等中外新闻学名著导读。复旦大学孔祥军选择《新闻精品———一种理论建构和组织文化的框架》作为其博士学位论文选题，对新闻精品从理论的建构及其运行框架媒体组织文化的设计方面深入探讨了新闻精品的理论框架。①

这一时期新闻界开始全面系统地总结以往的新闻学研究成果，将新闻学著作建构为"新闻经典"的意愿强烈。

2000 年，秦光龙所著《新闻学艺术新探》专列一节"新闻学名著评介"，选取 25 部新闻学领域内的必读书目，予以推介。这 25 部新闻学名著包括：《〈莱比锡总汇报〉的查封》《恩格斯致奥古斯特·倍倍尔》《党的组织和党的出版物》《对〈晋绥日报〉编辑人员的谈话》《新闻学》《实际应用新闻学》《中国报学史》《综合新闻学》《我们对于新闻学的基本观点》《科学的新闻学概论》《对华北记者团的谈话》《中国近代报刊史》《新闻采访方法论》《新闻理论基础》《论出版自由》《舆论学》《新闻学原理》《一个自由而负责的报纸》《美国新闻史》《报刊的四种理论》《媒介通论：人体的延伸》《新闻学概论》《资产阶级的新闻理论（批判性分析)》《多个声音，一个世界》《传播学概论》等。《四川大学学报》主编郑松元在文后写作

① 参见孔祥军《新闻精品———一种理论建构和组织文化的框架》，博士学位论文，复旦大学，2005 年。

《〈新闻学名著评介〉读后》，提出这份"新闻学名著评介"有三个特点：一是选目少而精；二是学术理论性强；三是注重学术价值。显示出作者在这里已经有较为明确的"新闻学术经典"建构意识。

不单单是新闻学经典书目推荐，自 2000 年以来出版的新闻学名著、经典图书就有数种之多，而且多以丛书的形式出现，规模之大前所未有。相关著作有：《新闻的价值——信息时代的新思考》（新闻学名著译丛之一）《西方新闻传播学经典名著选读》《当代世界学术名著——新闻与传播学译丛》"大师经典"系列丛书、《西方新闻传播学经典文库》等，从不同角度介绍了所谓的西方新闻学的经典名著，详见表 2-1。

表 2-1　　　　新闻学名著、经典图书中选择的"新闻经典"

新闻学名著、经典类图书	所选的"新闻经典"名单
熊澄宇：《西方新闻传播学经典名著选读》（中国人民大学出版社，2004 年）	沃尔特·李普曼的《公众舆论》、帕克的《移民报刊及其控制》、拉扎斯菲尔德的《人民的选择》、霍金斯的《自由而负责任的传媒》、霍夫兰的《传播与说服》、哈罗德·拉斯韦尔的《社会传播的结构与功能》、维纳的《人有人的用处》、施拉姆的《大众传播学》、麦克卢汉的《理解媒介——论人的延伸》
丁淦林、陈建云、方厚枢主编的《20 世纪中国学术大典新闻学传播学出版学》（福建教育出版社，2005 年）	《新闻学》《实际应用新闻学》《中国报学史》《综合新闻学》《我们对于新闻学的基本观点》《季鸾文存》《新闻学原理大纲》《中国近代报刊史》《毛泽东新闻工作文选》《中国新闻事业史稿》《邓小平论新闻宣传》《中国新闻事业通史》
《当代世界学术名著——新闻与传播学译丛》"大师经典"系列丛书（中国人民大学出版社，2008 年）	《报刊的四种理论》《模仿率》《一个自由而负责的新闻界》《帝国与传播》《世界大战中的宣传技巧》《机器新娘：工业人的民俗》《传播学简史》《中国新闻舆论史》《传播学概论》《传播与劝服》

新闻学名著、经典类图书	所选的"新闻经典"名单
《西方新闻传播学经典文库》丛书（新华出版社，2004 年）	《电视、受众与文化研究》《大众传播研究方法》《寻找方法：焦点小组和大众传播研究的发展》《新闻采写教程——如何挖掘完整的故事》《全球电视和电影——产业经济学导论》《尴尬的接近权：网络社会的敏感话题》《视觉说服——形象在广告中的作用》《富媒体穷民主不确定时代的传播政治》《至关重要的新闻：电视与美国民意》《政治传播学引论》《新闻业与新媒介》《网络研究数字化时代媒介研究的重新定向》《网络研究：数字化时代媒介研究的重新定向》《媒介研究的进路经典文献读本》《获取信息新闻：真相和权力》《新闻报道与写作》《市场新闻业：公民自行小心?》《国际传播：延续与变革》

第五节　小结：争议中的"新闻经典"建构

由以上"新闻经典"的建构史可知，"新闻经典"的概念是混乱的、模糊的。究竟什么是"新闻经典"？众说纷纭，莫衷一是。有的意谓马克思主义经典作家对新闻工作的相关论述，有的指向单篇新闻作品，有的指向新闻作品著作，有的认为是新闻传播学名著，有的则是在新闻这一概念之下，包含多重内涵。秦光龙著的《新闻学艺术新探》和《20 世纪中国学术大典：新闻学—传播学—出版学》中的新闻学名著则不但包含新闻学科著作，还包括马列主义经典作家关于新闻工作的论述文章，《20 世纪中国学术大典：新闻学—传播学—出版学》里面还有《季鸾文存》这样的新闻作品著作。甚至同一个作者，对于"新闻经典"的认识也不是前后统一的。李彬虽然在《中国新闻社会史》中，将《西行漫记》《中国震撼世界》和《翻身》三部新闻作品著作归为"新闻经典"，但在随后编纂出版的《中国新闻社会史文选》一书中却只选录了《西行漫记》，而未节选《中国震撼世界》和《翻身》。查看目录，可知作者理解的经典性文献，不仅包括新闻作品，还包括某人的新闻思想、发刊词、报律、领导人讲话等。"新闻经典"成了一个"筐"，什么都可以往里面装。

争议的原因固然有对新闻这一概念的理解有差异。新闻既可以指以作品的形式存在的事实信息，又可以是一种体裁，还可以指一门学科，但更主要的是对经典概念的理解有偏差，经典概念存在着泛化的倾向，只要具有一定知名度、影响力的著述皆可称为经典。

从上述"新闻经典"、名著类图书中的"新闻经典"名单中，我们很容易发现我们熟知的几部著作如《新闻学》《实际应用新闻学》《中国报学史》《综合新闻学》《报刊的四种理论》《舆论学》等，这些新闻学科内部具有较大的影响力的著作理所当然地进入了"新闻经典"建构的视线。此外，还有将《新闻学基本知识讲座》《中国近代报刊史》《中国新闻事业通史》《新闻理论基础》《新闻学概论》《新闻采访方法论》等当代的新闻学著作列为经典名单之列的，更有将《尴尬的接近权：网络社会的敏感话题》《新闻业与新媒介》《网络研究：数字化时代媒介研究的重新定向》等西方新近出版的图书作为西方经典者。而在新闻作品选集中，一些稍有典范性的新闻大多数是获奖作品，都被冠之以"新闻经典"。经典这一历来受人推崇、只有极少数作品能够荣登这一宝座的称谓如今其席位被大大扩容，门槛大为降低。

另外，"新闻经典"被等同于新闻史经典。如果著述在新闻史上占据重要的地位，那么，其入选"新闻经典"的可能性也较大。如《中外新闻学名著导读》的上篇收录的都是新闻史重要的新闻著述，如《论日报渐行于中土》《论报馆有益于国事》《〈国风报〉叙例》等。李彬在《中国新闻社会史文选》自序中说，编选过程考虑的因素有二，其中之一即将经典性与可读性统一起来。而所谓经典性，即"中国新闻史上最重要、最有影响的里程碑文献，以体现'参考、借鉴和启发'等价值"①。然而，新闻史经典与"新闻经典"并非等同。我们可以借鉴文学上关于文学经典与文学史经典的划分。在某种意义上，文学经典是一个比文学史经典更高一层的概念，经典作品不只是文学史给予了很高评价的作品，它还体现了一种标准，一种后来者应当遵循的典范。"'文学史经典'与'文学经典'的差别就在于，后者是经典化、历史化了的'经典'；前者是尚未经历这一历史化和经典化的'经典'，它只具有文学史意义，而不具有文学经典的恒定意义。"②借用文学经典与文学史经典的这一划分，我们可以这样说，"新闻经典"与新闻史经典也不是同一的概念，尽管"新闻经典"一定会是新闻历史天空中最耀眼的星星，一定会在新闻史上留下深深的烙印，但史上留名的未必是"新闻经典"。有的也许仅仅处于历史关节点的地位，因此得以入选新闻史，但其本身并不具有经典的特质。新闻史经典能够成为"新闻经典"，尚须经典化这一漫长的过程。

---

① 李彬：《中国新闻社会史文选》，清华大学出版社 2008 年版，前言第 3 页。
② 莫聿：《"文学经典"解读》，《中国社会科学院研究生院学报》2007 年第 3 期，第 100 页。

第三章　文化经典背景下的
"新闻经典"特征

经典是一个文化符号，是多个学科共同耕耘的一块土地，因此，对经典的理解要从大文化的视角，从跨学科的维度对"新闻经典"进行考量，而不能只是新闻学内部自说自话的独白，局限于从新闻学科内部看待"新闻经典"问题。基于此，本章将跳出新闻学科本身，以文化经典这一更为宏观的视角来透视"新闻经典"问题。

第一节　经典之于文化的意义

经典是"一个文化拥有的我们可以从中进行选择的全部精神宝藏"①。人类历史上，各个时代、各个民族的经典之作构成了一个丰富的人类文化宝藏。人类文化是在以经典为核心的精神生产基础上发展

---

① ［荷］D. 佛克马、E. 蚁布思：《文学研究与文化参与》，俞国强译，北京大学出版社 1996 年版，第 36 页。

而来的。经典是一种"文化语法"①，所保存的过去是一个永久性剧场，它帮助我们塑造和评判个人价值与社会价值（阿尔铁里）。经典构成人类文化的基本底色，是人类"文化传统中最根本的意象"②。作为"人类的一种文化创造活动，经典中凝聚了文化的因子"③。

人的生命是有限的，自古以来，增加生命的长度，追求永恒的价值和意义是人类精神创造活动不竭的动力。"我们拥有经典的原因是生命短促且姗姗来迟。"④ 自古"立德、立功、立言，谓之三不朽"，三大可以流芳千古的行为之一即"立言"。而立言的主要手段就是写作。"自古文章者，经国之大业，不朽之盛事。"写作是人类希冀在自然生命结束之后仍然能够永葆文化生命的主要方式之一。创作经典是作为有限生命体的人类为延续文化生命、追求永恒意义和价值的必然选择。尽管人们并不能决定自己能够写出一部具有恒久生命力的经典作品，经典是以事后的方式来追认的，但谁也无法否认人类创造经典、追求永恒的冲动和努力。"经典是一个理想的概念"⑤，它标明了一种理想的高度，预设了一种理想的境界。正是这种人类本能的意愿以及每一代人的不懈追求，成就了人类文化史上的经典之作。

事实上，在人类文化中，任何一个时代都必须有经典的存在。这是人类社会存在和发展的需要。人类社会之所以生生不息，自古至今不断发展前进，乃是因为人类社会是具有累积性的，人类社会的存在

---

① 转引自［荷］D. 佛克马、E. 蚁布思：《文学研究与文化参与》，俞国强译，北京大学出版社1996年版，第62页。

② 陈思和：《文本细读在当代的意义及其方法》，中国作家协会理论批评委员会编《中国文学理论批评文选2004卷》，作家出版社2005年版，第104页。

③ ［英］理查德·霍加特：《当代文化研究：文学与社会研究的一种途径》，周宪等主编《当代西方艺术文化学》，北京大学出版社1988年版，第37页。

④ ［美］哈罗德·布鲁姆：《西方正典》，江宁康译，译林出版社2005年版，第21页。

⑤ 范玉刚：《文学经典的生成及其意义——中国现代文化转型中文学经典化问题研究》，童庆炳、陶东风《文学经典的建构、解构和重构》，北京大学出版社2007年版，第386页。

和发展奠基于前代遗留下来的生产力。《德意志意识形态》指出,"历史并不是作为'产生于精神的精神'消融在'自我意识'中而告终的,而是历史的每一个阶段都遇到一定的物质结果,一定数量的生产力总和,人和自然以及人和人之间在历史上形成的关系,都遇到前一代传给后一代的大量生产力、资金和环境,尽管一方面这些生产力、资金和环境为新一代所改变,但另一方面它们也预先规定着新一代的生活条件,使它得到一定的发展和具有特殊的性质"。因此,"历史不外是各个时代的依次交替。每一代都利用以前各代遗留下来的材料、资金和生产力"。物质生产需要前代留下的生产力,精神生产同样也需要前代留下的精神生产力,而经典就是这种精神生产力的遗产。[①]因此,经典的存在是人类社会生活的必然,人类世代的活动构成历史,在人类精神活动的延续中又确立了经典的地位,这是符合人类社会文化发展的历史进程的。

经典是全人类共同的宝贵财富,同时它又产生于特定的民族和时代,经典作为文化积淀丰富而厚重的遗产,是特定时代、民族和国度精神风貌、价值取向、情趣追求的文化浓缩反映,是一个时代、民族和国度文明的象征和标志。经典代表着一个民族和国家文化的水平和发展程度。古今中外,凡是在历史上留下不朽经典的民族和国家,必是文明高度发达和具有深厚文化底蕴的民族和国家;反之,文化经典付诸阙如,即使这一民族或国家物质文明再丰裕,也只能被视为文化沙漠。正如一个学者所说,"一个民族文明程度和文化水准的标志有两条等高线:一条是民众等高线,即整个社会文明程度和大众文化水准的平均海拔高度;一条是精英等高线,那是指不同历史时期各个领

---

① 参见冯宪光、傅其林《文学经典的存在和认定》,童庆炳、陶东风《文学经典的建构、解构和重构》,北京大学出版社 2007 年版,第 33—34 页。

域里的一批最高文明成果联结成的等高线。俄国文艺批评家别林斯基认为，后面这条等高线才真正标志着人类文明和民族文化的海拔高度。我想，能够跻身于这条精英等高线的文化精品，大约便属于经典文化了"①。正如莎士比亚之于英语和英国、普希金之于俄语和俄罗斯，孔子之于汉语和中国，经典的高度意味着一个国家和民族的高度，正是这些经典将民族的语言和思想推向了一个新的高度、新的平台，一系列熠熠生辉的经典成就了这些国家深厚的文化底蕴和文明根基。

自古以来，每个国家和民族都非常重视经典在民族认同和文化传承中的重要作用。中国的"四书五经""十三经"长期以来一直是学校教育的主要读物，这些经典著作一方面作为历代统治者维护其统治地位的工具发挥作用；另一方面作为民族文化的基因已经渗透到了人们生活的方方面面。可以说，五千年中华文化源远流长，经典教育之功善莫大焉。近代以来，尽管教学的内容更加灵活多样，但经典文本的选择、传授同样是近代学校教育的一项重要内容。"五四运动"提出打倒孔家店后，传统读经教育自此废止，而一股脑反对读经，走极端，弃之如敝屣，则会造成文化的断层。意识到这一问题之后，20世纪40年代，朱自清就大力提倡经典训练。朱自清说："读经的废止并不就是经典训练的废止"；"在中等以上的教育里，经典训练应该是一个必要的项目。经典训练的价值不在实用，而在文化。"他特别指出："做一个相当教育的国民，至少对于本国的经典，也有接触的义务。"② 在为实现中华文明伟大复兴的今天，经典教育更是被提上了一个前所未有的高度，经典诵读工程的展开、国学热等，都向我们昭示了经典不仅事关中国人的人文素养，更是传承中国文化、中华文明实

---

① 肖云儒：《经典文化五题议》，《西安交通大学学报》2005年第1期，第84页。
② 朱自清：《经典常谈》，生活·读书·新知三联书店1980年版，序言第3页。

现伟大复兴的必经之途。在西方，经典教育自古代学校开始，延续至今。巴茨勒尔（Batsleer）等人的研究表明，19 世纪兴起的英语文学研究与全民国民教育紧密相连，而全民教育的目的则是塑造英国的现代民族国家认同。作为一门学科，英国文学研究是为塑造学生的民族文化意识而设计的。为此，它在浩如烟海的文学文本中选择其中的一部分作为课文（范文）来灌输民族文化认同，这些"范文"就成为文学"经典"。这样，经典化过程不仅是一个文学事件，更是一种民族国家文化认同的建构行为。① 如今在西方，经典的教学已经成为教育体系中不可或缺的重要组成部分。以当代美国的大学为例，有两门课程是要求各个专业的学生必修的：一门课是文学人文——它致力于提供一个欧洲文学名著的标准选目；另一门是当代文明，它提供一个哲学和社会理论名著的选目。这两门都是"大书"课程，或者也可以说是西方文明的通览。这样的课程是 20 世纪初由芝加哥大学的一个教师创设的，然后传播到了整个芝加哥大学，在 40 年代的时候又传播到了许多其他大学和学院。在这样的教育背景下，经典成为人文修养最基础的组成部分，经典作为民族文化的基因代代传承。

第二节　经典的词源学考察

　　既然经典对于文化发展如此重要，那么到底何谓经典？经典在中西方如何解释？在历史的长河中，经典的含义经历了怎样的演变？经

---

　　① 参见陶东风《文学经典与文化权力（上）——文化研究视野中的文学经典问题》，《中国比较文学》2004 年第 3 期，第 60 页。

典是否可以像今天一样是一个随意使用的符号？……这一切问题恐怕都要从经典概念的由来考察，还经典以本来面目。

在中国，"经典"一词一开始是分开使用的。"经"，现存甲骨文无记载。据考，"经"始见于周代铜器，金文里作经、泾、径等。①《说文解字》认为："经，织也。"② 即经的本义是指织物的纵线，与纬相对。织布，要先确定经线，"经正而后纬成"（《文心雕龙·情采》）。经线是织布时的依据，由此，"经"引申出准则、世之纲纪、根本大法及恒常不变的自然、历史规律等。刘熙《释名·释典艺》云："经，径也。如径路无所不通，可常用也。"③ 战国以后"经"有了我们现代意义上"经典"之义。《庄子·天运》云："孔子谓老聃曰：'丘治诗、书、易、礼、乐、春秋六经以为文。'"六经由此得名。④《荀子·劝学》："其数则始乎诵经，终乎读礼。"这里"经"指的是儒家的典范著作《诗经》《尚书》等。典，会意字，在甲骨文中，典的上半部分是个"册"字，下半部分是"大"字。典从册从大，其本义就是作为典范的重要的书籍。如《尚书·五子之歌》："明明我祖，万邦之君，有典有则，贻厥子孙。"意思是圣明的祖先，万邦的君主，有治理国家的典籍法则，遗留给子孙后代。其中"典"就指经籍。⑤ 可见，"典"的原意和"经"的意义差不多，也指常道、制度、法则以及记载法则、典章制度的重要书籍。《尔雅·释言》说，"典，经也"，刑叔明的疏中引郑注："典，常也，经也，法也。"⑥

---

① 参见胡友笋《经典的品性与守望》，《宁夏社会科学》2008 年第 4 期，第 154 页。
② 转引自崔彩霞《间距与经典生成》，硕士学位论文，曲阜师范大学，2008 年，第 2 页。
③ 转引自黄寿祺《群经要略》，华东师范大学出版社 2000 年版，第 1 页。
④ 同上。
⑤ 参见贺好学《"经典"探源》，《咬文嚼字》2006 年第 10 期，第 35 页。
⑥ 转引自阎景娟《文学经典论争面面观》，博士学位论文，首都师范大学，2006 年，第 14 页。

"经典"一词连用，不应晚于汉代。《史记》中云，"《索隐》经典无文，其事或别有所出"（《史记》卷三三鲁周公世家第三），主要指被推崇为典范的著作。《汉书》中也有"著于经典，两不相损"的表述，意指作为典范的典籍、著作。在古中国，"经""典""经典"的词意基本可以通用。吴林伯在《〈文心雕龙〉字义疏证》中考订，在《文心雕龙》中，除了直接使用"经典"一词外，可与之同义互训的还有"经""典""经诰""典诰"等。[1]"经典"一词在古代典籍里也经历了一个词义变迁的过程。起初主要指作为典范的儒家载籍，如被称为中国经典之始的"六经"，或记述某一事物、学科的权威性专书，如《山海经》《茶经》等。后来也指宗教典籍，如《法华经·序品》："又睹诸佛，圣主师子，演说经典，微妙第一。"[2] 又后来词义的范围进一步扩大，泛指典范的著作或者是具有权威性的著作。《现代汉语词典》（2012 年第 6 版）对"经典"有四种解释：传统的具有权威性的著作；泛指各宗教宣扬教义的根本性著作；著作具有权威性；事物具有典型性而影响较大的。[3]《辞海》释为"一定时代、一定的阶级认为最重要的、有指导作用的著作"[4]。

英文中，"经典"一词对应的有 canon、classic、scriptures 等（《现代汉英词典》，外语教学与研究出版社，2001 年）。Canon 按照美国比较文学学者约翰·吉勒理（John Guillory）的解释，源于古希腊语 kanon，其意义是"芦苇秆"（reed）或"钓竿"（rod），用作测量工具。后来，kanon 这个词逐渐发展成为其衍生义"尺度"（rule）

[1]　参见吴林伯《〈文心雕龙〉字义疏证》，武汉大学出版社 1994 年版，第 402 页，转引自崔彩霞《间距与经典生成》，硕士学位论文，曲阜师范大学，2008 年，第 2 页。

[2]　释一松：《妙法莲华经演义》卷一之二，商务印书馆 1923 年版，第 2 页。

[3]　参见中国社会科学院语言研究所词典编辑室《现代汉语词典》，商务印书馆 2012 年第 6 版，第 681 页。

[4]　辞海编委员会：《辞海》，上海辞书出版社 2001 年版，第 1070 页。

或"法则"（law）①。canon 进入欧洲语言并第一次显示其重要性是在公元 4 世纪，当时"canon"用以表示某一文本和作者，特别是指《圣经》和早期基督教神学家的著作。可见，canon 这一概念原初具有浓烈的宗教意味。大约从 18 世纪之后，其使用范围才逐渐超越了宗教范围，扩大到文化的各个领域中。scriptures 意为 the holy books of a particular religion"（某宗教的）圣典，经文，经典"，侧重点在宗教典籍。与 canon 和 scriptures 相比，classic 似乎是一个更为恰当的词，因为它没有 canon 和 scriptures 那样强烈的宗教意味。"在西方表示经典的词通常是源自希腊罗马的'classics'，指当时人们阅读的主要典籍……当西方学术界在 19 世纪初开始了解中国文化时，用西方词语中的'classics'表示中国汉语中所说的'经'……"② classic 源自拉丁文的 classicus，原意为"头等的""极好的""上乘的"，是古罗马税务官用来区别税收等级的一个术语。公元 2 世纪的罗马作家奥·格列乌斯用它来区分作家的等级，后来到文艺复兴时期，人们开始较多地采用它来说明作家，并引申为"出色的""杰出的""标准的"等含义。再后来人们才把它与"古代"联系起来，出现了"经典的古代"（classical antiquity）的说法，于是古希腊、罗马作家们便成了"经典作家"（classical authors），"经典"（classic）也就成了典范（model）、标准（standard）的同义语。文艺复兴之后的"古典主义"（classicism）正是以推崇古希腊、罗马经典作家而得名的。③ 据《牛津高阶英汉双解词典》，它作名词释为"文豪、大艺术家、杰作、名

---

① 参见 John Guilory，"Canon"，in Frank Lentricchia et al.，eds.，*Critical Terms for Literary Study.* 2nd ed. Chicago and London：London：University of Chicago Press，1995，p. 233.

② 张宪：《宗教经典与上帝之言》，经典与阐释网，2004 年 3 月 9 日，http：//philosophy. sysu. edu. cn/jdjsx/info_ Show. asp？ ArticleID ＝339。

③ 参见刘象愚《经典、经典性与关于"经典"的论争》，《中国比较文学》2006 年第 2 期，第 46 页。

著经典著作""优秀的典范"等（describes something that is accepted as being of very highly quality and one of the best of its kind）。根据普罗霍罗夫编的《苏联百科词典》，经典的概念，来自拉丁文 classicus，意为第一流的，指堪称楷模的优秀文学和艺术作品，对本国和世界文化具有永恒的价值。[1] 可见，苏联的经典概念也对应于英文的 classic。

从上述对"经典"概念的由来与含义的考察可以看出，"经典"主要指那些权威的、典范的伟大著作。尽管中西方语境下的经典概念有着这样或那样些微的区别，但无论是中国还是西方经典都天然与典范、标准、权威有着不可分割的联系。《说文解字》中"经"的本义即织物的纵线。而经线是织布时的依据，"经正而后纬成"（《文心雕龙·情采》）。由此，"经"引申出准则、规范之义。与此相类似，英文 canon 原义即"'芦苇秆'（reed）或'钓竿'（rod），用作测量工具，后来衍生出'尺度'（rule）或'法则'（law）的含义"。现如今，中西方经典的解释中都含有典范之义。

第三节　文化经典的特征

由于经典著作主要是从文化领域中产生的，因此狭义的经典又可称之为文化经典。

经典本身包含有权威、典范、标准之义，因此权威性、典范性等也是文化经典的题中应有之义。既然是典范，必然意味着经典是一个

---

[1]　参见张登林《〈玉官〉：一部被"忽略"的文学经典》，《上海师范大学学报》2007年第3期，第71页。

比较的概念，"经典"显示出一种择优原则，即一些文本被认为比另一些文本具有更大的价值。与精品、优秀作品、名著等这些概念相比，经典是最高层次的概念，代表着最高标准的文本。与经典一词最为接近的是名著，经典常常与名著一词连用，但经典一定是名著，而名著未必能成为经典，只有"最重要、影响最大者方为经典"①。除此，作为文化符号的经典，文化经典具有下列特征：

首先文化经典具有穿透时空的恒常性。2003 年诺贝尔文学奖获得者库切在《何谓经典?》一文中写道："经历过最糟糕的野蛮攻击而得以劫后余生的作品，因为一代一代的人们都无法舍弃它，因而不惜一切代价紧紧地拽住它，从而得以劫后余生的作品——那就是经典。"②伽达默尔在其阐释学名著《真理与方法》里，特别提出经典的概念，认为"所谓经典，便总是超越不断变化之时代和趣味的变迁"。经典"都表现一个深刻而经久的特征，特征越经久越深刻，作品占的地位越高"③。"一篇作品只有在能博得一切时代中一切人的喜爱时，才算得真正崇高。"④ 经典是陈年的老酒，愈久弥香；经典是闪烁着光芒的钻石，历久弥新。时间之手的拂拭，只会使经典在浩如烟海的人类创造物中越发明亮。刘勰说经典是"恒久之至道，不刊之鸿教"，可谓一语中的。可否经得住历史的检验和时间的涤荡，是检验文本能否称得上经典的标尺。有的作品几十年前也许还轰动一时，但是，"只要风气稍有变动就会消灭；它过时了，而我们还觉得奇怪，当年自己怎

① 周九常、徐美莲：《论畅销书、精品、经典与名著》，《图书馆建设》1999 年第 4 期，第 80 页。

② ［南非］库切：《何谓经典?》，宋兆霖选编《诺贝尔文学奖获奖作家散文选》，浙江文艺出版社 2005 年版，第 443 页。

③ ［法］丹纳：《艺术哲学》，傅雷译，人民文学出版社 1963 年版，第 362 页。

④ ［古罗马］朗吉弩斯：《论崇高》，伍蠡甫《欧洲文论简史》，人民文学出版社 1997 年版，第 42 页。

么会欣赏这一类无聊东西。时间就是这样在无数的出版物中做着选择，把表现浮浅特征的作品，连同那些浮浅的特征一同淘汰”①。而经典则能经得住时间长河的洗礼。哪种文本能够经受时间的洗礼，哪种文本就有资格享受这种尊荣。因此，艾略特有这样的看法：“他们（指作者）不能指望自己写一部经典作品，或者知道自己正在做的就是写一部经典作品。经典作品只是在事后从历史的视角才被看作是经典作品的。”② 布鲁姆在《西方正典》一书中也指出：“对经典性的预言，需要作家死后两代人左右才能被证实。”③ 英国的约翰逊博士甚至说，经典文本的确立，起码要 100 年的时间④。

　　经典的恒常性来源于一代又一代的读者对经典文化的批评阐释。哲学阐释学认为，理解是人类存在的根本方式，“真正的历史对象根本就不是对象，而是自己和他者的统一体，或一种关系，在这种关系中同时存在着历史实在和历史领会的实在。一种名副其实的阐释学必须在领会本身中显示历史的实在性”⑤。经典作为历史的产物，不仅止于经典文本的产生，更在于后代的读者对其不断地批评阐释。在这种批评阐释中，经典的恒久性得以建构起来。加拿大学者斯蒂文·托托西把这界定为经典的“累积性”，“经典化产生在一个累积形成的模式里”⑥。经典在后人的参与和观照下持续地映现出新的意义，在新的历

---

　　① ［法］丹纳：《艺术哲学》，傅雷译，人民文学出版社 1963 年版，第 356 页。

　　② ［法］艾略特：《艾略特诗学文集》，王恩衷编译，国际文化出版公司 1989 年版，第 189--190 页。

　　③ ［美］哈罗德·布鲁姆：《西方正典》，江宁康译，译林出版社 2005 年版，第 412 页。

　　④ 参见 Samuel Johnson (1709—1784) from, "Preface to The Plays of William Shakespeare" (1765), Lee Morrissey, ed., *Dedating the Cannon: A Reader from Addison to Nafisi*, Palgrave Macmillan, 2005, pp. 21 - 22。

　　⑤ ［德］伽达默尔：《真理与方法——哲学解释学的基本特征》上册，洪汉鼎译，上海译文出版社 1999 年版，第 341 页。

　　⑥ ［加］斯蒂文·托托西：《文学研究的合法化》，马瑞琦译，北京大学出版社 1997 年版，第 44 页。

史条件下，不断呈现出其存在的种种可能性。"经典的真理并不是现成的自明的恒常存在，如果没有人的参与，真理就无处涌现和生存，作品的意义也就无法传承和延续。经典的真理和意义的发生及展开是一个密切与人的生存相关联的永不止息、永不封闭的过程。"① 也就是说，一部神圣庄严的文本本身并不能使自己永恒，它的生存方法是评论。"文本能否被保存下来取决于一个不变的文本和不断变化的评论之间的结合。"② 经典文本正是通过抵挡不断变化的阐释攻击这种能力，来证明它的经典性的。伽达默尔认为："'古典型'这词所表现的正是这样一点，即一部作品继续存在的直接表达力基本上是无界限的。"③ 这里所说的"古典型"具有经典的意思，而"无界限"则强调其无确定性，实际上就是处于不断的阐释之中。意大利当代符号学家、小说家艾柯也指出："任何艺术作品，即使是已经完成、结构上无懈可击、完美地'画上句号'的作品，依然处于'开放'状态，至少人们可以以不同的方式诠释它而不至于损害它的独特性。"④

　　经典之所以能够被不同时代批评阐释，贯穿于过去—现在—将来这一时间序列，在于经典虽然产生于过去，但其内涵和意义总是面向未来，直指当下。经典是"自身有意义的，因而可以自我解释"⑤。经典"乃是对某种持续存在东西的意识，对某种不能被丧失并独立于一切时间条件的意义的意识……即一种无时间性的当下存在，这种当

　　① 李建盛：《理解事件与文本意义》，上海译文出版社 2002 年版，第 2 页。
　　② ［荷］佛克马、蚁布思：《文化研究与文化参与》，俞国强译，北京大学出版社 1996 年版，第 22 页。
　　③ ［德］伽达默尔：《真理与方法》（上卷），洪汉鼎译，上海译文出版社 1999 年版，第 372 页。
　　④ ［法］伊夫·塔迪埃：《20 世纪的文学批评》，史忠义译，百花文艺出版社 1998 年版，第 235 页。
　　⑤ 转引自钱中文、刘方喜、吴子林《自律与他律：中国现当代文学论争中的一些理论问题》，北京大学出版社 2005 年版，第 234 页。

下存在对于每一个当代都意味着同时性"①。"经典的所谓'无时间性'并不意味着它超脱历史而永恒，而是说它超越特定时间空间的局限，在长期的历史理解中几乎随时存在于当前，即随时作为对当前有意义的事物而存在。当我们阅读一部经典著作时，我们不是去接触一个来自过去、属于过去的东西，而是把我们自己与经典所能给予我们的东西融合在一起。"② 经典"使过去与现在融合，使人们认识到它们在文化传统和思想意识上既连续又变化的关系"③。人们在阅读一部经典著作时，总是处于被询问并将自己打开和暴露出来的地位：正是在与经典的对话中，文化作为传统对一代代人发生影响，形成具有强大生命力的文明。④

长期以来，经典在宗教、伦理、审美和社会生活的众多方面都发挥了重要的作用，它们是提供指导的思想宝库。或者用一种更为时髦的说法就是，经典一直都是解决问题的一门工具，它提供了一个引发可能的问题和可能的答案的发源地。⑤ 它常常提出诸如人与自然、人与社会、人与人、人与自我、灵与肉等人类精神生活中某种根本性的问题，这种问题在不同的时代都会引起人们的关注和思考，使得经典文本超越时间的掣肘，源远流长。正因为如此，经典绝不是本学科内部的孤芳自赏，而是已经跨越了学科的藩篱，枝蔓延伸到其他学科的领地，为其他学科所关注和研究，成为不同学科的宝贵财富。由是，

---

① ［德］伽达默尔：《真理与方法》（上卷），洪汉鼎译，上海译文出版社 1999 年版，第 369 页。

② 张隆溪：《中西文化研究十论》，复旦大学出版社 2005 年版，第 185 页。

③ 崔彩霞：《间距与经典生成》，硕士学位论文，曲阜师范大学，2008 年，中文摘要第 1 页。

④ 参见钱中文、刘方喜、吴子林《自律与他律：中国现当代文学论争中的一些理论问题》，北京大学出版社 2005 年版，第 235 页。

⑤ 参见［荷］佛克马、蚁布思《文化研究与文化参与》，俞国强译，北京大学出版社 1996 年版，第 39 页。

文化经典不但在所属学科内有着较高的认同度，而且还能够得到其他学科的认同，就像无论哪个学科都不能否认四大名著是经典一样。这就决定了文化经典具有跨学科的影响力。

从文本的内在特征来说，表达的开放性和阐释的多元空间是文化经典的重要特性之一。经典作品"由于本身蕴含着意向潜力，到了每一个时代都能够在新的促进对话化的背景上，不断展现新的文意。它们蕴含的意思可以说是在继续增加，进一步发展"①。经典文本意象万千，内容丰蕴，具有无比广阔的阐释空间，从而保障了其青春永驻，具有长久的生命力。就像意大利学者卡尔维诺所说的，"一部经典作品就是为每次重复阅读提供绝不少于第一次阅读所产生的发现的感觉的书。一部经典著作永远不会穷尽其说"②。一部描写世界宽阔、内涵丰厚而多义的著作，即使受外界因素影响，一时湮没无闻，也会因其文本自身的特性在某一时间发出夺目的光芒，在经典之林中站稳脚跟。反之，一部可言说空间狭小、内涵单薄的作品，即使有意识形态和权力的强力推崇，被命名为经典，也会在时间的长河中褪去颜色，被排除出经典之外。

经典同时具有原创性。原创不单单是含创新之义，更意味着首创、独一无二、不可复制，究竟什么东西才使某一部作品成为经典呢？哈罗德·布鲁姆在谈到这一问题时说："这个答案其实也非常普通，它是作品中已经被创造出来的陌生性，这是一种无法被同化的原创模式，或者它同化了我们，以至于我们再也不认为它是陌生的……当你第一次阅读一部经典作品时，你遇到了一个陌生人，产生了一种

---

① ［俄］巴赫金：《小说理论》，钱中文、白春仁译，河北教育出版社 1998 年版，第213—214 页。

② 麦克·伍德、于威：《卡尔维诺：睁大眼睛关于〈为什么阅读经典？〉》，《书城》2000 年第 6 期，第 34 页。

神秘的震惊，而不是你的种种期望的满足。"① 文化经典总是经典作家以其独特的感悟和审美感受创作出的具有丰厚内涵和独特意蕴的文本。"经典通过个人独特的世界观和不可重复的创造，凸显丰厚的文化积淀与人性内涵，提出一些人类精神生活的根本性问题。它们与特定历史时期鲜活的时代感以及当下意识交融在一起，富有原创性和持久的震撼力，从而形成重要的思想文化传统。"②

　　经典的这种原创性并不意味着经典是完全摈弃传统、独出机杼的创新，而是在传统文化的丰厚土壤中培养出来的奇葩。艾略特认为，"经典"的含义就是"成熟"，而"成熟"就必须具有传统意识。这非常直接地表达了艾略特对传统与经典关系的看法。他在《什么是经典》中说："在文学中，（成熟）意味着诗人对他的前人们有所知觉，而我们又能通过他的作品知觉到他的那些前人，就像我们可以在一个既个别又独特的人身上看到他祖先的种种特征一样。"③ 卡尔维诺在其《为什么读经典》（1981 年）一文中，说："经典作品是这样一些书，它们带着先前解释的气息走向我们，背后拖着它们经过文化或多种文化（或只是多种语言和风格）时留下的足迹。"④ 布鲁姆同样认为："经典的陌生性并不依赖大胆创新带来的冲击而存在，但是，任何一部要与传统做必胜的竞赛并加入经典的作品首先应该具有原创魅力。"⑤ 经典来源于"影响的焦虑"和"创造性误读"，文化经典对于后代的作者表现出一种强大的权威力量，后代作家不可避免要受到前

---

　　① Harold Bloom, *The Western Canon: The Books and School Of the Ages*. New York: Harcourt Brace & Company, 1994, p. 3.

　　② 黄曼君:《中国现代文学经典的诞生与延传》,《中国社会科学》2004 年第 3 期, 第 150 页。

　　③ T. S. Eliot, *On Poetry and Poets*, London: Faber and Faber Ltd, 1957, p. 57.

　　④ ［意］伊·卡尔维诺:《为什么读经典》, 黄灿然译, 译林出版社 2006 年版, 第 3—4 页。

　　⑤ ［美］哈罗德·布鲁姆:《西方正典》, 江宁康译, 译林出版社 2005 年版, 第 18 页。

代经典作品的影响，在创作中始终伴随着这种"影响的焦虑"，压力如影随形，后代唯有不断超越传统、创造性地进行文本的创作，方能写就一部后人认定的经典之作。所以经典本身就是原创性作家与前代作家的一场持续的竞赛。

以上文化经典的特征之中，穿透时空的恒常性、跨学科的影响力是文化经典外在的特征，而权威性、原创性、表达的开放性和多元的阐释空间则是文化经典的内在特征。文化经典的外在特征根植于文化经典的内在特征，文化经典的内在特征是文化经典的最为基础的要件，单单具有内在特征或外部特征，都是难当经典重任的。内在特征与外在特征相结合，方能成就文化经典。

第四节 "新闻经典"的特征

特征是一事物区别于另一事物的特点表征。与不同的事物相比，某一事物就会呈现不同的特征。"新闻经典"也是如此。经典是与其他一般优秀文本、范本相比较的一个概念，"新闻经典"本身即包含了与一般新闻范本相区别的意味。因此，与一般新闻范本比较而言，"新闻经典"的特征突出地表现在文化经典具有的特征之上。由于新闻是属于文化领域的范畴，因此文化经典的特征必然在"新闻经典"之上也有所显现，如穿越时空的恒常性、跨学科影响力、权威性、原创性、表达的开放性和多元的阐释空间等，这些区别于一般典范作品的经典特征，也是"新闻经典"与一般新闻范本等的最为根本的不同。同时与其他学科经典比较起来，"新闻经典"除了具备其他学科经典所必须具备的文化经典共性外，"新闻经典"还有着自己独特的性征,具体而言,即它的新闻性。新闻性是"新闻经典"得以成立的第一要素。新闻性决定了"新闻经典"与其他学科经典的区别。具体说来,"新闻经典"的特征主要有以下几个方面。

1. 新闻性

这是"新闻经典"之所以成为"新闻经典"的最为根本的条件。对于新闻学著述来说,新闻性即是对新闻学科体系的架构,把新闻置于本体的地位予以考量;如果本末倒置,其他为体,新闻为用,这样的著述则不具有新闻性,更遑论"新闻经典"。而对于新闻作品而言,新闻性则是指新闻作品是对新闻事实的记录或评论。否则,如果作品本身非新闻体裁,这样的作品即使久负盛名,也不能称作"新闻经典"。

2. 时空穿透力

时空穿透力是指"新闻经典"能经得住时间的考验,而不仅是"只要风气稍有变动就会消灭;它过时了,而我们还觉得奇怪,当年自己怎么会欣赏这一类无聊东西"①。"新闻经典"的恒常性并不意味着"新闻经典"在任何时代都能够保持旺盛的生命力,而是历经了一段很长的时间仍然能够得到人们的承认,仍然具有较大的历史影响力。这种时空穿透力来源于"新闻经典"是超越意识形态、国家乃至民族界限的存在,具有普适性的价值。约翰逊博士发现并指出了这一点:"除了给具有普遍性的事物以正确的表现之外,没有任何东西能够被许多人所喜爱,并长期受人喜爱。"② 除此,"新闻经典"之所以能够经受住时间长河的洗礼还意味着经典文本具有丰厚的阐释空间,从而得以跨越时空,直指当下乃至未来,在现代语境下复活。

---

① [法]丹纳:《艺术哲学》,傅雷译,人民文学出版社1963年版,第356页。
② 杨周翰编著:《莎士比亚评论汇编》(上),中国社会科学出版社1979年版,第85页。

3. 跨学科影响力

"新闻经典"不但在学科内有着较高的认同度，而且还能够得到其他学科的认同。一部"新闻经典"也可能是文学经典、历史经典或是社会学等其他学科的经典，具有文化经典的品格。反之，如果只在新闻学科内部影响较大，而在其他学科不具影响或影响甚小的作品是不能承担经典之重的。由此反观新闻界认为的不少所谓"新闻经典"，实则大多仅在新闻界具有较大的影响，而其一旦跨出新闻界面，则很难得到其他学科的认同，甚至其他学科根本就不知晓其在新闻学科内部的地位，这样的"新闻经典"与其他学科相比，不仅不能与之比肩，甚至与其对话的资格都没有。

4. 权威性、原创性

权威性即指"新闻经典"为本学科的典范之作，后人总是有意无意地拿"新闻经典"的标准来衡量当代出现的新闻文本。"新闻经典"犹如一把标尺，成为衡量新闻文本优劣的尺度。对权威的遵从并不是一味盲从，权威本身即是"基于某种承认和认可的判断，因而依赖于一种理性本身的行动，理性知觉到它自身的局限性，因而承认他人具有更好的见解。所以权威的真正的基础也是一种自由和理性的行动"。[①] 而一般的新闻范本是不具权威性的，即使其具有较高的知名度。

"新闻经典"的原创性是指独出机杼，不盲从他人，具有学科理论的独创性或者新闻信息的独家性，甚至是唯一性。对于新闻作品而言，原创性不仅仅包含时新性之义，时新性是任何新闻作品的必要条件，但一部新闻作品上升为"新闻经典"，显然应当具有比时新性更

---

① 阎景娟：《试论文学经典的永恒性》，童庆炳、陶东风《文学经典的建构、解构和重构》，北京大学出版社 2007 年版，第 59 页。

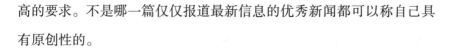

高的要求。不是哪一篇仅仅报道最新信息的优秀新闻都可以称自己具有原创性的。

5. 表达的开放性和阐释的多元空间

尽管与文学等其他学科经典相比，"新闻经典"受种种限制，不可能较多使用形式上的创新来营造多元的阐释空间，其阐释空间相对有限，但并不意味着"新闻经典"不具有多元的阐释空间。"新闻经典"关注于新闻事实及其引发的一系列理论及实践问题，而一旦事实被写入文本，那么通过对文本进行符号学分析，我们就可以得出不同文本之间对于事实的理解差异以及记者的价值观、当时的政治、社会环境对于文本的影响等，因此，"新闻经典"所表现出的阐释空间同样多元化。

第五节　"新闻经典"产生的可能路径

以"新闻经典"的特征来观照新闻学科文本，有哪些可以称为"新闻经典"呢？我们这里主要从"新闻经典"产生的可能路径来分析。由于新闻性文本包括新闻学著述和新闻作品，因此，"新闻经典"主要是从这两大类文本中产生的。

一　新闻学著述成为"新闻经典"的可能性

新闻学著述即是对新闻学科体系的架构，把新闻置于本体的地位予以考量。由此观照新闻学著作，有哪些堪称经典呢？新闻学界内部至今尚无定论，更别说为其他学科知晓的经典了。有论者将王韬、郑观应、梁启超、毛泽东、刘少奇等人的新闻论述列为新闻学经典，但所收著述只能称作这些人的新闻思想或观点，是不能称为新闻学科经典之作的。他们的首要身份是政治家或思想家，而非新闻人，他们也无意建立新闻学科体系，新闻的本体性在他们那里是缺失的，由于"新闻经典"的首要要素即其"新闻性"，因此这些是不能称为"新闻经典"的，至多只能被称为马列主义经典作家关于新闻的论述。

而新闻理论著述成为"新闻经典"的可能性如何呢？我们以"新闻经典"的特征来考量。

当代的中国新闻学著作由于缺乏时间的磨砺和检验，其是否可称之为经典现在说来似乎还为时过早。尽管能否入围"新闻经典"并没有一个明确的时间规定，但如果将《尴尬的接近权：网络社会的敏感话题》《新闻业与新媒介》《网络研究：数字化时代媒介研究的重新定向》之类新近才出版的著作就命名为"新闻经典"的话，则显得有些操之过急。"不选当代人入经典原本就是自古的做法……时至今日，一些美国大学的本科通识教育核心课程仍有不成文的规定，不会列入当代流行学者著作。"① 而且当代的新闻学理论著作影响较大者仅限于新闻学科之内，跨学科影响力明显不足，我们很难列举出一部为其他学科所共知的新闻理论著作。早期的新闻学著作如徐宝璜的《新闻学》、邵飘萍的《实际应用新闻学》、戈公振的《中国报学史》、任白涛的《应用新闻学》等，它们只能说是我国新闻学领域的奠基之作，而很难称为"经典"。当时中国新闻学"尚在萌芽创造时期，而未达乎完备形成之境"②，这些著作在新闻学领域内尚不能产生持久的震撼

---

① 阎景娟：《文学经典论争面面观》，博士学位论文，首都师范大学，2006 年，第42 页。

② 吴天生：《中国之新闻学》，黄天鹏编《新闻学论文集》，光华书局1930 年版，第15 页。

力，自然更谈不上跨学科的影响力。经典应是使后来者产生敬畏、焦虑的文本，我国新闻学早期的"秦砖汉瓦"显然不能产生这样的作用。且我国早期的新闻学著作，多系参照日、美资产阶级新闻学著作撰述而成，无论是学术概念，还是学科架构，都带有浓重的西方痕迹，不具有学科的原创性。

关于西方的新闻学经典，其建构的新闻传播学理论体系和框架是否适应我国的媒介实践仍要打一个问号，更何况其能否得到其他学科的认同尚可存疑。一位美国学者就美国的新闻、传播学教育时谈道："在美国的许多大学，新闻学、大众传播学教育已经有近一个世纪的历史，有些大学甚至在 1900 年前就有了。然而，不管是在学界还是在与新闻、大众传播教育密切相关的专业（职业）机构中，这种教育的地位和必要性在获得完全认可的过程中都有过困难的时期。甚至直到今天，尽管新闻学、大众传播学教育吸引了大批的学生，它的地位、必要性仍然受到怀疑。"① 新闻教育的状况一定程度上反映了新闻学在各学科中的地位。新闻学的学科地位至今仍然受到怀疑，那么，新闻学科著作的情形可想而知。即使国内编著的西方"新闻经典"丛书之类中选入的影响较大的几部西方新闻学著作，如《论出版自由》《舆论学》《报刊的四种理论》等，其能否称为"新闻经典"仍然未定。约翰·弥尔顿的《论出版自由》相比其所著的《失乐园》，何者影响更大，更能称为经典？答案不言自明。加之，《论出版自由》发表之时，新闻学科尚未成立，如何能称作新闻学科的经典？《论出版自由》当初发表之际，长期湮没无闻，其后来之所以引起人们的关注，更多地是因为其倡导言论出版自由等基本人权可以为西方新闻学

---

① Maurine Beasle：《新世纪美国新闻学教育面临的挑战》，《国际新闻界》2001 年第 5 期，第 80 页。

所借用，但其本身并非为新闻学而立论，从新闻性这一点来看是远远不足的。后来出现的《舆论学》《报刊的四种理论》等，本义也不是建立新闻学的学科体系，与其称之为"新闻经典"，莫若称之为传播学经典更合适一些。而且《论出版自由》《报刊的四种理论》等所津津乐道的是西方的自由主义理论或报刊的社会责任论，而中国的新闻学是以马克思主义为指导的新闻学，中西新闻学之间指导理论不同，难以通融，因此此类图书不具有超越中西和不同意识形态的普适价值。

以上所说皆是新闻学理论著述，相比之下，新闻业务类著作因为意识形态色彩较弱，容易受到中西方新闻学者的共同青睐。比如关于西方的"新闻学经典"，介绍到我国的就有《新闻采写教程：如何挖掘完整的故事——西方新闻传播学经典文库选读》之类的新闻业务书籍，但新闻业务类图书大多仅教授新闻采写编评等基础知识和理论，"术"的介绍多于"学"的传授，新闻学本已遭受其他学科"浅薄""无学"的质疑，以新闻业务类著作作为与其他学科抗衡的经典，无疑雪上加霜，加重其他学科对新闻学的鄙夷。

由此看来，似乎唯有新闻史学著作方能担当起"新闻经典"的重任了，多年来，新闻学备受"新闻无学论"的困扰，然细观反方观点，似乎质疑的都是新闻理论的粗浅和新闻业务实难称"学"，而新闻史学则背靠有着深厚积淀的史学这棵大树，兀自在大树下乘凉，漠然地观看着新闻学科的这场争斗，摆出一副事不关己、高高挂起的模样。复旦大学黄旦教授曾调侃而又尖锐地说："作为历史的一个部分，报刊史似乎从来就不存在学科合法性的危机，哪怕一点点疑问。新闻有学无学的争吵，即便沸反盈天、火烧连营，受牵连的也只是新闻理论，报刊史悠悠然隔岸观火。其中的缘由自然多多，但不能说与报刊史背靠历史学这棵大树无关。史学的源远流长德高望重，不仅为报刊史学提供了百毒不侵的金钟罩,同时也使之地位、价值不证自明。"①
的确,与史学血缘关系最近的新闻史因有较深底蕴的史学的庇荫,容
易逃脱各门各派的讨伐,但在史学这一名门之下,新闻史入门时间较
晚,功力尚浅。即使拿中国新闻史的最高典范《中国报学史》来争夺
"新闻经典"之席位,也难成气候。而当代,由于新闻史的本体研究
十分薄弱,其能否承受经典之重,更不可知。"长期以来,我们碰到
的一个严重问题,就是研究中抛开本学科的特性,使中国新闻史完全
依附于中国政治史、思想史。"② "现有的新闻史研究,难以看到什么
才是真正的本体。相反,在一些著作和教材中,对与本体有关但并非
本体自身的问题却不惜笔墨予以渲染。如长篇累牍、不得要领地对相
关而非新闻活动本身的事件加以叙述或陈述,对传统媒体(报刊、通
讯、广播、电视等)的创办、兴起和消亡的一般过程则以大量篇幅罗
列一通,相反,对报刊等媒体的宣传实质、手段、具体实务和赖以生
存发展的经济、政治、文化基础却缺乏分析或一笔带过。更有甚者,
此类教材或著作鲜有个人的独立见解,难得有还历史以本来面目的新
的发现。"③ 可见当代新闻史著作的新闻性及原创性都受到质疑,在此
情形下,新闻史著作自然也是不能称之为"新闻经典"的。

综上所述,目前新闻学著作成为能与其他学科比肩的"新闻经
典"的可能性较小。究其原因,在于新闻学科与其他学科相比,还不
成熟,还不完善,无论中国还是西方,都倍受"新闻无学论"的质
疑。中国的情况自不待言,在西方,"新闻教育在大学里本来就不是
完全出于学术目的。从英语文学中分支出来后,新闻学被迫在学术环

---

① 黄旦:《报刊的历史与历史的报刊》,《新闻大学》2007 年春季号,第 51 页。
② 宁树藩:《强化本体意识,探求自身规律——新闻史研究的反思与前瞻》,《宁树藩
文集》,汕头大学出版社 2003 年版,第 496—497 页。
③ 吴文虎:《本体迷失和边缘越位——试论中国新闻史研究的误区》,《新闻大学》
2007 年第 1 期,第 34 页。

境中为自己争得一席之地。所以自然而然地在伦理、历史和法律等学科中寻找传授这么一项世俗化技能的理由。人文学科和法律很难容忍这样一门低等学科与有着悠久职业历史和职业荣耀的自己相提并论。但是在1940年年底，伴随着战争和社会科学的发展，机遇使新闻教育在大学里的地位得到巩固"①。这就是传播学的引入，使得新闻学获得了新生。但是传播学不是新闻学，传播学在学界的地位并不等于新闻学科的成熟，而且，传播学在西方也正在遭遇身份不明、学科疆域不清的尴尬，传播学本来自于社会学、心理学、政治学等学科，是一个多学科的交叉地带，正如施拉姆所说，传播学就是一个公共汽车站，任何一个学科的学者都可以在这里上车，也可以随时在这里下车。传播学的不少内容与这些学科是重合的，作为不同学科融合而产生的传播学也正面临着身份的合法性危机，处境不妙。"传播学从其出生那天开始，就一直被身份危机的问题纠缠着。传播学的诞生，从社会需求来说，可谓是生逢其时。但从传播学学科权力的境遇来看，传播学又生不逢时，它出生于现代知识生产特别成熟的西方现代社会。传播学作为后来者，它在日益细化的学科家族中，在一个个历史悠久、知识积累异常丰富、学科规则业已成熟、知识权力巩固、具有相当话语权的强势学科面前，在知识权力竞争越来越激烈的知识场域中，青涩的传播学面临着立足的困难。"② 所以即使可以笼统地冠之以新闻传播学经典，也并不表示其能够得到其他学科的认同。

　　当然，虽然新闻学著作成为"新闻经典"的可能性较小，但不排除将来新闻学发展成熟之时，新闻学著作成为"新闻经典"的可能

---

① James W. Carey：《新闻教育错在哪里》，李昕译，《国际新闻界》2002年第3期，第9页。

② 张涛甫：《社会科学：传播学合法性得于此，也失于此》，《新闻大学》2009年第1期，第45页。

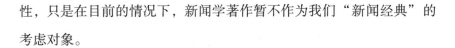

性，只是在目前的情况下，新闻学著作暂不作为我们"新闻经典"的考虑对象。

二 新闻作品成为"新闻经典"的可能性

在现有条件下，新闻作品成为经典的可能性大于新闻学著作。新闻作品的内容与社会同构，新闻作品在社会上的影响有目共睹，从而更容易跨越学科藩篱，产生跨学科的影响力。因此"新闻经典"的最大可能是"新闻经典作品"。

然而，让人尴尬的是，"新闻经典作品"的理论假定，也面临着"新闻性"与"经典性"的逻辑冲突产生的困境。经典具有恒久性、原创性和开放性的多元阐释空间，而新闻作品则具有易碎性、程式化、相对封闭性等特征，新闻性与经典性的背离使新闻作品有无经典充满悬念。

1. 易碎性与恒久性的背离

经典是需要时间淘沥的，必须跨越历史、战胜毁灭性的偶然因素干扰。能否经得住时间和历史的涤荡，是检验文本能否登堂入室，成为经典的重要标尺。然而新闻之所以成为新闻在于它提供了新近发生或发现的受众未知的资讯、信息，而其一旦脱离了时效性的束缚，新闻则蜕变成为旧闻。"今日的新闻就是明天的历史"，固然说明了新闻与历史的某种同质性，但也同样暗含了新闻是速死的这一新闻报道的不二法理。这样，易碎的新闻与历经时间淘洗而不衰的经典之间形成一种极其紧张的关系。

2. 程式化与原创性的背离

一部经典必然包含了作者独创性的劳动或独特的审美体验和观

照，深深地打上了作者本人的烙印①。但在新闻报道过程中，新闻话语是接受"新闻来源"的委托形成的。新闻叙事学认为，新闻是一种话语。任何一种话语都有"说话者"。社会学家欧文·戈夫曼将说话者区分为三种不同的角色：一是"委托人"（principal，又译为"负责人"），即拥有某一主题、立场或态度并委托他人撰写的人；二是"作者"（author），即主题、立场或态度的编码者；三是"赋形者"（animator），即把主题、立场或态度赋予物理形式的人员。② 在大多数情况下，这些角色集中于一人，如小说家、哲学家等。但在新闻传播过程中，这些角色是分离的。在新闻报道过程中，新闻话语的"委托人"是"新闻来源"，新闻记者扮演的不过是"代言人"的角色，只负责接受新闻来源传达的信息。这就使记者部分失去了对新闻话语的主体性。而且新闻记者在报道过程中，还要受到时效性的高度制约。无论记者多么想追求创造性，他都不可避免地要用一种"刻板印象"即程式化的写作来提高新闻制作的效率。美国耶鲁大学人工智能研究中心的"快速理解和记忆"研究小组的研究表明，大约50%的新闻报道是程式化的，而纯新闻语体即消息的程式化程度，几乎达到100%。③ 在这种情况下，新闻写作的原创性受到挑战。

3. 封闭性与开放性的背离

经典与阐释同在，经典的意义就在于以恒常的文本承载多元的阐释。而阐释之所以产生在于经典可提供给人们的可言说空间的大小。文学经典的文本核心在于文学"经典文本聚焦于人。从哲学意义看，

① 参见刘象愚《经典、经典性与关于"经典"的论争》，《中国比较文学》2006年第2期，第46页。

② 参见李法宝《新闻传播方法论》，中山大学出版社2006年版，第150页。

③ 参见曾庆香《新闻叙事学》，中国广播电视出版社2005年版，第28页。

人是最复杂的……"① 说不尽的"红楼梦""莎士比亚",说不尽的实则是那五彩斑斓的人生和鲜活跃动的人物,而新闻作品则聚焦于"事",以事为中心建构新闻文本,与不同的时代、地域共同关注的人性相比,人们不可能持续关注某一事态,某一事件也不可能成为古今中外所有人共同关心的对象,这就决定了"新闻经典"在可言说空间上较文学经典小得多。同时,文学作品还可以通过话语的形式和结构构筑阐释空间。由于文学作品的作者具有完整的主体性,作品的生产过程创新自由度较大,因而一流的文学作者可以不断创新文本内容和文本结构,使之容纳深厚而丰腴的意蕴,从而为文本的多元解读提供充足的空间。而新闻文本的生产受到严格的制约,第一种是"客观性机制",即记者的立场必须是客观的,记者只是话语的"受托人",其报道方式必须"客观",并有一整套的新闻写作规范;第二种是"时效性机制",即新闻的报道必须受到时间的限制,因而需要采取某种程式化的写作方式来提高效率。如新闻中的"倒金字塔结构"是最能反映新闻时效性特质的。正因为新闻文本的生产受到了上述两种机制的约束,因而新闻的结构注定是程式化的、封闭式的。同时,从语言上来说,某种意义上说,文学、哲学话语中意指的普遍隐喻、象征化,是文学经典、哲学经典的共同特征,这种话语方式使之既联系个体,又超越个体,而具有普遍的人文意义和开放多元的阐释空间,而新闻话语则必须与新闻人物、事件的个体整合在一起,成为一个生命体,否则就有"失实"的可能。这也限制了新闻的多元阐释空间。

那么,这是否意味着新闻作品不可能产生经典呢?也不尽然。

其一,关于新闻作品的恒久性问题。以新闻的体裁而论,消息是

---

① 梁旭东:《遭遇边缘情境:西方文学经典的另类阐释》,北京大学出版社 2004 年版,序言第 1 页。

新闻性最明显的文体，其次是通讯、评论、特写、报告文学等边缘文体。的确，消息由于其第一功能是告知功能，和其他新闻体裁比较起来，消息是易碎的，不容易产生一种持久的影响力，因此，最具新闻性的消息反而最不可能成为经典，而相对处于新闻边缘体裁的通讯、报告文学、特写、评论等由于其不仅仅执行简单的告知功能，还担负着审美、说服等功能，因此假如说有"新闻经典"的话，更可能是从这些作品中产生的。当这些作品洗尽铅华——剥离当时的简单信息传递功能，若干年后其文学性、历史性、社会性等特性就会凸显出来，有可能成为一部穿越时空、可以辐射其他学科的经典之作。

其二，关于新闻作品的原创性问题。诚然，新闻来源是新闻信息的第一道把关人，新闻记者某种程度上是作为新闻来源言行的记录者而存在的，但这并不意味着记者主体性的丧失。采写过程中，记者对新闻来源的选择、设问的角度、写作内容的发掘取舍等都可以成为此新闻非彼新闻的因素，是记者主体性得以表达的途径，这也是"新闻经典"之所以区别于文学经典的重要特征。

其三，关于新闻作品的开放性问题。新闻作品聚焦于事，固然是"新闻经典"可阐释空间受限的一大原因，但是"新闻经典"由于多出自新闻边缘体裁，而这些体裁恰恰不局限于事态的陈述和描绘上，它还可以容纳更多的内容，比如对于人物和人性的描写等。形式和结构上，新闻作品的开放性固然受到客观性和时效性的制约，但作品的阐释空间更多的是由传受双方共同建构的，同一个新闻信息，不同的受者会解读出不同的意义。可见"新闻经典"绝不是不具备多元阐释性，只不过与文学经典比较起来，阐释的空间是在新闻事实的基础上引发的，相对封闭一些罢了。

需要指出的是，笔者这里指的新闻作品更多地是以著作形式出版的新闻作品，而非学界目前很多人所谓的单篇新闻作品，单篇的新闻作品由于其可阐释的空间相对狭小，与其他学科的经典之作自不能相提并论，因而单篇的新闻作品不能担当起"新闻经典"的重任，充其量只能称作经典新闻（如今经典概念泛化，经典成了可以随意使用的符号）。而著作形式的新闻作品由于可以承载丰富的信息、描写的世界广泛、意蕴深广，能够为多元的阐释提供广阔的空间，因而成为经典的可能性也最大，而且经典的通用含义本是指向著作的，《现代汉语词典》即云："经典，指传统的具有权威性的著作。"①

也许有人会认为笔者这里将广播电视"新闻经典"完全排除在外是有问题的，而事实上，笔者并不是否认广播电视新闻成为"新闻经典"的可能性，只不过与报刊上刊登的"新闻经典"比较起来，广播电视新闻成为经典的可能性较小，这主要是由于广播电视出现的时间较报纸晚决定的。"新闻经典"的一个主要特征是其具有穿越时空的恒常性，时间是衡量经典的最为刚性的一把标尺。现代报刊出现至今，一直是以大众传播媒介的面目出现的。而在我国，电视出现于1958年，广播出现于20世纪20年代，广播电视出现之时，由于拥有者不多，其在社会上的影响力并不大，直到20世纪80年代才成为与报纸并称的大众传播媒介，因此，广播电视新闻作品即使当时的社会影响力再大，由于缺少时间的沉淀和淘沥，也是不能称为"新闻经典"的。假使未来广播电视新闻作品产生出"新闻经典"，其更多的也是从纪录片之类的边缘题材，而非广播电视消息中产生的，而由于纪录片对受众素质的要求较高，纪录片的受众群相比广播电视消息和评论是有限的，也就注定了其对大众的影响不会太大。因此，笔者这里谈的"新闻经典"仍以纸质版的新闻作品著作为主。

---

① 中国社会科学院语言研究所词典编辑室：《现代汉语词典》，商务印书馆2012年第6版，第681页。

第四章 "新闻经典"谱系研究

"新闻经典"主要产生于新闻作品著作，但是，自中国新闻事业产生以来，出版的新闻作品著作数以万计，究竟哪些可当"新闻经典"重任，这依然是一个问题。本章的"新闻经典"谱系研究将在建立一个相对合理的"新闻经典"评价指标体系的前提下，对较具影响的新闻作品进行筛选，以期建立一个较为科学的"新闻经典"名单及"新闻经典"谱系。

第一节 "新闻经典"评价指标体系研究

研究"新闻经典"谱系，首先离不开"新闻经典"评价指标的研究。只有在一套相对合理的评价指标体系下才能选择出为大家所认同的准"新闻经典"名单，也只有在此基础上，才有可能进行"新闻经典"谱系的研究。尽管经典的评价标准带有很多的主观性，人们完全可以根据不同的标准，替换掉其中的某些作品，指摘其中遗漏了哪位作者，或指控书单上的某某根本不是经典或不配做经典。经典是流动的、经常变更的。"在一本书最终得以进入阅读书目的许多理由旁边，也有一些更令人怀疑的理由可以让它被排除。"① 正如伊格尔顿曾经宣称的，"也许会有这样一个时代来临，在那里，连莎士比亚都不会被当作文学生产者。对某些人来说，牛顿的书比莎士比亚更伟大"②。但是，如果某些著作得到了大多数人的公认，我们就不能否认经典的评价标准存在着一定的客观性。经典的评价既是作为评价主体的人对于文本的主观能动性理解，同时其对文本的认识和理解又是遵循客观历史规律和文本自身发展规律的结果。经典评价标准是主观性和客观性的统一。既然其具有一定的客观性，采用一定的量化方法对其进行统计就是可行的，也是必要的。

前文我们可以看出，"新闻经典"的要素至少包括以下几个方面，由此在这些评价指标的下面我们将进一步细分出二级乃至三级指标。

1. 新闻性

新闻性是指作品具备新闻的若干要素，是对新闻事实的记录和评论，作品是新闻体裁；作品发表的载体是新闻媒体，如果不是，至少著作出版与新闻事件发生的时间相距不太远，所提供的事实对于接受者具有相当的新鲜性、时效性（当然我们不能以今天的标准来判断，而是要用当时媒体的发展水平来评判）。此外，作者身份最好是新闻人。三个要件全部具备，新闻性最强。至少也要具备前两项之一才可谓作品具备新闻性。由此在新闻性这一指标之下，又可分为四个二级指标：作品为新闻体裁；作品发表的载体是新闻媒体；作品发表载体

---

① *Katha Pollitt（1949）from "Why We Read: Canon to the Right of Me", The Nation（1991）, in Debating the Canon: A Reader from Addison to Nafisi, ed. by Lee Morrissey, Palgrave Macmillan, 2005, p. 188.*

② ［英］特雷·伊格尔顿：《二十世纪西方文学理论》，伍晓明译，北京大学出版社2006年版，第15页。

不是新闻媒体，但著作出版与新闻事件发生的时间相距不太远；作者的身份是新闻人。

2. 时空穿透力

"新闻经典"作品的时空穿透力即作品具有巨大的社会影响力，这种影响力表现在："新闻经典"既在新闻信息发布之后产生巨大的社会影响力，又在一个较长的时间段内保持较大的社会影响力，是即时影响力和历史影响力的叠加。由此时空穿透力这一指标可以细分为即时影响力和历史影响力两个指标。

即时影响力，这是"新闻经典"之新闻性要求的，也是"新闻经典"与文学经典等学科的不同之处，文学经典作品问世之时，并不要求其当时即具有轰动效应，只要其在较长时间内能够得到人们的认可即可被纳入文学经典的考察范围，而"新闻经典"如果当初没有社会影响力，新闻性不足，我们很难想象以后其会成为经典之作。一部新闻作品的即时影响力，我们可以从当时的读者人数、传阅率、图书销售数量、销售金额、重印次数、书评数量等几个方面去衡量，当时的读者人数越众，传阅率越高，图书销售数量越大，销售金额越高，重印次数、书评数量越多，说明该图书的即时影响力越大。因此，即时影响力的二级指标，理想状态下，也应该从这些指标入手去考察，但是由于图书出版之时相关指标大多并未纳入统计，或者虽然纳入统计，并未公开，因此，现有条件下，我们只能将能够搜索到的一些指标作为考察对象，这些指标是：当时新闻作品著作的重印次数、阅读读者数量、书评数量。由于阅读读者数量与发表报纸、杂志的读者数量基本相同，因此，我们这里从发表报纸、杂志的受众数量来考察。

同时，"新闻经典"也要求具备文化经典所要求的历史影响力。如果仅在新闻作品著作问世之时拥有较大的社会影响力，而不具备历史的影响力，这样的著作是不能成为"新闻经典"的。由于文学经典可以从"那些在讨论其他作家作品的文学批评中经常被提及的作家作品①"中去确认，因此，在借鉴这一量化指标的基础上，我们也将后人的批评阐释情况作为"新闻经典"历史影响力的一个重要指标，除此，借用 CSSCI 将被引用率作为学术期刊和学术论文影响力的一个重要指标的评价方法，我们也将引进引用率这一指标。同时，考虑到一部图书的影响力越大，其版本数量也就越多，因此，我们主要从版本数量、后人的研究数量、在后人著作中被提及的数量等几个指标来衡量"新闻经典"的历史影响力，由此，在历史影响力指标之下，我们拟建立的二级指标为：版本数、研究数量、图书引用率、在后人的著作中被提及的数量。

3. 跨学科影响力

"新闻经典"不但在学科内有着较高的认同度，而且还能够得到其他学科的认同。一部"新闻经典"也可能是文学经典、历史经典或是社会学等其他学科的经典，具有文化经典的品格。它犹如一棵根植于新闻领土上的大树，不但在新闻的疆域内根深叶茂，而且跨出新闻学科的藩篱，枝蔓延伸到其他学科领域。一部新闻作品对其他学科的影响力越大，其被其他学科引用的数量、研究的数量以及被选入相关图书的数量越多，因此考察一部作品的跨学科影响力，我们拟从被其他学科引用数、其他学科研究数量、被选入其他学科图书的数量几个指标来衡量。

4. 内在经典性指标

时空穿透力和跨学科影响力更多是一种外在的指标评价，虽然外

---

① 罗森格伦（Karl Erik Rosengren）在《文学系统的社会学》（1968 年）中如此定义经典：经典包括那些在讨论其他作家作品的文学批评中经常被提及的作家作品。他分析了一个模式化的比较：这个作家 X 远远不如乔伊斯，推断出乔伊斯已被批评家假定为经典。

在指标评价是建筑在其内在经典性基础之上的，但我们不能排除某些文本虽然外在评价由于主客观原因的限制相关指标不高，但其文本自身的经典性较高。因此仅有外部指标评价，而忽视其内在经典性评价，这样的指标体系显然是不完善的。考虑到这一点，我们也将内在经典性指标作为考察的对象。内在经典性包括原创性、权威性、多元的阐释空间和表达的开放性等，但是由于这些大多不能进行量化的统计，因此我们不打算将这些指标作为二级指标纳入"新闻经典"评价体系。考虑到如果文本本身具有内在经典性，后人很有可能就会将其命名为经典，因此，我们拟将在后人评价中将其称之为经典的数量以及进入经典类图书的数量作为指标来考察其内在经典性。

通过以上的分析，我们可以得到"新闻经典"评价指标体系表，如表 4 - 1 所示。

表 4 - 1　　　　　　　　"新闻经典"评价指标体系

总体指标	二级指标
新闻性	新闻体裁
	发表的载体是新闻媒体
	著作出版与新闻事件发生的时间相距不太远
	作者身份是新闻人
即时影响力	当时新闻作品著作的重印次数
	阅读读者人数
	书评次数

总体指标	二级指标
历史影响力	版本数
	研究数量
	图书引用率
	在后人的著作中被提及的数量
跨学科影响力	被其他学科引用数
	其他学科研究数量
	被选入其他学科图书的数量
内在经典性	在后人评价中将其称之为经典的数量
	进入经典类图书的数量

第二节　前人建构的"准新闻经典"研究

那么有哪些新闻作品著作可以进入"新闻经典"的考察范围呢？迄今，新闻作品著作数量数以万计，如果全部拿来予以考量显然是不现实的，考虑到"新闻经典"都是具有历史影响力的著作，因此，我们主要从后人认定具有历史影响力的著作中选择。事实上，前人已经在着力建构新闻"经典"或"准经典"名单。我们这里主要从新闻词典的编纂、新闻作品选和新闻史几个方面来考察有哪些较具社会影响力的准"新闻经典"。

新闻词典的编纂往往需要考虑代表性和权威性，因此入选新闻词典的作品代表着新闻作品的权威性和典型性大多得到公认。至今我国编纂的新闻词典有：《新闻学简明词典》《新闻传播百科全书》《中国大百科全书·新闻出版卷》《马克思主义新闻学词典》《新闻舆论学大词典》等，但新闻词典秉着不同的编纂目的和定位，内容各有侧重，这就造成不少新闻词典并没有收入新闻作品代表作，唯有《新闻学简明词典》《中外新闻名著鉴赏大辞典》等少数几部辞书编辑了新闻作品著作栏目。

1984年出版的由余家宏、宁树藩、徐培汀、谭启泰编写的新中国成立以来国内第一部新闻学专业词典《新闻学简明词典》在"新闻作品代表作"一编中列出了《蒙园文录外编》《远生遗著》《旅欧通信》《饿乡纪程》《赤都心史》《小言论》《萍踪寄语》《萍踪忆语》《从东北到庶联》《中国的西北角》《塞上行》《通讯与论文》《人生采访》《没有人民的世界》《通讯特写选》《燕山夜话》《季鸾文存》《一月九日》《震撼世界的十天》《西行漫记》《伟大的道路》共21本作品名单。① 这份精选出来的21部新闻作品代表作代表了我国老一辈新闻人对"新闻经典"的认定，至今"余威犹在"，后来的新闻学者在判定"新闻经典"时基本上在这个范围内打转。这部《新闻学简明词典》也是迄今唯一一部明确列出中外新闻作品代表作的图书。

1993年出版的由甘惜分主编的《新闻学大辞典》列有新闻作品、节目及新闻奖一编，将新闻作品分为中国新闻作品个人集、外国记者作品集两大类。白庆祥的《中外新闻名著鉴赏大辞典》里虽然未明确

---

① 余家宏、宁树藩、徐培汀等编写：《新闻学简明词典》，浙江人民出版社1984年版，第191—197页。

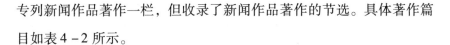

专列新闻作品著作一栏，但收录了新闻作品著作的节选。具体著作篇目如表4-2所示。

表4-2　　　　　　　　新闻词典收入的新闻作品著作名单

余家宏、宁树藩、徐培汀、谭启泰:《新闻学简明词典》(1984年)	"新闻作品代表作":《弢园文录外编》《远生遗著》《旅欧通信》《饿乡纪程》《赤都心史》《小言论》《萍踪寄语》《萍踪忆语》《从东北到庶联》《中国的西北角》《塞上行》《通讯与论文》《人生采访》《没有人民的世界》《通讯特写选》《燕山夜话》《季鸾文存》《一月九日》《震撼世界的十天》《西行漫记》《伟大的道路》
甘惜分:《新闻学大辞典》	中国新闻作品个人集:《弢园文录外编》《梁启超选集》《谭嗣同全集》《章太炎政论选集》《朱执信集》《于右任集》《远生遗著》《邵飘萍选集》《旅欧通信》《芸生文存》《瞿秋白文集》(第1卷)、《季鸾文存》《从东北到庶联》《韬奋文集》《人生采访》《羊枣政治军事评论选》《乔冠华国际述评集》《子冈作品选》《报刊杂文、通讯和社论》《时评与通讯》《范长江新闻文集》《恽逸群时政评论选》《顾执中考察报告选》《章汉夫文集》《中国未完成的革命》《大地的风采》《阎吾战地情景新闻选》《战地萍踪》《姚溱军事述评选》《华山战地通讯选》《安岗新闻通讯集》《杨刚文集》《东北战场通讯选》《王匡通讯集》《邵红叶文集》《开国前后的信息》《邓拓文集》《历史的脚印》《新纪元集》《高而公文集》《时代的足迹》《天涯集》《大地笔踪》《时事评论选》《田流散文特写集》《时代的眼睛》《柏生新闻作品选》《穆欣通讯选》《李千峰旅行通讯选》《古平人物通讯选》《时代的色彩》《我就是我——中年女记者樊云芳新闻作品选》《经济特区风云录》《来自长征路上的报告》《我的记者之路》《一个驻美记者的见闻》《风情·人情·世情》《向顶峰冲刺》《刘尊棋通讯杂文选》《海上述林》《冯岗新闻通讯选》《顾迈南科技新闻通讯选》《黄樨集》《时代鸿爪》《对弈集》《思考的笔》《环球40天》《闪烁的星光》《春天的气息》《彭迪国际评论选》

续　表

甘惜分：《新闻学大辞典》	《王殊通讯选》《平衡木上的跳跃》《第五代》《中国模拟人和它的上帝》《春天的问候》《风云功过录》《印象与独白》《求全集》《黄河的儿子》《风尘墨踪》《逢春集》《愚园访谈》《沉甸甸的人生》《崇拜的与诅咒的》《林放杂文选》《世纪末的忧思》《没有新闻的角落》《灯下耕耘集》
	外国记者作品集：《时事新论》《震撼世界的十天》《西行漫记》《新西行漫记》《七十年代西行漫记》《中国新女性》《斯诺文集》《史沫特莱文集》《斯特朗文集》《秘密的中国》《中国的新生》《华北前线》《扬子前线》《中国震撼世界》《梁厚甫通讯评论选》《爱伦堡争论通讯集》《随军采访四年》《名流侧影》《战时札记》《苏联女作家、名记者莎金娘旅欧漫记》《我们时代的旅程》《美国优秀新闻作品选》《普利策新闻奖获奖作品选（1969—1980）》《风云人物采访记》《普利策最佳国际报道奖获奖文选》《觉醒了的中国》《世界两百天》《绞刑架下的报告》《外国新闻通讯选评》《中国的惊雷》
白庆祥：《中外新闻名著鉴赏大辞典》	《远生遗著》《旅欧通信》《塞上行》《萍踪寄语》《人生采访》《西行漫记》《伟大的道路》《中国震撼世界》《游美札记》《赤道环游记》《绞刑架下的报告》《翻身》《长征——前所未闻的故事》《印度对华战争》《名流侧影》《工人阶级的儿子》《特写集》《春天的报告》《向顶峰冲刺》《年轻的农业生产合作社社长》《志愿军一日》《淮海大战》《开国前后的信息》《陕北风光》《赤都心史》

考察"新闻经典"的建构不能不考虑到诸多版本的新闻作品选，新闻作品选在选择的过程中必然会体现编纂者的意图和选编重点，虽然新闻作品的选择名单各有不同，但不同的选本如果都选录了某篇或

某部重要作品，则意味这篇或这部作品的重要性和经典性得到认可。由于新闻作品选重点选择单篇新闻作品，不少新闻作品选未将新闻代表著作列为选集对象，即使列为选择对象的，对于新闻作品著作往往是以节选的形式出现的，因此，笔者这里将节选了某部新闻作品著作的那些新闻作品选作为本文的考察对象（见表4-3）。

表4-3　　　　　新闻作品选收入的新闻作品著作名单

中国人民大学新闻系报纸体裁教研室：《通讯特写选》（1962 年）	范长江的《中国的西北角》、瞿秋白的《赤都心史》、邹韬奋的《萍踪寄语》、伏契克的《绞刑架下的报告》、基希的《秘密的中国》、高尔基的《列宁》（节录）、美国约翰·里德的《震撼世界的十天》
蓝鸿文：《外国新闻通讯选评（下）·通讯特写》（1985 年）	狄更斯的《游美札记》，马克·吐温的《赤道环游记》，约翰·里德的《震撼世界的十天》，埃德加·斯诺的《西行漫记》，艾格尼斯·史沫特莱的《伟大的道路》，基希的《秘密的中国》，卡门·卡尔切夫的《痛斥法西斯，光彩照人寰》，伏契克的《绞刑架下的报告》，戈登·托马斯的《银盘记》，杰克·贝尔登的《中国震撼世界》，韩丁的《翻身》，内维尔·马克斯韦尔的《印度对华战争》，卡尔·伯恩斯坦和鲍波·伍德沃德的《总统那伙人》（后翻译为《总统班底》）

解力夫：《世界优秀通讯选》（1988 年）	《高尔基政论杂文集》《游美札记》《赤道环游记》《列宁》《长征——闻所未闻的故事》《工人阶级的儿子》《爱伦堡政论通讯集》《我们是苏维埃人》《大战随军记》《绞刑架下的报告》《随军采访四年》（《距柏林 896 公里》《纽伦堡审讯》）、《日本的覆亡》《斯大林时代的人》《名流侧影》《黑人的灵魂》《苏联风光》《我为什么在七十二岁的时候来到中国》《旅欧漫记》《李普曼传》《风云人物采访记》《震撼世界的十天》《复始之旅》、史沫特莱的《中国的战歌》《伟大的道路》、斯特朗的《千千万万中国人》、索尔兹伯里《长征——前所未闻的故事》等
程天敏：《中外通讯选》	保加利亚卡门·卡尔切夫的《工人阶级的儿子》，程天敏的《年轻的农业生产合作社社长》，丁玲的《陕北风光》，捷克伏契克的《绞刑架下的报告》，赵超构的《延安一月》，苏联法捷耶夫的《上尉伏哈什隆科夫》，苏联波列伏依的《斯大林时代的人》，黄远生的《远生遗嘱》，美国埃德加·斯诺的《斯诺文集》，白夜的《黄花集》，华山的《远航集》，马克·吐温的《赤道环游记》，周恩来的《旅欧通信》，瞿秋白的《瞿秋白文集》，捷克基希的《秘密的中国》，邹韬奋的《韬奋文集》，萧乾的《西欧战场特写选》，美国韩丁的《翻身》，李千峰的《折多山的西边》，李何、独伊的《莫斯科通讯集》，白原的《人间的春天》，茹志鹃的《春天的报告》，岑桑的《岑桑散文选》，安岗的《安岗新闻通讯集》，美国艾格尼斯·史沫特莱的《伟大的道路》，华嘉的《千岛之国》，美籍华人聂华苓的《三十年后——归人札记》，李普的《开国前后的信息》，杨刚的《美国札记》，美国安娜·路易斯·斯特朗的《我为什么在 72 岁的时候来到中国》，英国狄更斯的《旅美札记》，范长江的《塞上行》

顾勇华、陈杰:《中国新闻评论名篇选析》	《弢园文录外编》《小言论》《季鸾文存》《芸生文存》《徐铸成新闻评论选》《恽逸群时政评论选》《燕山夜话》《三家村札记》
王振业、李舒:《新闻评论作品选》	《弢园文录外编》《小言论》《季鸾文存》《芸生文存》《燕山夜话》《三家村札记》《远生遗著》《徐铸成新闻评论选》《恽逸群时政评论选》
程世寿:《典范新闻评论选析》	《弢园文录外编》《小言论》《季鸾文存》《芸生文存》《乔冠华国际述评集》《梁厚甫通讯评论选》
颜雄:《百年"新闻经典"》	《远生遗著》《萍踪寄语》《塞上行》《人生采访》《西行漫记》《爱伦堡政论通讯集》《风云人物采访录》《小言论》《季鸾文存》《芸生文存》《燕山夜话》《三家村札记》
全国高等教育自学考试命题研究组:《中外新闻作品研究》	《萍踪寄语》《中国的西北角》《西行漫记》
刘海贵总主编,郑亚楠主编:《新闻传播精品导读外国名篇卷》	美国约翰·里德的《震撼世界的十天》,美国安娜·路易斯·斯特朗的《千千万万中国人》,美国埃德加·斯诺的《复始之旅》,美国海伦·福斯特·斯诺的《一个女记者的传奇》,苏联伊里亚特·爱伦堡著的《爱伦堡政论通讯集》,日本本多胜一的《中国之行》,意大利奥里亚娜·法拉奇的《风云人物采访记》

新闻史是新闻事业发展的记录，重大新闻事件、新闻人物、新闻作品往往都会在新闻史中予以重点呈现。虽然新闻史经典未必是"新闻经典"，但"新闻经典"必定是新闻史经典。因此，考察"新闻经典"的建构，能否入选新闻史或新闻史文选是一个重要的考察向度。自新闻学诞生以来，新闻史的著述不下百部，如果能够仔细分析这百部新闻史著作会选择哪些重要的新闻作品编入新闻史，那么无疑可以从一个侧面窥见"新闻经典"到底可以包括哪些篇目。但是，与文学史主要是以作家及其文学作品为对象不同，新闻史往往并不将代表性的新闻人物和新闻作品作为重点编纂对象，而主要考察的是新闻事业、媒体的发展脉络。长期以来，我国的新闻史研究只见事不见人，见了人也往往只是介绍其报刊活动，不会重点介绍其新闻作品，在新中国成立初期的一场关于报刊史对著名报刊活动家和著名报刊叙述方法的争论中，新华社某位负责人讲到，在报刊工作上起了突出作用的人物要写一些，不要夸大个人的作用，但也不能抹杀个人的一定作用，但在之后有人提出"要不吝惜将荣誉给予积极工作者"时，他又认为不必为一篇成功的作品就提一个人的名字。[①] 思想上的纷争束缚了新闻史编纂者的思想，这样新闻作品在新闻史中所占篇幅就更为寥寥。20 世纪 80 年代以后，新闻史学界逐渐注意到了这个问题，1988年由郑州大学新闻系王洪祥任主编、全国多所高等院校合作编写的《中国新闻史》由中央民族学院出版社出版发行。与过去出版的新闻史书籍相比，《中国新闻史》有自己的鲜明特点。方汉奇先生在为该书所作的《序言》中对它做了这样的评价，这"是一部以新闻人物为主线，以新闻思想、新闻作品、新闻事业、新闻业务改革为具体内容，

---

① 参见徐培汀《20 世纪中国新闻学与传播学·新闻史学史卷》，复旦大学出版社2001 年版，第 176 页。

融新闻事业史、新闻人物史、新闻思想史、新闻文体发展史及其他新闻传播手段发展史于一体的新闻史教材。同时也是一部完整地记述中国新闻事业产生发展历史及其规律的新闻史教材"。这在新闻史教材的编纂体例上突破了以往以新闻事件为中心的模式，解放了新闻史编纂工作者的思想，一定程度上影响了此后的新闻史编纂者对于新闻作品、人物等的关注。1995 年教育部发布的《新闻史编纂意见大纲》中更是明确规定，要注意新闻史上代表性的新闻人物和新闻作品的编纂。这之后的新闻史著作更加关注到新闻人物和新闻作品的选录。由于断代史对于新闻史只是某一时间段的梳理，而通史类专著横亘古今，时间上更具长期性，可以较好反映迄今为止中国新闻作品著作的情况，因此我们这里以 20 世纪 80 年代以后出版的中国新闻通史类来分析究竟有哪些新闻作品著作入选新闻史；考虑到有些新闻史编纂者往往编辑有数部新闻通史著作，这些著作大多具有一定的延续性，我们这里仅选择代表性的新闻通史著作来研究（见表 4-4）。

表 4-4　　　　　新闻史著作收入的新闻作品著作名单

方汉奇：《中国新闻事业通史》	《远生遗著》《萍踪寄语》《萍踪忆语》《旅欧通信》《从东北到庶联》《中国的西北角》《西行漫记》《中国人的命运》《中国红军在前进》《中国的战歌》《中国在反击》《伟大的道路》《秘密的中国》《燕山夜话》《三家村札记》
丁淦林：《中国新闻事业史（修订版）》	《远生遗著》《饿乡纪程》《赤都心史》《萍踪寄语》《萍踪忆语》《中国的西北角》《塞上行》《西行漫记》《中国红军在前进》《燕山夜话》《三家村札记》
吴廷俊：《中国新闻史新修》	《远生遗著》《萍踪寄语》《中国的西北角》《塞上行》《红星照耀中国》《人类的五分之一》《伟大的道路》

续 表

黄瑚：《中国新闻事业发展史》（第2版）	《蒆园文录外编》《远生遗著》《小言论》《萍踪寄语》《萍踪忆语》《西行漫记》《伟大的道路》《续西行漫记》《华北前线》《中国的双星》《来自红色中国的报道》《红色中国的挑战》《中国未完成的革命》《中国人征服中国》《中国震撼世界》《延安一月》
袁军、哈艳秋：《中国新闻事业史教程（修订版）》	《远生遗著》《西行漫记》《中国的西北角》《塞上行》《萍踪寄语》
白润生：《中国新闻传播史新编》	《远生遗著》《饿乡纪程》《赤都心史》《西行漫记》《人类的五分之一》《中国人的命运》《中国红军在前进》《中国在反击》《中国的战歌》《伟大的道路》《萍踪寄语》《萍踪忆语》《中国的西北角》《塞上行》《燕山夜话》《三家村札记》
许正林：《中国新闻史》	《中国的西北角》《塞上行》《饿乡纪程》《赤都心史》《小言论》
赵中劼：《中国新闻传播事业史纲》	《远生遗著》《旅欧通信》《中国的西北角》《塞上行》《中国红军在前进》《伟大的道路》《西行漫记》
李彬：《中国新闻社会史》	《远生遗著》《小言论》《萍踪寄语》《萍踪忆语》《西行漫记》《中国的西北角》《塞上行》《伟大的道路》《中国震撼世界》《中国的惊雷》《翻身》《季鸾文存》《芸生文存》《燕山夜话》《三家村札记》

王洪祥:《中国新闻史》《中国现代新闻史》	《弢园文录外编》《弢园尺牍》《远生遗著》《饿乡纪程》《赤都心史》《旅欧通信》《萍踪寄语》《萍踪忆语》《中国的西北角》《塞上行》《人生采访》《西行漫记》《人类的五分之一》《中国的战歌》《中国红军在前进》《季鸾文存》《孟秋江文集》《子冈作品选》《羊枣政治军事评论选集》《热血失陷目击记》《前线巡礼》《新华通讯集》《战地萍踪》《徐州突围》《东南行》《美国札记》《时代鸿爪》《乔冠华国际述评集》《战地情景新闻选》《钢枪铁笔录》《姚溱军事述评选》

需要说明的是，某些新闻史著作虽然没有明确提及某部著作，但对其内容进行了描述的，笔者也将其算作提及某部新闻作品著作。比如虽然未提及《季鸾文存》《芸生文存》等这些著作名，但只要提到张季鸾、王芸生社评的，笔者也将其算作提及了《季鸾文存》《芸生文存》。另外，考虑到著者在评价某个人物的作品时，往往会列出这个人物的不少新闻作品著作，但由于总会有所侧重，有所侧重的才是著者介绍的核心所在，因此这里仅列出那些重点谈到的新闻作品著作。譬如在谈到斯诺时，论者往往会列出斯诺的许多甚至全部新闻作品著作，但行文中仍以《西行漫记》为重点论述，因此，笔者只将《西行漫记》列出，而不列其他新闻作品著作。当然，如果没有明显的侧重对象，笔者仍将新闻史著作中所列的新闻作品著作——列出。

综合上述中国新闻学者对较有影响的新闻作品著作的认定，我们就可以选择出较有影响力的新闻作品著作。由于《新闻学简明词典》是迄今唯一一部明确列出中外新闻作品代表作的图书。因此，在考察较具社会影响力的作品时，笔者将重点考虑这部著作列出的所有新闻作品著作，除此，在其他选集或新闻史中提及两次以上的新闻作品著作，笔者也将其纳入重点考察对象。由此，最终入选的这些著作分别有：《弢园文录外编》《远生遗著》《旅欧通信》《俄乡纪程》《赤都心史》《小言论》《萍踪寄语》《萍踪忆语》《从东北到庶联》《中国的西北角》《塞上行》《通讯与论文》《人生采访》《没有人民的世界》《通讯特写选》《燕山夜话》《三家村札记》《一月九日》《震撼世界的十天》《华北前线》《西行漫记》《复始之旅》《中国在反击》《中国人的命运》《伟大的道路》《中国的战歌》《中国红军在前进》《延安一月》《季鸾文存》《芸生文存》《千千万万中国人》《人类的五分之一》《中国人征服中国》《我为什么在72岁的时候来到中国》《秘密的中国》《风云人物采访记》《中国的惊雷》《中国未完成的革命》《中国震撼世界》《长征——前所未闻的故事》、狄更斯的《游美札记》、马克·吐温的《赤道环游记》、伏契克的《绞刑架下的报告》、韩丁的《翻身》以及《爱伦堡政论通讯集》《列宁》《随军采访四年》《旅欧漫记》《名流侧影》《工人阶级的儿子》《印度对华战争》《羊枣政治军事评论选》《子冈作品选》《阎吾战地情景新闻选》《战地萍踪》《安岗新闻通讯集》《时代鸿爪》《开国前后的信息》《美国札记》《年轻的农业生产合作社社长》《陕北风光》《春天的报告》《向顶峰冲刺》《姚溱军事述评选》《恽逸群时政评论选》《徐铸成新闻评论选》《梁厚甫通讯评论选》《乔冠华国际述评集》。这些著作可以说是前人建构的在中国具有较大影响力的"新闻作品著作"。

第三节 前人建构的"准新闻经典"问题分析

前人建构的上述较有影响力的"新闻作品著作"为我们"新闻经典"问题的研究奠定了一定的基础。但是以我们上面所分析的"新闻经典"的衡量标准来衡量这些作品,却发现问题多多。"新闻经典"之所以成立,第一要素是其新闻性,没有新闻性,新闻名著、新闻作品的称谓都无法成立,遑论"新闻经典"。由是观之,前人建构的不少所谓新闻作品著作,如《弢园文录外编》《伟大的道路》《饿乡纪程》《赤都心史》《绞刑架下的报告》《赤道环游记》《游美札记》《翻身》《燕山夜话》《三家村札记》等因为新闻性的缺失不应在我们的"新闻经典"名单之列。

《弢园文录外编》是我国最早的一部政论文集,但我国早期报刊上的政论并非新闻体裁,且王韬在《循环日报》所撰文章多数未收录于《弢园文录外编》,原《弢园文录外编》收入王韬在《循环日报》发表的新闻言论仅11篇[①]。《伟大的道路》也不是一部新闻作品,它更多的是人物传记,图书出版的时间与访谈时间也相隔较远,更谈不上对新闻事实的记录,因此不宜进入"新闻经典"名单。史沫特莱的另外一部著作《中国的战歌》是作者中国之行的自传体报告,虽然相当大一部分描写的是作者追随新四军、游击队的经历,这部分内容距离其初版时间1943年时间较近,在当时具有相当的新闻性,但本书

---

① 参见马艺《论王韬的报刊新闻言论及其历史贡献》,《军事记者》2002年第8期,第61页。

另外将近一半的篇幅作者却是在追忆自己自出生以后直至来到中国接触新四军之前的学习生活经历，所述的个人生活经历自然算不上新闻，而种种发生在中国的重大事件如西安事变等在当时亦早已众所周知，也算不得什么新闻。这部分内容使本书的新闻性大打折扣，因此，也不宜作为新闻作品著作参选"新闻经典"。斯诺的《复始之旅》是记者斯诺写的一部自传。斯诺叙述了他 1928 年来到中国至 20世纪 50 年代初的各种经历，这些经历本身不是新近发生的新闻事实的记录，同样面临新闻性不足的尴尬，因此，也不能作为新闻作品著作。瞿秋白的《饿乡纪程》《赤都心史》在不少新闻学书籍中被认为是新闻通讯集。但实际上，《饿乡纪程》全书共 16 节，主要内容为著者 1920 年出国之前的思想理念、情绪感触，从北京到哈尔滨的行程细节，从中国出境到莫斯科的沿途所见所闻以及到达莫斯科的最初印象。虽说真实客观地记录了沿途的见闻，但主要是抒写自己"心程中的变迁起伏"。《饿乡纪程》中近半文字追忆个人、家庭、家族的变迁，及由此而引发的感触，虽然文中亦有沿途见闻的客观描述，但总体而言还是一种随笔记述，不完全是新闻作品。《赤都心史》是作者在"赤都"莫斯科的"所闻所见所感"的记录。作者怀着对社会主义制度的向往，真实地反映了年轻的苏维埃共和国"赤潮高涨"的现实，也描写了苏联当时面临的困难。但实际上所占篇幅更多地则是它真实地记录了作者自己如何成为一个共产主义者的思想发展过程，所以书名冠之以"心史"。从其所收入的作品来看，则不但包括游记，还有小品、杂感、散文诗等。况且瞿秋白当时虽然是作为《晨报》和《时事新报》的特派员去俄国访问的，但发表在两报上的文章其实并未收入《饿乡纪程》《赤都心史》。"瞿秋白文集编辑委员会在为《饿乡纪程》和《赤都心史》写的注释中，也明白指出这两本是作为文学研究会丛书之一，由商务印书馆先后于 1922 年 9 月和 1924 年 6 月出版的，并没有说是瞿秋白发表在晨报或别的什么报刊上的通讯。"① 因此《饿乡纪程》《赤都心史》进入"新闻经典"也是值得怀疑的。

再如伏契克的《绞刑架下的报告》，自 1945 年在捷克出版以来，已被译成 90 多种文字，在世界各国人民中广为流传。在我国，就先后发行过 13 个根据其他文字转译的版本，对我国读者起到了极大的教育和鼓舞作用。但是《绞刑架下的报告》更多的带有个人自述性质，将自己以及革命同志被捕之后在监狱斗争的情形原原本本地呈现了出来，其所述本身不是新闻事件，新闻性较弱，因此，虽然可算作报告文学中的经典，但不能被称为"新闻经典"。高尔基的人物特写《列宁》被誉为世界文学名篇，作品记述了"十月革命"前高尔基与列宁在伦敦、巴黎、喀普里的会见以及十月革命后二人的接触，向我们展示了一个活生生的伟大人物形象，可惜的是作品是列宁逝世后高尔基关于列宁的回忆录，不是新闻作品著作，以新闻作品著作这个名号套到《列宁》这部作品头上，无异于张冠李戴。同样，《工人阶级的儿子》是记录国际共产主义运动领袖季米特洛夫传奇一生的传记，而非新闻作品。另外，马克·吐温的《赤道环游记》和狄更斯的《游美札记》是两位作家外出旅行所到各地社会风土人情的记录，本身不具有时效性，新闻性不强，因此，也不能算作新闻作品著作。况且这些作品和其他广为人知的文学名著如马克·吐温的《汤姆·索亚历险记》《哈克贝利·费恩历险记》和狄更斯的《雾都孤儿》相比，亦相形见绌。苏联作家波列伏依和莎金娘作品也存在类似问题。波列伏依的《名流侧影》收集了作者写于不同年代的人物特写 42 篇，这些特写勾勒了苏联和其他国家一些杰出作家、诗人、画家、摄影家、记

---

① 蓝鸿文：《面向新闻界》（增订本），中国人民公安大学出版社 2007 年版，第140 页。

者、播音员等知名人士的侧影，从不同角度展示了他们的情操、风格、成就，并介绍了他们一些鲜为人知的逸闻趣事。但是，作品本身大多没有从新闻人物新近发生的事件切入，而只是介绍作者与这些知名人物交往的过程，因此，作品新闻性不强，也不能当作"新闻经典"来对待。苏联女作家莎金娘的《旅欧漫记》是作者游历法国、英国、瑞士、荷兰等欧洲国家以后写成的游记。书中对这些国家的历史和现实，经济和政治，思想和文化，文学和艺术，风土和人情都有所描绘，虽然某些章节具有一定的新闻性，但就整体而言，新闻性不足，因此也不宜作为新闻作品著作看待。

韩丁的《翻身》被认为是与《西行漫记》相提并论的一部经典之作。1947年，联合国救济与重建总署捐助一批拖拉机给中国，韩丁作为一名技术人员，第二次来到中国。次年韩丁以观察员身份亲历了晋东南张庄的土地改革，将所见所闻记录下来，形成了1000多页纸的调查笔记。新中国成立后，韩丁继续留在中国，培训农业技术人员。1953年，韩丁返回美国。然而一回到美国，韩丁便遭遇到麦卡锡势力的迫害。海关没收了他的笔记"一个叛国者的自传"，上交国会参议院内政委员会。韩丁也被列入黑名单，置于FBI的监督之下，护照被吊销了15年，无法再回中国。在遭受迫害的日子里，韩丁不断发表演讲，笔耕不辍。他将美国政府告上法庭，打了5年官司，终于在1958年胜诉，要回了被没收的笔记。1966年，韩丁反映张庄土地改革的长篇纪实文学《翻身》，由纽约《每月评论》出版社出版，引起强烈反响。《纽约时报》书评称："这是一部非同一般的关于中国革命的书卷……它向我们展现了新生的共产党政权建立过程中一个村庄生动、撼人的故事。韩丁先生为我们了解共产党取得政权前夜中国北方农村的生活，做出了有价值的、在某种意义上独一无二的贡献。"《翻身》最初在美国国内销量达20多万册、国外30多万册，后被译成法、德、日、意大利、西班牙、中文等语言出版。英国著名剧作家大卫·哈利将《翻身》改编为话剧,先在伦敦后在世界各地上演。《翻身》成为一部经典之作,是美国大学中国历史、政治、人类学等专业学生的必修书,并在世界各国广为流传。[①] 但是,需要看到的是,韩丁记录晋东南张庄的土地改革情形的文字虽然当时具有极高的新闻价值,但作品当时并未发表出来,而是一直以笔记的形式保存着,直到1966年著作才得以与公众见面,这时距事发的1948年已有近20年的时间,当时鲜活的新闻素材早已沉入历史的长河,变成历史文献,即使后来被打捞上来,依然是一部历史著作,而不能被称为"新闻经典"。

与其类似的还有《长征——前所未闻的故事》。20世纪80年代,《纽约时报》原副总编辑哈里森·索尔兹伯里为再现半个多世纪前中国革命史上传奇的长征故事,重走长征路,写出了这部具有巨大社会影响力的著作,但是需要注意的是,图书出版时已是1985年,距离长征发生已经50年,此时的著作早已不再是新闻作品著作,而转化成了历史著作。澳大利亚人内维尔·马克斯卫尔著的《印度对华战争》亦不是完全意义上的新闻作品,虽然作者1959年以后任《泰晤士报》驻南亚记者时目睹了中印边界争端日益激化和印度对华战争爆发的前前后后,但作者写作此书时已返回伦敦,进入东方和非洲学院,开展相关研究工作。这本书是其间作者写就的一部研究性的著作,而不是当初新闻作品的汇集。作者在本书前言中说得清楚:"当初,我把这项工作看成是对我过去随着这一争端的发展而写的成万字报道进行重新编排和加工的问题。可是,当我再次翻阅盈篇累牍的印度白皮书(其中记载着有关两国政府在外交辩论中所提出的论证),

---

① 参见孟红《韩丁与〈翻身——中国一个村庄的革命纪实〉》,2008年7月21日,乌有之乡(http://www.wyzxsx.com/Article/Class10/200807/45504.html)。

我认识到需要对问题作出更为全面、更为基本、更为深入的估价。这本书就是我后来进行重新估价的产物。"①

著名杂文作品集《燕山夜话》《三家村札记》往往被人认为是新闻评论的典范之作，但杂文与新闻评论并非同一体裁，"杂文属于文学体裁，新闻评论属于新闻体裁。这是二者的根本区别，其他区别多是由此派生出来的。有的同志说'杂文是新闻言论的重要体裁'，这是不科学的，实际上取消了杂文作为一种文体的独立地位"②。从《燕山夜话》和《三家村札记》的内容来看，"时事政策、经济理论、文化艺术、社会科学、天文地理、医药知识、报界铁事、历史人物、风俗习惯应有尽有。所引资料，出自先秦诸子、二十四史、《资治通鉴》、唐宋传奇、明清小说、方志野史，真是既多又杂"③。这些文章基本都非针对最近发生的新闻事件发表评论，新闻经典之"新闻性"欠缺，将其称之为"新闻经典"实难当此任。

此外，选入《新闻学简明词典》的《通讯与论文》《通讯特写选》以及斯特朗的《我为什么在七十二岁的时候来到中国》等也不能称之为新闻作品著作。《通讯与论文》收集了除《中国的西北角》与《塞上行》之外范长江在新中国成立前后发表于各种报刊上的新闻通讯，以及他对新闻工作的意见、论著、总结等文章，可见并不是完全的新闻作品选集。另外，《通讯特写选》是中国人民大学新闻系编选的新闻通讯写作参考教材，而非新闻作品代表作，明明是参考教材，却将其归入"新闻作品代表作"类，而不归入"新闻学教材"类，这在《新闻学简明词典》出版后不久已有人对此提出批评。④ 无独有

① ［澳］马克斯韦尔：《印度对华战争》，陆仁译，生活·读书·新知三联书店1971年版，序言第3页。
② 姚文华：《报刊杂文与新闻评论的异同》，《新闻知识》1987年第10期，第21页。
③ 张涛：《中华人民共和国新闻史》，经济日报出版社1992年版，第178页。
④ 参见夏家麟《小评〈新闻学简明词典〉》，《辞书研究》1985年第3期，第97页。

偶,《春天的报告》是 1963 年出版的人民日报报告文学选集,而非某人的新闻作品代表作。《战地萍踪》是陆诒所著的为纪念抗日战争胜利 40 周年写的战地采访回忆录,作者在本书后记里对此已有说明,因而著作不是新闻作品,也不能归为新闻作品著作。《我为什么在七十二岁的时候来到中国》是斯特朗发表在个人编写发行的《中国通讯》第十期上的一封信,并非新闻作品著作,1964 年虽然以此为书名初版,但书名后的副题"中国通讯第 1 期到第 10 期"表明这本书是《中国通讯》的合集,而非斯特朗的个人专著,书名只是拿中国通讯第 10 期中斯特朗的一篇文章命名罢了,加之,这篇作品内容上只是对其为什么 72 岁来中国这一疑问的回答,不具新闻性,当然更不是新闻作品著作。《时代鸿爪》是该书作者石西民在从事新闻工作近 50 年发表的通讯、时政论文、杂文和新闻专论等作品的选辑,共收录各类作品 102 篇。全书分"经济研究""新闻通讯""日本研究""专论、杂文""政论、回忆""新闻研究" 6 个部分,从目录可知,并非完全意义上的新闻作品选集,因此严格说来,也不能算作新闻作品著作。

除新闻性这一要素外,"新闻经典"的标准还包括历史影响力和跨学科影响力等。而以这些标准来衡量这些新闻作品著作,我们发现,一些新闻作品著作虽然在当时或新闻学科内部具有一定的社会影响力,而如果以长远的和学科外的眼光来考察这些作品,这些作品尚无法担当"新闻经典"重任。这些作品包括:《爱伦堡政论通讯集》《随军采访四年》《子冈作品选》《阎吾战地情景新闻选》《安岗新闻通讯集》《开国前后的信息》《美国札记》《年轻的农业生产合作社社长》《向顶峰冲刺》《羊枣政治军事评论选集》《姚溱军事述评选》《恽逸群时政评论选》《徐铸成新闻评论选》《梁厚甫通讯评论选》《乔冠华国际述评集》。通过搜索中国引文数据库,这些作品的被引用数量和被其他学科引用数量均寥寥无几且大多为零。由于中国引文数据库是以中国学术期刊电子杂志社出版的所有源数据库产品的参考文献为来源，没有收录全部的文献数据，因此数据库也许对部分文章引用情况有所遗漏，但相关数据至少说明这些作品著作的历史影响力和跨学科影响力不高，这些作品目前成为"新闻经典"的可能性不大。由此，除去这些新闻作品著作，可以选出有可能成为"新闻经典"的作品著作共29部：《远生遗著》《旅欧通信》《小言论》《萍踪寄语》《萍踪忆语》《从东北到庶联》《中国的西北角》《塞上行》《人生采访》《一月九日》《震撼世界的十天》《华北前线》《西行漫记》《中国在反击》《中国人的命运》《中国红军在前进》《千千万万中国人》《人类的五分之一》《中国人征服中国》《秘密的中国》《中国的惊雷》《中国未完成的革命》《中国震撼世界》《延安一月》《风云人物采访记》《陕北风光》《没有人民的世界》《季鸾文存》《芸生文存》。

第四节　现有的可能的"新闻经典"谱系

经典谱系是对经典作品地位的高低及经典文本相互之间关系的厘定。在选出具有社会影响力的新闻作品著作基础上，我们首先可以根据"新闻经典"的评价指标体系对这些著作进行排序。当然，前提是首先要对这些评价指标赋予权重。权值对这些经典经典著作的最终评价会产生较大的影响，不同的权值会得出不同的"新闻经典"序列。赋予权值的方法有多种，如统计调查法、德尔菲法（Delphi）、层次分析法（Analytic Hierarchy Process，AHP）、模糊层次分析法（Fuzzy Analytic Hierarchy Process，FAHP）。本书对评价指标权重的确定拟采用层次分析法。

层次分析法是将决策总是有关的元素分解成目标、准则、方案等层次，在此基础之上进行定性和定量分析的决策方法。这种方法的特点是在对复杂的决策问题的本质、影响因素及其内在关系等进行深入分析的基础上，利用较少的定量信息使决策的思维过程数学化，从而为多目标、多准则或无结构特性的复杂决策问题提供简便的决策方法。尤其适合于对决策结果难于直接准确计量的场合。由于层次分析法不仅可以用于赋予权重，而且还可以进行最终决策判断，这样，在赋予权重的同时，就可以进行"新闻经典"的排序。运用 AHP 软件5.0，方法步骤如下：

1. 建立"新闻经典"评价指标结构模型

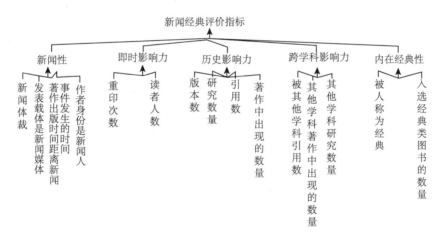

2. 根据萨蒂提出的"19标度方法"，建立判断矩阵，并进行一致性检验

根据"新闻经典"评价指标体系的层次结构，构造两两比较判断矩阵。该矩阵中，第 I 行第 J 列表达的含义如下：（1）矩阵取值为 1：I、J 因素同等重要；（2）矩阵取值为 3：I 比 J 略重要；（3）矩阵取值为 5：I 比 J 较重要；（4）矩阵取值为 7：I 比 J 非常重要；（5）矩

阵取值为9：I比J绝对重要；（6）矩阵取值为2、4、6、8：以上判断之间的中间值。采用德尔菲专家评价法，通过对"新闻经典"问题有研究的10位专家的问卷访谈，并进行均值比较，取其中间值，最终得出"新闻经典"评价指标判断矩阵如表4-5至表4-10所示。

表4-5   "新闻经典"评价指标

	历史影响力	即时影响力	新闻性	跨学科影响力	内在经典性
新闻性				1/2	1/5
历史影响力	5	3	1		1
即时影响力		4		1/2	1/6
跨学科影响力					1/3
内在经典性					

表4-6   新闻性指标

	新闻体裁	发表载体是新闻媒体	著作出版时间距离新闻事件发生时间不太远	作者身份是新闻人
新闻体裁		7	5	3
发表载体是新闻媒体			5	3
著作出版时间距离新闻事件发生时间不太远				3
作者身份是新闻人				

表 4 – 7 即时影响力指标

	重印次数	读者人数
重印次数		1
读者人数		

表 4 – 8 历史影响力指标

	版本数	研究数量	引用数	著作中出现的数量
版本数		1	1/6	1/3
研究数量			1/3	5
引用数				5
著作中出现的数量				

表 4 – 9 跨学科影响力指标

	被其他学科引用数	其他学科著作中出现的数量	其他学科研究数量
被其他学科引用数		5	3
其他学科著作中出现的数量			1/4
其他学科研究数量			

表 4 – 10　　　　　　　　　　　　　内在经典性指标

	被人称为经典	入选经典类图书的数量
被人称为经典		1
入选经典类图书的数量		

由于客观事物的复杂性及人的主观判断的差异，每一个判断难以达到完全的一致，为了保证层次分析法的结论基本合理，还需对各判断矩阵进行一致性检验。通过 AHP 分析软件，几个矩阵都通过了一致性检验。

表 4 – 11　　　　　　"新闻经典"评价指标判断矩阵一致性

"新闻经典"评价指标	判断矩阵一致性比例：0.0267
历史影响力	判断矩阵一致性比例：0.2421
即时影响力	判断矩阵一致性比例：0.1440
新闻性	判断矩阵一致性比例：0.1277
跨学科影响力	判断矩阵一致性比例：0.1905
内在经典性	判断矩阵一致性比例：0.2958

3. 计算各指标的权重

通过计算准则层和指标层的权重，可见内在经典性和历史影响力是影响"新闻经典"评价的主要因素，跨学科影响力和即时影响力是影响"新闻经典"评价的次要因素，新闻性对于"新闻经典"评价的影响力较小（见表 4 – 12）。

表 4 – 12　　　　　　影响"新闻经典"评价的主要因素权重

1. "新闻经典"评价指标　　　　　　对总目标的权重：**1. 0000**

"新闻经典"评价指标	历史影响力	即时影响力	新闻性	跨学科影响力	内在经典性	Wi
历史影响力	1.0000	2.2255	1.4918	1.0000	1.0000	0.2421
即时影响力	0.4493	1.0000	1.8221	0.8187	0.3679	0.1440
新闻性	0.6703	0.5488	1.0000	0.8187	0.4493	0.1277
跨学科影响力	1.0000	1.2214	1.2214	1.0000	0.6703	0.1905
内在经典性	1.0000	2.7183	2.2255	1.4918	1.0000	0.2958

2. 历史影响力　　　　　　对总目标的权重：**0. 2421**

历史影响力	版本数	研究数量	引用数	著作中出现的数量	Wi
版本数	1.0000	1.0000	0.3679	0.6703	0.1645
研究数量	1.0000	1.0000	0.6703	2.2255	0.2580
引用数	2.7183	1.4918	1.0000	2.2255	0.4046
著作中出现的数量	1.4918	0.4493	0.4493	1.0000	0.1729

3. 即时影响力　　　　　　对总目标的权重：**0. 1440**

即时影响力	重印次数	读者人数	Wi
重印次数	1.0000	1.0000	0.5000
读者人数	1.0000	1.0000	0.5000

4. 新闻性　　　　　　　　　　　　　　　　**对总目标的权重：0.1277**

新闻性	新闻体裁	发表载体是新闻媒体	著作出版时间距离新闻事件发生的时间	作者身份是新闻人	*Wi*
新闻体裁	1.0000	3.3201	2.2255	1.4918	0.4234
发表载体是新闻媒体	0.3012	1.0000	2.2255	1.4918	0.2324
著作出版时间距离新闻事件发生的时间	0.4493	0.4493	1.0000	1.4918	0.1721
作者身份是新闻人	0.6703	0.6703	0.6703	1.0000	0.1721

5. 跨学科影响力　　　　　　　　　　　　　**对总目标的权重：0.1905**

跨学科影响力	被其他学科引用数	其他学科著作中出现的数量	其他学科研究数量	*Wi*
被其他学科引用数	1.0000	2.2255	1.4918	0.4680
其他学科著作中出现的数量	0.4493	1.0000	0.5488	0.1967
其他学科研究数量	0.6703	1.8221	1.0000	0.3353

6. 内在经典性　　　　　　　　　　　　　　**对总目标的权重：0.2958**

内在经典性	被人称为经典	入选经典类图书的数量	*Wi*
被人称为经典	1.0000	1.0000	0.5000
入选经典类图书的数量	1.0000	1.0000	0.5000

7. 分指标下的各类子指标对总目标的权重，如表 4 – 13 所示。

表 4 – 13 各类子指标对总目标的权重

子指标	对总目标的权重
版本数	0.0398
研究数量	0.0625
引用数	0.0980
著作中出现的数量	0.0419
重印次数	0.0720
读者人数	0.0720
新闻体裁	0.0541
发表载体是新闻媒体	0.0297
著作出版时间距离新闻事件发生的时间	0.0220
作者身份是新闻人	0.0220
被其他学科引用数	0.0891
其他学科著作中出现的数量	0.0375
其他学科研究数量	0.0639
被人称为经典	0.1479
入选经典类图书的数量	0.1479

4. "新闻经典"评价模型之建立

（1）指标的等级划分

由于评价指标体系中有一些指标属于定性指标，比如新闻性指标、即时影响力之读者人数指标、内在经典性之经典评价指标，其余的则可以用定量数据表示。为了将指标化为同一个评测标准，本文建立一种新的评测方法，即将每个指标分为 5 个等级。具体分类方法如表 4 - 14 所示。

表 4 - 14　　　　　　　　　"新闻经典"评价指标等级划分

目标	评价指标	等级				
		5	4	3	2	1
"新闻经典"评价指标体系	新闻体裁	通讯	特写	评论	报告文学	其他
	发表载体是新闻媒体	发表载体为报纸	发表载体为杂志	/	/	非新闻媒体
	著作出版时间距离新闻事件发生的时间	著作出版时间是新闻事件发生的当年	著作出版时间是新闻事件发生的第二年	著作出版时间是新闻事件发生的第三年	著作出版时间是新闻事件发生的第四至九年	著作出版时间是新闻事件发生十年之后
	作者身份是新闻人	记者	编辑	通讯员	作家	其他
	当时重印次数	重印次数5次以上	重印次数4次	重印次数3次	重印次数2次	无重印
	读者人数	发表载体是国外影响力较大报刊	发表载体是国内影响力较大报刊	发表载体是国外影响力较小报刊	发表载体是国内影响力较小报刊	发表载体是图书
	版本数	10 版以上	5—10 版	3—4 版	2 版	1 版
	研究数量	100 篇以上	51—100 篇	31—50 篇	11—30 篇	0—10 篇
	引用数	100 篇以上	51—100 篇	31—50 篇	11—30 篇	0—10 篇

目标	评价指标	等级				
		5	4	3	2	1
"新闻经典"评价指标体系	著作中出现的数量	100 次以上	51—100 次	31—50 次	11—30 次	0—10 次
	被其他学科引用数	100 篇以上	51—100 篇	31—50 篇	11—30 篇	0—10 篇
	其他学科著作中出现的数量	100 次以上	51—100 次	31—50 次	11—30 次	0—10 次
	其他学科研究数量	100 篇以上	51—100 篇	31—50 篇	11—30 篇	0—10 篇
	被人称为经典	两位以上知名度较高的人物称为经典或准经典	被一位知名度较高人物或其他学科称为经典或准经典	得到本学科内部较高评价	一般评价	无评价
	入选经典类图书的数量	入选两部以上经典类图书	入选一部经典类图书	入选准经典类图书	入选优秀作品图书	没有入选

（2）"新闻经典"评价公式

根据"新闻经典"指标评测等级，可以对"新闻经典"评价体系中的每一个指标进行评价，得到每个指标的得分。进而，建立"新闻经典"的评价公式：

$$y = \sum k_i \cdot C_i \ (i=1, 2, \cdots, 9)$$

其中，y 是"新闻经典"评价值，k_i 是各指标的综合权重，C_i 是指标的评价值。

5. "新闻经典" 评价指标

（1）"新闻经典" 排序

依据上述的"新闻经典"评价模型，我们可以对可能成为"新闻经典"的新闻作品著作进行等级排序，[①]并根据上述的"新闻经典"评价值 $y = \sum k_i \cdot C_i$（$i = 1, 2, \cdots, 9$）公式，得出每部"新闻经典"作品的最后值如表 4－15 所示。

表 4－15　　　　　　　"新闻经典"作品排序表

排序	新闻作品著作	"新闻经典"评价值
1	西行漫记	4.9795
2	中国的西北角	3.7792
3	震撼世界的十天	3.5517
4	远生遗著	3.3469
5	中国震撼世界	2.9602
6	塞上行	2.8222
7	人生采访	2.7795
8	中国的惊雷	2.7653
9	延安一月	2.7032
10	萍踪寄语	2.5081

---

① 相关资料皆为公开的能搜寻得到的数据资料，未知的数据材料不包含在本书的研究范围内，特此说明。

排序	新闻作品著作	"新闻经典"评价值
11	中国红军在前进	2.4885
12	季鸾文存	2.4391
13	萍踪忆语	2.2072
14	中国人征服中国	2.1624
15	千千万万中国人	2.1529
16	华北前线	2.1131
17	中国在反击	2.0953
18	中国人的命运	2.0733
19	人类的五分之一	2.0733
20	小言论	2.0474
21	中国未完成的革命	2.0293
22	秘密的中国	1.959
23	旅欧通信	1.9612
24	风云人物采访记	1.9132
25	一月九日	1.9107
26	芸生文存	1.9032
27	从东北到庶联	1.8593
28	没有人民的世界	1.6434
29	陕北风光	1.3301

这里需要说明的是，为了保证研究结果的相对客观，笔者在进行定量指标的研究方面采取的是统一数据库的方法。研究数量、其他学科研究数量，引用数、其他学科引用数几个指标分别以中国知网的期刊全文数据库和中国引文数据库为准，著作中出现的数量和其他学科著作中出现的数量以读秀图书搜索为准，由于读秀图书搜索除具有搜索直接以关键词命名的图书之外，还具有搜索包含那一关键词章节的图书功能，以及对搜索图书所属学科进行分类的功能，这就为我们的指标研究提供了方便。被人称为经典、入选经典类图书的情况笔者是从读秀、百度、谷歌数据库中查询的，读秀中有全文搜索一项，只要图书和论文中出现某一关键词的皆能囊括其中，因此，一本图书是否被人称为经典可以从读秀全文搜索中查询到，而相关评价也可以通过读秀全文搜索仔细排查得到，是否入选经典类图书及入选的数量同样可以通过读秀图书搜索查询。另外，为保证结果的相对全面，笔者还从百度、谷歌这类具有强大搜索功能的搜索引擎中查询了相关情况。

（2）"新闻经典"关系分析

结合"新闻经典"的特征，由以上"新闻经典"的名单，可以看出"新闻经典"大致从这两类作品中产生，这些作品内部之间的关系如下。

其一，中外名记者、名编辑的代表作或作品集。

中外知名记者、名编辑由于本身及其作品已经为大众所知，"近水楼台先得月"，其代表作或作品集成为"新闻经典"的可能性最大。

约翰·里德著的《震撼世界的十天》是第一部详尽报道十月革命实况的长篇著作。1919年3月该书在美国问世后立即引起轰动，一个月后就已印刷了四次，头3个月的销量达到了9000册。同年年底，列宁为之写了序言。① 该书曾被译成多种文字出版，俄译本曾印行了11版。该书和《1871年公社史》《西行漫记》被誉为研究世界无产阶级革命的三部重要文献。同时，约翰·里德的报道还深深地影响了后来包括《西行漫记》等在内的新闻报道和报告文学创作，李普曼曾将其称为"现代新闻学之父"，认为"报告文学始于里德"。

继承约翰·里德开创的传统，1936年埃德加·斯诺首先向全世界报道了红色中国的内幕，其著的《西行漫记》，无论中国还是西方都无法否认其历史地位和价值。毛泽东说过，这是"一本真实介绍我们情况的书"，"外国人报道中国人民革命的最成功的两部著作之一"。② 美国著名记者白修德评论说："《西行漫记》是经典性报告文学的样板。斯诺对中国共产党的发现和描述，与哥伦布对新大陆的发现一样，是震撼世界的成就。"③ 美国历史学家肯尼思·休梅克称赞："《西行漫记》的出版，本身就是中国现代史中的一个大事件"，它"标志着西方了解中国的新纪元"。④ 几十年来，《西行漫记》不仅陆续被译成法、德、俄、西班牙等20多种文字，而且它的英文版的销售量每年至少达到8000册，美国国务院把它列为"了解中国背景情况的二十部最佳著作之一"⑤。

在华西方记者"他们的新闻活动、人生经历及其有关中国的报道作品，折射了百年来中国社会政治风云及中西世界的关系，提供了一个不可多得的认识中国现代化进程的视角，具有独特的文化意蕴。他

---

① 参见甘惜分主编《新闻学大辞典》，河南人民出版社1993年版，第821页。

② 吴亮平：《中国人民同美国人民是"站在一起的"》，《人民日报》1979年1月29日。

③ 马骏杰：《〈西行漫记〉险些没写成》，《环球时报》2006年2月5日。

④ 关悦：《新闻真实与历史真实之辨——对〈西行漫记〉成功因素的案例分析》，《今传媒》2005年第4期，第36页。

⑤ ［美］约翰·汉密尔顿：《想起了埃德加·斯诺》，刘力群主编《纪念埃德加·斯诺》，新华出版社1984年版，第388页。

们在中国的活动其发端可以追溯到 19 世纪中叶前后传教士的来华办报，至 20 世纪三四十年代，西方各国的在华新闻机构已形成了较为完备的传播网络，成为对近代中国具有重要影响力的一个专业集团"①。百年来这些外国记者留下了大量的新闻作品，他们的作品由于横跨中西方文化，在中西方新闻传播历史上都占有一定的地位，因此在影响面上往往要比中国本土记者的新闻作品更广、更大，也更为深远。《西行漫记》可谓这类作品最具代表性的典型。其实在斯诺的《西行漫记》出版以前，已有一批记录中国社会的新闻作品著作问世。《秘密的中国》（德文标题为 Chinageheim）发表于 1933 年，1936 年由周立波由英文转译成中文，在左联期刊《文艺界》上连载。著作对于中国报告文学的发展产生了极其深远的影响。当代法国的中国学家诺埃尔·迪特雷在谈到中国报告文学的起源时就认为，对于中国报告文学产生影响最大的，即是捷克的一位德语作家和记者埃贡·埃尔温·基施（Egon Erwin Kisch，1885—1948）。② 除基希外，史沫特莱在 30年代初就出版了《中国红军在前进》《中国人的命运》两部著作，其中《中国红军在前进》是世界第一部介绍中华苏维埃的著作，后任中国红军军事顾问的李德曾说过，他对中国红军与红色政权的最初了解，就是从《中国红军在前进》中得到的。③《中国人的命运》主要反映了 20 世纪 20 年代末到 30 年代初中国的动荡社会生活，该书于1933 年由美国先锋出版社出版后，后又再版过。斯特朗 1935 年出版的《千千万万的中国人》向世界详尽公正地介绍了 1927—1935 年间的中国革命斗争，也在世界上产生了一定的影响。

---

① 张功臣：《外国记者与近代中国 1840—1949》，新华出版社 1999 年版，引言第 1、2 页。
② 参见黄长《欧洲中国学》，社会科学文献出版社 2005 年版，第 113 页。
③ 参见梅剑《国共分合三部曲国共秘事（1—3 部）》，中国文史出版社 1997 年版，第786 页。

这些著作对中国红军都有一定的介绍，但是，唯有斯诺是世界上第一个深入红区调查报道的记者。在斯诺及其《西行漫记》的影响下，一大批在华外国记者通过各种途径进入红区，典型者如史沫特莱、安娜·路易斯·斯特朗、贝特兰、爱泼斯坦、白修德、杰克·贝尔登等，这些记者与斯诺一样，写出了名垂青史的名篇佳作。

1936年西安事变后，史沫特莱深入华北前线八路军、游击队中，写出了著名的战地通讯《中国在反击》。这部通讯，报道了中国人民奋起抗击日本帝国主义侵略的情况，不只对中国，对全世界追求进步和正义的人们所进行的反法西斯斗争，也是极大的鼓舞。该书曾被翻译成日文版本，以《八路军从军记》为书名出版。斯特朗1938年出版的《人类的五分之一》讴歌了中国军民同仇敌忾、不屈不挠抗击日本侵略者的英勇气概，预言中国抗战必胜。贝特兰的《华北前线》记述了他在抗日战争初期访问中国革命圣地延安和山西前线八路军的经历，1939年，首先在英国出版。同年又在美国出版，并在上海和香港分别出版中译本，被认为是"公正地描写这一战争的真实的全貌的"一本少见的好书。① 贝特兰是在斯诺的影响下访问红区并写下《华北前线》一书的，人们把此书当作《西行漫记》的姊妹篇看。② 同斯诺的《西行漫记》一样，《华北前线》也在国际社会产生了广泛的影响，《华北前线》中的某些史料至今仍被广泛引征。③ 作者和毛泽东的长篇谈话，因其收入《毛泽东选集》而为大众所熟知。

然而，斯诺开启的红色中国之旅随着国共关系的变化而起伏不

---

① 参见林淡秋《〈华北前线〉校后》，见《华北前线》中译本，上海文缘出版社1939年版。

② 参见张注洪《国际友人与抗日战争》，燕山出版社1997年版，第48页。

③ 例如〔瑞典〕达格芬·嘉图著《走向革命——华北的战争、社会变革和中国共产党1937—1945》（杨建立等译，中共党史资料出版社1987年版，第23、79、80、99、134页）就多次引用《华北前线》的记载。

平,1937—1938年由于国共合作抗日的达成,国民党一度放开了对红区的采访限制,不少记者如史沫特莱、斯特朗、贝特兰等接连到达红区,对红色中国的采访报道不断高涨,但是,好景不长,1939年以后国民党抗日政策日趋消极,对于红区的封锁又开始加紧,这种情形直至1944年才有所改变,这年在国内外各方面的压力下,国民党当局第一次允许中外记者西北参观团前往延安等地采访。采访结果,涌现出一批报道红色中国的作品,代表性的作品如爱泼斯坦的《中国未完成的革命》等。这部作品将中国的革命置于世界和亚洲革命的背景下来分析,谈古论今,纵横捭阖,气势不凡。这本书曾被译成德、波、匈等几国文字,在国外读者中产生了深远的影响。1948年2月,正在印度访问的埃德加·斯诺读完这本书后,立即从德里写信给爱泼斯坦,称赞它"确实是一部好作品,流畅的文笔,精彩的报道,充满正确的判断和精辟的见解"。"这本书使我了解到许多新情况,我特别喜欢书中谈到的你自己在山西各地参观访问的章节,你出色地把旅行和历史,人物和事件融为一体。"①

解放战争时期,也有不少外国记者冒着生命危险,进入解放区,写出了一部部反映中国内战、解放区社会状况的著作,代表性的作品有:白修德和贾安娜合著的《中国的惊雷》、斯特朗的《中国人征服中国》、杰克·贝尔登著的《中国震撼世界》。

白修德和贾安娜合著的《中国的惊雷》1946年在美国出版后,引起热烈反响。斯诺为本书所写的序中说:"这本书是一部精致的报告文学,也可以说是一部东亚战争史略。"② 费正清评论此书是"鲜

---

① 〔美〕爱泼斯坦(Epstein, Y.):《中国未完成的革命》,张立程、付瑶译,新华出版社1987年版,附录《斯诺给爱泼斯坦的一封信》,第473页。
② 陈辛仁:《现代中外文化交流史略》,中国书籍出版社1997年版,第330页。

明、锐利、诚实的书"①, "称得上是关于战时中国研究的经典著作"②。H. S. 海沃德在《基督教科学箴言报》上著文评价说: "关于中国的最好的书籍之一……"③ 当时美国的 "每月好书俱乐部" 立即把这本书推荐给它的数百万会员。几十年后,1980 年,美国前《纽约时报》副总编辑哈里森·索尔兹伯里在为本书写的新序言中说:《中国的惊雷》对中美两国都有教益,它是美国记者们写出的杰出的系列著作之一。

斯特朗的 "著作不仅具有重要的文学价值,而且史料丰富,是研究中国革命和建设的重要的文献"④。解放战争期间,斯特朗再次访问中国。《中国人征服中国》是斯特朗 1946—1947 年在延安、陕甘宁边区、晋察冀边区以及东北解放区进行采访的纪实。在访问毛泽东时,毛泽东向她发表了《帝国主义和一切反动派都是纸老虎》的著名谈话,这篇谈话与斯特朗的著作一起成为研究中共党史的重要参考。

杰克·贝尔登著的《中国震撼世界》是作者在中国解放战争时期,深入华北解放区,对中国革命做的一次广泛而深入的调查纪实。这部揭露中国内战真相、批评美国对华政策的著作 1949 年问世后,长期得不到官方承认,甚至被禁止印行,但著作 1952 年在日本出版后,著名的日本现代文学研究家竹内好对此书给予了高度评价: "令我们叹息日本人的著作难以比得上的,有一本贝尔登的《中国震撼世界》的书,如果只能举一本关于中国的书的话,我想推荐这本书。" "相当于贝尔登的前辈的斯诺的《红星照耀中国》一书,至今仍是经

---

① 陈辛仁:《现代中外文化交流史略》,中国书籍出版社 1997 年版,第 330 页。
② [美] 费正清 (J. K. EAIRBANK):《费正清自传》,黎鸣、贾玉文译,天津人民出版社 1993 年版,第 393—394 页。
③ 陈辛仁:《现代中外文化交流史略》,中国书籍出版社 1997 年版,第 329 页。
④ [美] 斯特朗 (Strong, A. L.):《斯特朗文集》(2),郭鸿等译,新华出版社 1988 年版,前言第 7 页。

典的名著,但贝尔登的这本书更有思想的深度。"① 1970 年,作品在美国再版,美国中国问题专家欧文·拉铁摩尔在序言中,称其为可与埃德加·斯诺的《西行漫记》和韩丁的《翻身》相媲美的经典之作。该书 20 世纪 80 年代和 2003 年曾出中文版,2003 年版本中,前外交部部长黄华还为之写了前言,认为从历史的角度来看,它与埃德加·斯诺的《西行漫记》双星并耀,同为对中国革命的经典报道。

中国本土新闻记者方面,以记者为职业而载入现代新闻史册的第一位中国人黄远生所著的《远生遗著》是中国历史上最早的一部报刊通讯集,它所开创的通讯题材深刻影响了我国后来的通讯创作。《远生遗著》共收录 239 篇文章,作者笔锋所指,几乎对民国初年民众瞩目的重大问题都进行了及时而深入的报道,不但是一部"新闻经典"之作,而且被认为是民国初年政治思想史的宝贵材料。《远生遗著》"生动地说明黄远生作为著名的新闻记者,是我国近代新文学的首倡者之一,他的'近世文体'的主张,预示着'五四'白话文运动正酝酿到来"②。黄远生因此还被胡适推为"文学革命运动的先驱"③。

20 世纪 20—40 年代,中国社会动荡,战争频仍,无数仁人志士为了祖国的命运奔走呼号,多方寻求解救中国的良药,或将眼光投向世界,希望借鉴世界其他国家的经验教训,挽狂澜于既倒;或揭露国内社会弊病,指出中国希望所在,以引起疗救者的注意,唤起大众追求光明的信心。前者的代表作有:《从东北到庶联》《萍踪寄语》《萍踪忆语》《人生采访》。后者的代表作有:《中国的西北角》《塞上行》《小言论》《季鸾文存》《芸生文存》《延安一月》。

---

① 吴俊:《东洋文论——日本现代中国文学论》,浙江人民出版社 1998 年版,第 18 页。

② 胡太春:《中国近代新闻思想史》,山西教育出版社 1987 年版,第 254 页。

③ 阎小波:《百年传媒变迁》,江苏美术出版社 2002 年版,第 44 页。

戈公振的《从东北到庶联》记述了作者考察苏联的见闻,图书出版后,短短几个月,即再版 3 次。邹韬奋在评价这本书时,称其是"一本很有参考价值的好书"[①],应人在为该书写的书评中称其为"一部不歪曲事实敢说公道话的好书"[②]。20 世纪 80 年代该书还被收入《现代中国人看世界》丛书。邹韬奋的《萍踪寄语》《萍踪忆语》是自 1933 年至 1935 年两年有余的时间里,邹韬奋流亡海外时国外见闻和感想的记录。他的报告文学在当时对人们了解世界和中国、唤醒国人的民族意识产生了极大的作用。1936 年 6 月,《生活日报》曾连续登载新书广告,称《萍踪寄语》是"新旧世界的写真,世界大势的锁钥"。当时的《新生》周刊称它是"充满了爱与力的新游记",周恩来在读了《萍踪忆语》后曾说,关于美国的全貌,从来不曾看过有比这本书所搜集材料之亲切有味和内容丰富的。这些著作作为中国记者"睁眼看世界"的产物,在中西文化交流史上占据重要的地位。

中国记者描写中国社会状况的作品以范长江的《中国的西北角》最为典型。《中国的西北角》是著名记者范长江的成名之作。1935 年年仅 25 岁的范长江从成都出发,去即将成为大后方的中国的西北角采访报道,《中国的西北角》对当时中国西北的政治经济社会状况进行了详细的记录,该书 1936 年公开出版发行后,出现了读者抢购潮,"未及一月,初版数千部已售罄,而续购者仍极踊跃",不得不再版 9 次,发行十几万册。图书被誉为和斯诺的《西行漫记》一样,"是一部震撼全国的杰作"。艾泼斯坦甚至还认为是范长江的《中国的西北

---

① 洪惟杰:《戈公振年谱》,江苏人民出版社 1990 年版,第 105 页。
② 应人:《从东北到庶联》,《读书与出版》1935 年第 8 期,第 61 页。

角》影响了斯诺的红区之行。① 继《中国的西北角》后，范长江又去西蒙等地采访，写出了同样风行全国的《塞上行》。初版以至六次再版，发行数万册之多。至今《中国的西北角》《塞上行》仍被称为中国新闻史上的名篇，成为研究 20 世纪 30 年代中国西北社会经济状况的一本重要的参考书。范长江成为中国优秀新闻记者的代名词，被载入史册。

20 世纪 40 年代，赵超构随中外记者西北参观团访问延安，其采写的发表在《新民报》上的长篇通讯《延安一月》，发表之初即使《新民报》洛阳纸贵，国人争相购阅，结集出版后，连续再版四次，周恩来曾不止一次地赞赏过《延安一月》，把它比作斯诺的《西行漫记》，"要党的新闻工作者向他学习"②。1945 年毛泽东到重庆，也对夏衍、章汉夫、潘梓年说："我看过《延安一月》，能在重庆这个地方发表这样的文章，作者的胆识是可贵的。"③

这一时期，原新华社太岳分社副社长江横（董谦）在抗日战争最艰苦的岁月，深入沁源围困斗争前线采写的一系列战地通讯，发表在《解放日报》和《新华日报》上，在解放区和国统区都产生了一定的影响，1979 年这些通讯结集成《没有人民的世界》出版。这本通讯集的出版，受到老一辈无产阶级革命家的关怀和重视。叶剑英同志题写了书名，还题了诗："太岳攀登目逶迤，沁河横渡迎春雪。"刘伯承

---

① 爱泼斯坦曾说："给我留下印象的第一位中国记者就是长江（那时我还不知道他姓范）。那是在他的通讯《中国的西北角》发表后不久，我记得大概是从斯诺那里先听到这些文章，后来又看到了其中译成英文的几篇。当斯诺发表《西行漫记》时，我心中便有这样一个念头：长江的文章可能是促使斯诺产生去了解和报道中国红军的愿望的原因之一，当然这不是唯一的原因。"蓝鸿文：《范长江三次写红军长征》，《军事记者》2009 年第 1 期，第 31 页。

② 佚名：《1944 年：国人争阅〈延安一月〉》（http：//www. 8book. cc/novel/10/104888/40334. html）。

③ 张林岚：《赵超构传》，文汇出版社 1999 年版，第 75 页。

同志为此书的出版赠送了他旧日的题词："兵民是胜利之本。"薄一波同志为之作序。序言指出，这本通讯集"比较全面地反映了沁源围困斗争这段历史，它既是驳斥林彪、'四人帮'诬陷老干部的有力的历史见证，也是对年轻一代进行爱国主义教育和革命传统教育的一本活教材"①。

　　评论方面，邹韬奋在他 1926 年 10 月接任主编《生活》周刊起，到 1944 年 7 月 24 日不幸病逝，在他从事新闻工作不到 18 年的时间里，发表各种形式的新闻评论五六十万字，在读者中影响广泛。小言论也因邹韬奋的倡导而成为一种有别于政论短论的新的评论类型。《季鸾文存》作为张季鸾一生成就的结晶，在中国新闻评论史上有着很高的地位，其中的不少评论甚至影响了历史的进程。张季鸾去世后，周恩来、董必武、邓颖超唁电中这样说："季鸾先生，文坛巨擘，报界宗师。谋国之忠，立言之达，尤为士林所矜式。"蒋介石的唁电是："季鸾先生，一代论宗，精诚爱国，忘劬积瘁，致耗其躯。握手犹温，遽闻殂谢。"② 两党领导人对张季鸾同时做出如此高的评价，实属罕见。《芸生文存》是抗日战争前王芸生在天津《大公报》任职期间所写的社评文集。陈布雷夸奖他的文章"得张季鸾十之八九"。重庆时期，张季鸾在读了他写的一篇社论后由衷地赞赏说："我要写也不过如此！"③ 老《大公报》人李纯青说他的文章"长处是洋洋洒洒，如江河奔泻"，"那时《大公报》社论，主要就是表现王芸生个人对时事的纵横观"④。报人俞颂华在《富有热情的王芸生》一文中这样评价："王芸生的文章为世人所传诵。他立言的长处是常以国家为前

---

① 董谦：《没有人民的世界》，人民出版社 1979 年版，序言。
② 《张季鸾："民国故报人"》，2007 年 10 月 20 日，中国新闻传播学评论（http://www.zjol.com.cn/05cjr/system/2007/10/19/008900725.shtml）。
③ 傅国涌：《追寻失去的传统》，湖南文艺出版社 2004 年版，第 220 页。
④ 周雨：《大公报人忆旧》，中国文史出版社 1991 年版，第 307 页。

提，而站在人民的立场，说一般人民所要说的话。虽则格于环境，他有时恐未必能畅所欲言，可是他富于热情，所说的话，常能打入读者的心坎。所以他的文章，始终能动人心弦，不致与无党无派的民意脱节。"①（1946 年 11 月 25 日《人物》第四期）

新闻报道作品方面，法拉奇的《风云人物采访记》是新中国成立以来在国内影响较大的一部著作。法拉奇生前被誉为"世界第一女记者""国际政治采访之母"。她以采访国际风云人物而闻名于世界，20世纪 80 年代因采访邓小平而为国人所知，《风云人物采访记》是她采访各国政要的一部集子，1983 年新华出版社第一次出版《风云人物采访录》时说："虽然当时中国处于出版荒，但是这本书在当年还是取得了很好的销售业绩。"②《风云人物采访记》迄今仍是新闻采访的经典之作，同时还是研究各国政治人物的重要参考书。她的高超的采访技巧也为世人所推崇。央视《面对面》的节目主持人王志毫不吝啬对法拉奇的赞美和敬仰。"如果说法拉奇站在珠穆朗玛峰，我们充其量就是到了拉萨。她是一代宗师，是不可逾越的高峰。"③

其二，领袖人物、其他学科名人的新闻著作。

"新闻经典"之所以具有跨学科影响力，不但是由作品本身决定的，而且也会受作者的身份的影响。譬如曾经从事过新闻工作的领袖人物、其他学科的名人等，他们的身份使他们的新闻作品更容易为其他学科所知晓。

周恩来著的《旅欧通信》，会集了作者旅居欧洲期间为天津《益世报》撰写的新闻通讯共 50 篇。除了对旅法勤工俭学生的斗争以及

---

① 傅国涌：《追寻失去的传统》，湖南文艺出版社 2004 年版，第 220 页。
② 任华南、陈风莉：《"国际政治采访之母"法拉奇已经过时了?》，《中国青年报》2006 年 9 月 26 日。
③ 袁蕾：《中国视点的法拉奇》，《南方周末》2006 年 9 月 21 日第 25 版。

对英国工人运动的考察报道之外,主要介绍欧洲各国的政治、经济状况,国际新闻和国际工人运动以及民族解放运动等,内容丰富,见解精辟,报道及时,不但是新闻史上的名篇,而且是中国青年运动历史文献宝库中的光荣篇章。

苏联作家高尔基的《一月九日》是一篇描写 1905 年 1 月 9 日在彼得堡沙皇残酷镇压请愿群众的流血事件的特写,写于 1906 年,1931 年由曹靖华将它译成中文,1933 年重印时,鲁迅曾作《高尔基〈一月九日〉小引》(见《集外集拾遗》),称"《一月九日》这小本子虽然只是一个短篇,但以作者的伟大,译者的诚实,这就正是一种范本。而且从此脱出了文人的书斋,开始与大家相见,此后所启发的是和先前不同的读者,它将要生出不同的结果来。这结果,将来也会有事实来确证的。"此后高尔基的《一月九日》更多地进入中国读者的视野,成为高尔基的一篇典范之作。

丁玲《陕北风光》是丁玲在延安文艺座谈会后的转型之作,1944年 7 月 1 日凌晨,毛泽东在读了丁玲的《田保霖》后,写信给丁玲说:"你的文章引得我洗澡后睡觉前一口气读完。我替中国人民庆祝,替你的写作作风庆祝……"该文也成为后人研究丁玲及延安文艺的重要文献。

我国现代著名的作家、翻译家萧乾,一生著述甚丰。他在从事新闻工作期间,写出了大量优秀的新闻作品,其中不少通讯、特写被公认为是新闻史和新文学史上的重要成果。这些通讯、特写大多被收录在其作品集《人生采访》中。《人生采访》分为国外和国内两部,共11 辑,是萧乾在 20 世纪三四十年代写就的,由于借鉴了一些文学手法,使得萧乾的这些通讯、特写在真实性的基础上,又显得非常充实饱满。由此萧乾的新闻作品,没有成为明日黄花式的"易碎品",而是拥有了震撼人心的力量,以及恒久流传的生命力。

第五章 "新闻经典"的典范价值和局限性

"新闻经典"是新闻作品之最高典范，其专业典范价值，不但为后世新闻记者学习借鉴的范本，而且已经跨越了新闻学科的范畴，使新闻文本的影响力向其他学科延伸。同时，如同世界上的任何事物一样，"新闻经典"也不是尽善尽美的，它同样存在着这样那样的缺陷。本章将在前一章选定的"新闻经典"名单的基础上，对"新闻经典"之典范价值和局限性进行分析。经典是流动的，这份"新闻经典"的名单当然并非固定不变的，特别是经典指数较小的几部作品更是面临着被淘汰的危险，因此，本章将主要就"新闻经典"指数较高的几部作品进行分析。

第一节 "新闻经典"的典范价值

"新闻经典"有别于优秀新闻作品、新闻精品等一般新闻范本的深层原因，在于其突出的专业素养，即其体现出来的专业精神和专业技能。这是造就"新闻经典"经典品格的必要条件。正如一位老新闻工作者在读《西行漫记》后发出这样的感慨:"很多新闻传播理论与实践的真谛早在 20 世纪 30 年代的斯诺这一著作中就已经揭示了出来,但其实经过这么多年,很多该做的我们新闻工作者还是没有做到。"① 而正是其远远高于一般典范作品的专业素养,使得《西行漫记》等一批新闻作品著作能够成为跨越时空的经典之作。

一 专业精神

1. 客观公正

哲学阐释学认为,理解是人类认识世界和解释世界的一种基本生存方式,无论是文本还是客观世界,一经人的介入,就决然不再是纯粹客观的存在。"新闻,作为'新近变动的事实的信息',始终是以文本的形式存在着的,比如口头文本、文字文本、音像文本、多媒体文本等。新闻文本,究其根本,是新闻传播者对世界对存在的一种描述。而一切描述的前提,无一例外地是对对象的理解。新闻传播者要描述新闻事实,他必须从理解新闻事实出发。正如哲学解释学所指出的,首先因为解释的循环性,真正的纯粹的'客观性理解'是站不住脚的,在理论上是应该被反对的。另外,理解的历史性不仅体现在对历史和对历史文本的理解方面,同样体现在对一切存在的理解上,当然也包括对新闻事实的理解上面。理解新闻事实与理解历史其实有太多的相通之处。历史因为理解的历史性,因为偏见,因为理解的视界差异而必然地是'效果历史',新闻何尝不同样地因为理解的历史性,

---

① 雷向晴:《"斯诺百年"中国传媒人的思考》,《对外大传播》2005 年第 7 期,第 5 页。

因为偏见，因为理解的视界差异而必然地是'效果新闻'。"① 因此，绝对客观的新闻报道是不存在的，面对大千世界纷繁复杂的一切，面对每一个事物里所蕴含的无限信息，记者的采访时间有限，空间有限，写作篇幅有限，都必然要求记者是有选择地进行报道，而之于选择，因人而异，也必然有所不同。这就决定了客观性永远是一种可望而不可即的"彼岸"。但是，无论怎样，客观性依然是新闻业生存的合法性所在和新闻报道的基石，它是新闻记者的一项永恒的理想和追求，是新闻业的不死之神。朱迪斯·莱彻伯格在《为客观性辩护》中甚至认为：对于客观性的批判，就是对客观性的承认②。

既然新闻报道必然存在着倾向性，而新闻又必须保持客观，两者之间就形成一股张力。新闻记者要做的不是绝对的客观，而是如何更为客观。客观性操作如何与作者的主观价值倾向相平衡，如何既具有一定的价值倾向性，又不损害新闻报道的客观性技巧，着实考验着每一个从事新闻报道的记者。而"新闻经典"的作者无疑是这方面的典范。

譬如斯诺的《西行漫记》，一方面与红军的朝夕相处使斯诺从感情深处由衷地喜欢这支队伍，他在离开保安回西安时鲜明地流露出自己的倾向性。他写道："我当时心里想，也许我是看到他们活着的最后一个外国人了。我心里感到很难过。我觉得我不是在回家，而是在离家。"③ 再如，他在描写"再谈马"一节写道红小鬼时这样评价：

　　　　总的说来，红色中国中有一件事情，是很难找出有什么不对

---

① 蔡尚伟：《哲学解释学与新闻传播》，《新闻与传播研究》2000年第2期，第24页。

② Judith Lichtenberg, "In Defense of Objectivity", in James Curran & Michael Gurevitch edited, *Mass Media and Society*, Edward Arnold, *A division of Hodder & Stoughton*, p. 219.

③ ［美］斯诺：《西行漫记》，董乐山译，外语教学与研究出版社2005年版，第642页。

的，那就是"小鬼"。他们精神极好。我觉得，大人看到了他们，就往往会忘掉自己的悲观情况，想到自己正是为这些少年的将来而战斗，就会感到鼓舞。他们总是愉快而又乐观，不管整天行军的疲乏，一碰到人问他们好不好就回答"好!"他们耐心、勤劳、聪明、努力学习，因此看到他们，就会使你感到中国不是没有希望的，就会感到任何国家有了青少年就不会没有希望。在少年先锋队员身上寄托着中国的将来，只要这些少年能够得到解放，得到发展，得到启发，在建设新世界中得到起应有的作用的机会。①

斯诺的感情倾向不言而喻，但另一方面，记者的职业精神又使他时刻注意保持自己的客观中立立场。斯诺在《西行漫记》序言中曾写道："我从没有加入过任何政党……在这里我所要做的，只是把我和共产党员同在一起这些日子所看到、所听到而且所学的一切，作一番公平的、客观的无党派之见的报告。"② 如在谈及红小鬼这一段最后，他写道："我这样说起来大概好像是在说教，但是看到这些英勇的年轻人，没有人能不感到中国的人并不是生来腐败的，而是在品格上有着无限的发展前途。"③ 可见，斯诺已经注意到了上述的评价可能会使人产生作者对红小鬼有着极为明显的褒扬在内，似乎听起来"好像是在说教"，但立即他又以这是自己目睹的事实证明他的评论所言非虚。

以事实为依据，注意用事实材料和细节材料反映事实真相，表达记者的倾向性，让读者自然而然得出结论是斯诺在报道中坚守客观性原则的体现。斯诺有一次同彭德怀一起去看一军团抗日剧团的演出，

---

① 〔美〕斯诺：《西行漫记》，董乐山译，外语教学与研究出版社 2005 年版，第556 页。

② 〔美〕斯诺：《西行漫记》，复社 1938 年版，作者序。

③ 〔美〕斯诺：《西行漫记》，董乐山译，外语教学与研究出版社 2005 年版，第556 页。

他就注意到彭德怀这样一个细节,"天黑后天气突然开始凉起来,虽然还只八月底。我把棉袄裹紧。在演出中途,我突然奇怪地发现彭德怀却已脱了棉衣。这时我才看到他已把棉衣披在坐在他身旁的一个小号手身上。"① 红军指挥员与战士之间的关系,对战士的关心爱护无须作者多言,通过这一典型的细节读者已经能够感受得到,这一细节也暗含了作者对红军官兵关系的赞叹,隐含有作者的倾向性在内。斯诺还善于运用对比手法反映事实,让事实本身"说话",隐约传达作者的观点和结论。这样,就避免了简单说教和强加于人。作品在介绍毛泽东时写道:"我第二次看到他是在傍晚的时候,毛泽东光着头在街上走,一边和两个年轻的农民谈着话,一边认真地做着手势。我起先认不出是他,后来等到别人指出才知道。南京虽然悬赏二十五万元要他的首级,可是他却毫不介意地和旁的别人一起在走。"② 在介绍周恩来时,点出:"蒋介石悬赏八万元要周恩来的首级,可是在周恩来的司令部门前,只有一个哨兵。"③ 而《西行漫记》的最后部分,写到蒋介石光临西安府的森严情景,作者马上笔锋一转:"总司令(按:蒋介石)的驾到同我记忆犹新的场面——毛泽东、徐海东、林彪(原文如此)、彭德怀毫不在乎地走在红色中国的一条街上——截然不同,令人难忘。而且总司令没有人悬赏要他首级。这生动地说明谁真的害怕人民,谁信任人民。但是即使西安府所采取的全部保护总司令生命的措施后来也证明是不充分的。就在保卫他的军队中间,他的敌人也太多了。"④ 这样的对照,在隐隐显示出作者的倾向性的同时,将事物的本质揭示得一清二楚。

---

① [美] 斯诺:《西行漫记》,董乐山译,外语教学与研究出版社 2005 年版,第 442 页。
② 同上书,第 106 页。
③ 同上书,第 70 页。
④ 同上书,第 642 页。

　　在分析评价新闻人物和事件方面，斯诺同样注意以事实为基础，采用一分为二的手法，既不大肆褒扬，又不一棍子打死。在《那个外国智囊》一文中分析和评价李德时斯诺认为其应对红军第五次反围剿的失败负主要责任，"但是，应该为李德说句公道话，他在江西应负的责任的实际程度可能被夸大了。实际上，他成了共产党为自己吃了大亏进行辩解的一个重要借口。他成了一个骄横跋扈的外国人，害群之马，替罪羊；能够把大部分责任归咎于他，总是使人感到宽心的事。但是实际上几乎无法相信，不论由哪个天才来指挥，红军在遇到了他们在第五次围剿那一年所遇到的不可逾越的障碍之后，仍能胜利归来"①。这里，斯诺认为共产党对李德的评价大体是正确的，但是斯诺并没有轻信，而是以实事求是的态度，认为在第五次反围剿那样的情况下，无论是李德还是谁都不可能保证取得胜利，这样就较为客观公正。与之类似，《西行漫记》在评价毛泽东时写道："切莫以为毛泽东可以做中国的'救星'。这完全是胡说八道。绝不会有一个人可以做中国的'救星'。但是，不可否认，你觉得他的身上有一种天命的力量。这并不是什么昙花一现的东西，而是一种实实在在的根本活力。你觉得这个人身上不论有什么异乎寻常的地方，都是产生于他对中国人民大众，特别是农民——这些占中国人口绝大多数的贫穷饥饿、受剥削、不识字，但又宽宏大度、勇敢无畏、如今还敢于造反的人们——的迫切要求做了综合和表达，达到了不可思议的程度。假使他们的这些要求以及推动他们前进的运动是可以复兴中国的动力，那么，在这个极其富有历史性的意义上，毛泽东也许可能成为一个非常伟大的人物。但是我并不想宣布历史的判决。"② 这里，斯诺并不认为

――――――――――

　　① ［美］斯诺：《西行漫记》，董乐山译，外语教学与研究出版社2005年版，第622页。

　　② 同上书，第106页。

毛泽东个人可以做中国的"救星"，但又认为，他身上确实有一种天命的力量，也许可以让他能够担此重任。即便如此，他也是站在最大多数人民群众的利益立场上才可能成为一个非常伟大的人物。但在当时条件下，一切都是未知数，他"并不想宣布历史的判决"。评论之间的起承转合尤其耐人寻味，是为作者的价值判断和客观公正精神的微妙平衡。

这一如走钢丝般的平衡技巧，使得斯诺的《西行漫记》超越同时期其他人的类似著作，成为世界公认的经典。贝特兰以他对当时中国报道的格局和斯诺本人的深切了解，说：如果这第一份来自"红色中国"的直接报告，出自斯特朗或史沫特莱这样一些有着公开的党派色彩的作家笔下，就绝不可能产生类似的影响。斯诺作为一名新闻工作者的特色鲜明的风格，既非冷漠超然，又不热衷于抒情……而在这背后却是一颗经过八年悉心研究，直觉到共产党人出现在亚洲历史中的长远意义的储备丰富而又善于思考的头脑。①

的确，相比斯诺，史沫特莱在描写红军、八路军时则带有强烈的感情倾向。她的《中国红军在前进》全书即流露出极其浓郁的感情色彩。作者的笔触随着红军的命运而不断变化，甚至景物的描写也充满了感情。譬如她在描写1928年8月31日红军赤卫队在保卫黄洋界的战斗中遭遇失败、155人牺牲后的情景时写道："这座烈士墓坐落在黄洋界上。夏天，赤日当空，热气蒸腾；冬天，冰雪交加，风雨侵蚀。日晒雨淋，始终磨灭不掉烈士的墓地，唯有山间的清风，脉脉细语不愿做奴隶的人们，永远不能忘记黄洋界上长长的黄土垄中，长眠

---

① 参见史沫特莱·斯特朗·斯诺研究会《西行漫记和我》，国际文化出版公司1991年版，第78—79页。

着为了自由献出生命的英烈。"①《中国在反击》一书中也不止一次流露出自己与八路军荣辱与共、休戚相关的感情。譬如她在写八路军办事处时写道："八路军办事处——起码对我来说——就是当今荒凉苦难的中国这块沙漠中的绿洲。你走过中国的城市、乡村,到处都可以碰到来来往往的军人、伤员或贫困难熬的农民。他们瞅你一眼,似乎你是从动物园里刚刚跑出来的怪物;除此而外,他就再也没有时间理你了。如果你是八路军,那他们就可能会放下手里的活计,给你一个村一个村地领路。突然间,你自己都还没想到,却已来到某村某镇八路军办事处的院子里。很多人走过来欢迎你,个个笑容满面。办事处的人会给你安排床位,点起取暖的火盆,即使是深更半夜也会给你端来饭菜、开水。你就这样回到'家'了。"② 这里史沫特莱同样使用了"家"这个意象,但不似斯诺,斯诺是在将要离开保安时终于止不住自己个人情感的外溢,用了"离家"两字,但也仅仅只有这一句话:"我觉得我不是在回家,而是在离家。"仿佛极力在克制自己感情的流露,保持一个记者所要求的冷静客观。而在这里,史沫特莱只是平时回到八路军办事处的感受,却用了一大段言辞来宣泄自己的感情,两者客观性的差异可见一斑。而当朱德等人建议她离开八路军去汉口工作时,她几乎哭了起来:"恳求你们别叫我离开,别叫我离开,而不让我跟随你们。不管你们到哪儿,我也要去;不管你们住哪儿,我也住哪儿。你们的人就是我的人,你们的上帝也就是我的上帝。你们死在哪儿,我也死在哪儿,埋葬在哪儿……在八路军里度过的这些日子是我有生以来仅有过的幸福的日子。只有在八路军里,我才找到

---

① 参见〔美〕史沫特莱(Smedley, A.)《史沫特莱文集·中国红军在前进》(2),袁文等译,新华出版社1985年版,第96页。

② 〔美〕史沫特莱(Smedley, A.):《史沫特莱文集·中国在反击》(4),陈文炳等译,新华出版社1985年版,第162页。

了思想上和精神上的安宁……离开你们就是要我去死，或者等于死去。"① 这里几乎已经看不出史沫特莱的记者职业，而是她作为一个普通人个人情感毫不掩饰的发泄。甚至在回汉口的车上，有个乘务员模样的人问她是什么人，打哪儿来等等，她就直接回答他说："八路军记者——没有问题吧？"② 表露出极为鲜明的价值立场。即便如此，作者仍然坚守新闻客观性所要求的以事实为基础，而不是道听途说来报道新闻。对此，她有着清醒的意识。当卡尔逊上尉提醒她说她跟八路军的关系太深了，难免有点当局者迷，而对他们有所偏袒时，史沫特莱回答说："当然，我并不是那样公正无私，也不假装成公正无私的人。但是，我不撒谎，不歪曲事实，也不颠倒黑白。我只是把亲眼看到的事物和每天的感受告诉人们而已。这是事实。"③

当然，因出身、知识、价值观等的不同，每个人对待不同的事物不可能都持完全相同的观点，保持同样的姿态，即使作为职业身份的记者也不可能例外。如果说，斯诺和史沫特莱报道客观性的不同更多的是作者出身的不同造成的话，"在中国，史沫特莱找到了许多促使她宣泄激情的东西。她自己童年时期赤贫如洗的生活与中国人民的穷困十分相似"④。而斯诺在美国则是中产阶级，与中共代表的阶层天生保持着距离。那么，中国记者与西方记者个人倾向性的最大不同则是中国记者由于自古以来身受爱国主义、民族主义影响，在新闻报道中，总是带有浓厚的忧国忧民的爱国主义情怀。这里以范长江的《中国的西北角》《塞上行》为例。范长江在描绘 20 世纪 30 年代破败凋

---

① ［美］史沫特莱（Smedley, A.）：《史沫特莱文集·中国在反击》（4），陈文炳等译，新华出版社 1985 年版，第 237 页。

② 同上书，第 243 页。

③ 同上书，第 225 页。

④ ［美］休梅克（Shewmaker, K. E.）：《美国人与中国共产党人》，郑志宁等译，吉林文史出版社 1989 年版，第 270 页。

敝的中国西北角时，总是难以抑制自己对于贫苦百姓深深的同情、对吏治腐败混乱的痛恨。譬如他写到洮河流域遍种鸦片："可惜得很，这片平原上，鸦片烟占了主要的面积！我们中国人似乎大家还嫌死得不快，一齐努力来生产毒品，加紧摧残大家身体的工作。一般农民，自然不知道什么复杂的问题，他们完全在经济和命令支配之下活动，我不懂这般负责任的当局，为什么这样发昏，纵令大家去自杀！"① 写到除夕还有妇人在外奔波，不能回家过年时感慨道："今天是除夕了，环境还不让和她的丈夫或者子女在家里布置年节！同是人类，而苦乐相差，竟至如此！"② 诸如此类的评述比比皆是。他在西蒙考察时，更是将忧国忧民的心情融入所见的景象之中，由蝇子钻入骆驼的鼻子联想到钻入革命政党的官僚，由烧驼粪联想到政治上蝉代情形，由自己骑的最有力量的大骆驼联想到有才气的人，由团队的组成联想到其包含的政治原理……月亮在他笔下也与国家大势联系了起来。他在《塞上行》中这样描述中秋之月："她中间的阴影，仿佛是中国的地图，这海棠形的阴影，慢慢的从东北角上发出一道白云，向西南和西面侵蚀。阴影北部有一条蜿蜒的黑线，仿佛是我们的长城，黑线南面许多有力的黑点彼此冲突，弄得那块阴影充满乌烟瘴气。而黑线的东北和东端，白云却非常猖獗地发展，浸假北半部阴影将全部消解。后来全部阴影骚动，南半部阴影逐渐统一化，配合着白云下零星黑点，向东北推移，很快就见到那片白云退出海棠形阴影之外。"③ 范长江怀着深沉的爱国之情观察自然景色，给景色赋予了一层自我意识的色彩。除了范长江的作品，《人生采访》《萍踪寄语》《从东北到庶联》等作品中爱国主义、民族主义感情的抒发之处亦俯拾皆是。

---

① 范长江：《中国的西北角》，新华出版社1980年版，第43页。
② 同上书，第137页。
③ 范长江：《塞上行》，新华出版社1980年版，第84页。

中国新闻作品著作中浓厚的忧国忧民情怀使得作品有着强烈的精神指向，虽然这些感情的抒发都是有事实依据的，但于新闻客观性仍然是有损伤的。因为新闻的客观性要求"新闻工作不受自己成见或念头左右，也将个人态度或者个人涉入，减至最少"①。尽管如此，这些作品相比同时期的其他作品，依然可以说是客观的。比如在《中国的西北角》出版之前，《大公报》已经发表了一些红军报道，由其措辞即可看出何者更为客观。《大公报》1935 年 7 月 4 日报道：肖克、贺龙两匪溃窜拜施椒园芭蕉铺一带，连日经我军迎头夹击，毙匪甚多，夺获枪支 800 余杆……7 月 7 日报道：共匪刘子丹辈乘机蛊惑，多方煽动，利诱威胁，成群结伙，烧杀劫掠，蛮干横施，从此陕北陷入万劫不复之境，无数生灵遭受流亡颠沛之苦矣云云。然而，在《中国的西北角》中，我们却找不到"共匪"这样直接称呼红军的表述。正如范长江的儿子范东升所认为的："我认为，虽然如同我母亲在《范长江新闻文集》的有关注释中所说，我父亲当时对红军和长征的报道'存在一定缺陷'，但是，正是从《中国的西北角》开始，以我父亲为主要代表的报界人士才开始突破'剿匪'宣传的陈词滥调，而转向采取更为符合新闻客观原则的报道方式，正是这种方式有更高的公信力，受到广大读者的欢迎，也正是我父亲秉持这种符合国家民族根本利益的客观报道的立场，赢得了中共方面的肯定和信任。"②

作为一种客观事实作用于记者主观报道的产物，新闻作品必然带有或多或少的主观性。既然在主观性与客观性之间，新闻作品的主观性无法避免，而新闻记者的职业又要求新闻事实的报道必须遵循客观性。那么，如何把握两者之间的平衡？赵超构在《延安一月》中的一

---

① 彭家发：《新闻客观性原理》，（台北）三民书局 1994 年版，第 41 页。
② 范东升：《中国的西北角究竟是怎样一本书？———关于我的父亲范长江先生生平的几桩公案（之二）》，http：//media. people. com. cn/GB/40628/5772273. html。

段感慨或许可以给我们些许启示：我只力求其公正，免得做一个糊涂的主人，纯粹的客观，与超然的中立，是事实上难于做到的，而且我也不想这样做。再说到写作的方法，也不可能有百分之百的客观。事实只是事实，我们参观者所得的，不过是一些印象，而所谓印象，那就是对方的"印"压在我脑中之"象"，这里就夹杂着个人头脑的好恶爱憎。同样的材料有各人的观感，所得的结果，自然没有二二如四那样精确无讹。我所能够告诉读者的，不过是我所见的延安，只要我不指鹿为马，不颠倒黑白，在我就算尽职了，我不能勉强别人必须同意我的看法，也不能为了别人的喜欢或不喜欢而牺牲自己的观点。承认他人有和自己一样的批评和判断的权利，同时也尊重自己的判断，这是我们民主主义者最忠实的立场。①

2. 不畏艰险

"没有一番寒彻骨，哪得梅花扑鼻香。"自古成大事者无一不是历经艰辛和磨难而成就的，做人如是，经典的铸就亦如是。"吟安一个字，捻断数根须"，"十年辛苦不寻常，字字看来都是血"。道出了伟大作品问世的背后是呕心沥血的付出。"新闻经典"作为新闻作品最高等级的存在形式，也需要付出巨大的劳动，有时候甚至生命的代价。综观那些"新闻经典"作品，无不是记者历经艰险乃至以生命为代价写就的。

斯诺之于《西行漫记》。1936 年当斯诺听一个朋友说自己可能有办法进入红区时，斯诺立即以职业的敏感意识到其中的巨大的新闻价值，他在《西行漫记》中写道："机会千载难逢，不能错过。我决定抓住这个机会，设法打破这已经持续了 9 年的新闻封锁……在这些年的国共内战中，已经有千千万万的人牺牲了生命。为了探明事情真

---

① 参见赵超构《延安一月》，上海书店出版社 1996 年版，第 250 页。

相，难道不值得拿一个外国人的脑袋去冒一下险吗？我发现我同这个脑袋正好有些联系，但是我的结论是，这个代价不算太高。"① 当时"多年来关于共产党暴行的恐怖故事层出不穷地充斥于中国那些领津贴的本国报纸和外国报纸"，再加上红军中疫病横行，斯诺的这个决定充满了不确定性和巨大的风险，但正是这种冒险主义的精神成就了以后震撼世界的《西行漫记》。

约翰·里德之于《震撼世界的十天》。约翰·里德为获得十月革命的第一手材料，日夜奔波，不辞艰辛地进行各种采访活动。哪个地方发生重大的事情，他就出现在那里，从彼得格勒的街头到激战的前线，到处都有他的采访足迹。他常常为此废寝忘食、通宵达旦。仅从本书第四章《临时政府的垮台》中排列出他的采访日程，我们便可窥见他忙碌着的身影。11 月 6 日（公历）通宵在斯莫尔尼学院采访，直至次日清晨四点光景才离开——中午上街，并去了俄罗斯共和国临时议会玛丽亚宫周围采访——然后到冬宫采访，天黑离开——晚十点许去斯莫尔尼学院——又返市区，随起义队又进入冬宫，次日凌晨三点走出冬宫——到市杜马大厦采访，接着又去斯莫尔尼学院，清晨六点结束采访回寓所。② 除了高强度的劳动，在那天翻地覆的日子里，里德还经常遭遇危险。布尔什维克宣布起义后，各处出现了你死我活的巷战，他依然不畏危险，出入于枪林弹雨中采访。激战中，他有时还被起义者误认为奸细对待过。有一次，他携带了通行证要深入前沿阵地采访，却被两个目不识丁的起义者抓住，险遭枪杀。但里德机智地解脱了险境，继续出现在他认为必须到达的地方。

史沫特莱之于《中国在反击》。史沫特莱的《中国在反击》很多

---

① ［美］斯诺：《西行漫记》，董乐山译，外语教学与研究出版社 2005 年版，第 10 页。
② 参见陈雪虎《一个震撼世界的报道——读约翰·里德〈震撼世界的十天〉新译本》，《新闻大学》1982 年第 3 期，第 111 页。

时候是躺在担架上写作的，她在自序中写道："我的背痛得很厉害，我得忍着疼痛工作。况且，我们从来也不在一个地方驻扎两天以上，部队总是在流动之中。一整天我不是走路就是骑马，到了晚上，又得开始工作。如果部队要是在一个地方只待一天或一个晚上，那么，我常常就要通宵达旦地写东西，根本顾不上把稿子润色一下。"① 除此，作者还经常面临枪林弹雨和飞机炸弹的威胁，有天早上，"一颗炮弹在离我们几码的地方炸开了，一头骡子被炸上了天"②。由于缺少卫生设施和条件，史沫特莱有次食物中毒险些丧命。生虱子、蚊虫叮咬等更是家常便饭。但是，作者并不以此为苦，"我向你们谈到的所有这一切情况，毫无抱怨诉苦之意。相反，这些日子都是我一生中最幸福、最有意义的日子。我宁愿过这种每天淡饭一碗的艰苦生活，而不稀罕那个'文明'所能给予我的一切。我喜欢工作，喜欢拖着受伤的脊骨骑着马辗转在各条战线上"③。在遭遇炸弹时，作者当时正在吃早餐，她事后幽默地写道："这无关紧要，我们回山洞去吃早饭就是了。早饭不能不吃。否则，如果敌人的炮弹没有炸死我们的话，那我们不就亏了一顿早饭吗？反过来，如果我们被炮弹打死的话，那么，对八路军来说，损失一点做早饭的小米则是无关宏旨的。"④ 而对于虱子，史沫特莱"也变得宽宏大量了。我想，既然别人都长虱子，为什么我就不能长呢"⑤?

范长江之于《中国的西北角》和《塞上行》。报道中国的西北角之时，当时《大公报》对初出茅庐的范长江只付稿费，不给薪水和旅

　　① ［美］史沫特莱（Smedley, A.）：《史沫特莱文集》（4），陈文炳等译，新华出版社 1985 年版，自序第 1 页。

　　② 同上书，第 121 页。

　　③ 同上书，自序第 3 页。

　　④ 同上书，第 121 页。

　　⑤ 同上书，第 137 页。

费，范长江以天津《大公报》特约通讯员的身份，只身赴大西北进行实地考察和采访。范长江从成都出发，踏上了西行之旅。他一路采访，途经四川江油、平武、松潘，甘肃西固、岷县等地，两个月后到达兰州。又向西深入到敦煌、玉门、西宁，向北到临河、五原、包头等地进行采访，曾经穿过罕无人迹的原始森林，翻越过空气稀薄的雪山。范长江的这次西部之行，历时10个月，行程4000余里①。而1936年8月开始的西蒙之行，也是一次历尽艰险的旅行。为了解日本帝国主义觊觎内蒙古西部的实况，范长江化装成商人乘卡车在遍布日本间谍的国境线上冒险前进，骑着骆驼在渺无人烟的大戈壁上艰苦跋涉两千多里，途中连遭日本间谍、蒙奸、恶棍的威胁、监视或阻拦，有天夜晚睡觉遇上大风沙，险些被流沙埋没，一次在戈壁上从驼背上摔下来失去了知觉。尽管屡遭劫难，他却豪迈地说，"万一有什么不幸的话，也是做记者的职务上所应当"②。正是凭借着这样的精神和豪迈气概，范长江继《中国的西北角》后，又写就了一部风行全国的著作《塞上行》。

萧乾之于《人生采访》。萧乾收入《人生采访》的报道第二次世界大战后欧洲的新闻特写被推崇为"战后对欧洲情形最具权威性的报道，它不单是报告文学，更是欧洲发展史重要的见证"③。而为了采访这些新闻，萧乾遇到的艰险不可胜数。萧乾曾在回忆录中谈起自己在伦敦的采访经历："……可是每次空袭后，为了报道大轰炸下的伦敦，警报一解除，我就踩着还在冒烟的废墟，踏访落过炸弹的地带，有时地下煤气管道炸裂了，四下里烟雾弥漫；更令人提心吊胆的是角落里

---

① 尹韵公对此数字提出过质疑，认为按照地图比例尺计算的结果范长江西北采访的行程当在一万二千五百里左右。这个数字更接近实际情况。参见尹韵公《范长江西北采访行程究竟是多少》，《新闻战线》1986年第2期，第12页。

② 范长江：《塞上行》，新华出版社1980年版，第148页。

③ 鲍霁：《萧乾研究资料》，十月文艺出版社1988年版，第495页。

的定时炸弹，或尚未爆炸的家伙。"① 有一次萧乾的住处正好被炸弹击中，如果不是一位英国人好心相救，萧乾很有可能已命丧伦敦。

除了采访调查工作的艰辛外，作品在写作时如果触及执政者规定的雷区或触犯了当权者的利益，则很有可能轻则遭受责罚，重则危及生命。如果说新闻采访调查工作的艰辛只是身体上的考验的话，那么这种不畏强权坚决予以报道的做法则是精神上的挑战，是新闻报道过程中更为经常遇到的问题。人天生有回避风险的意愿，然而，准"新闻经典"的这些作者却明知山有虎偏向虎山行，临危不惧，以监测环境、抨击政治腐败、社会丑恶为己任，向当权者射出一支支利箭。在《中国的西北角》中，范长江公开称红军，而非"共匪"，公开透露红军是北上抗日，而非流寇，可想而知，在当时的社会环境下，要付出多大的勇气！而《塞上行》之《动荡中之西北大局》发表之时，正值国民党五届三中全会，蒋介石看了范长江的文章，内容与自己上午所作的报告截然相反，勃然大怒，将正在南京的《大公报》总编辑张季鸾狠骂了一通，并命令此后严加检查范长江的文章和私人信件。邹韬奋考察欧美写的是国外，却常常联系到国内，他用英国的"纸上自由"与国内钳制言论相对照；用比利时在一战时抵死相拼，保卫主权，来嘲讽蒋介石政府的不抵抗主义；黄远生、张季鸾和王芸生的不少评论也直指当时的当权者，黄远生之《外交部之厨子》对民国初年的政局和官僚的丑态极尽嘲讽之能事，在《政局之险恶》一文中极言民国必败于袁氏之手，他说："政局之日趋于险恶者，非他人为之，乃袁总统之自为之也，彼等及今而不改此度者，则吾国运命可以一言定之，盖瓦解于前清，而鱼烂于袁总统而已。"② 张季鸾评论中有名的

---

① 萧乾：《萧乾回忆录》，中国工人出版社 2005 年版，第 385 页。
② 黄远庸：《远生遗著》，商务印书馆 1984 年版，序第 8 页。

"三骂"，骂吴佩孚，骂汪精卫，骂蒋介石，指名道姓，酣畅淋漓；王芸生的《看重庆，念中原》，由河南饥荒痛陈国民党当局的腐败无能，文章发表后，《大公报》被勒令停刊3天。《中国的惊雷》的两位作者白修德和贾安娜对国民党军事上的无能、政治上的腐败、道德上的堕落进行了无情的揭露，尖锐地批评了赫尔利、马歇尔等人所执行的扶持蒋介石反共的美国对华政策，他以讽刺的笔触写道："说在中国的和平与战争中最伟大的一个任务是蒋介石，这简直是历史的谬论。"并预言："蒋家王朝将在腐败中死亡！"由于白修德对八路军和延安的据实新闻报道，他被蒋介石扣上一顶"袒护共产党"的帽子，关押起来。著作的出版还造成了他与《时代》周刊老板卢斯决裂，其书在一段时间内被禁止在美国的欧洲图书馆收藏……这些文章发表之初，记者不可能不知道将要遭受什么样的命运，然而，顶着"舍得一身剐，敢把皇帝拉下马"的勇气，他们敢言人所不敢言，敢写人所不敢写。

我们不禁要问，究竟是什么样的精神在支撑着他们，他们何以会将生命弃之如敝屣？是他们不爱惜生命吗？非也！生命诚可贵，无论是中国还是西方都对鲜活的生命怀抱深深的眷恋和珍惜，写作这些"新闻经典"的记者也是如此。斯诺在去苏区之前，"注射了凡是能够弄到的一切预防针"。范长江虽然视自己为"视生命如草芥之人，惟总觉得必须保持生命到完全将观察所得报告给读者为止，始不负此一行"①。史沫特莱与杰克·贝尔登的一段谈话更道出了记者们对生命和人世的留恋："他曾问我，怕不怕空袭。我承认我怕，使我感到惊讶的是他承认他也怕，于是这种惧怕就变得更大而不是变小了。"② 然

---

① 范长江：《中国的西北角》，新华出版社1980年版，第81页。
② ［美］艾格尼斯·史沫特莱：《中国的战歌》，江枫译，作家出版社1986年版，第511页。

而，他们却不顾及于此，即使抛弃自己的生命，亦在所不惜。那么究竟是什么动力使得他们能够这样做呢？

我们也许可以首先将其归结为这些记者极其强烈的事业心。事业不同于职业，"职业是更具体、更微观、任务性更强的社会劳动，事业则是精神性追求与任务性社会劳动的统一，精神性追求是其重要内涵，任务性劳动是其外在形式"①。写作"新闻经典"的记者无不是将新闻作为一项事业而不是任务性的职业来追求的。斯诺敏锐地意识到揭开红色中国内幕的巨大的社会价值，认为"为了探明事情真相，难道不值得拿一个外国人的脑袋去冒一下险吗"？范长江在《中国的西北角》开篇也说，到了成都之后，因为朋友的方便，得了一个由成都经松潘北上兰州的旅行机会，这条路在平时亦是不易通行的去处，尤其在目前军事紧张时期。机会难得，他因此放弃了做环川旅行的准备，决定和朋友们先行到兰州。他在《塞上行》中写道为采访西安事变真相去局势未明的兰州之前，有朋友相继劝范长江不要去，然而他决心已下，"我们当新闻记者的人，有将各种关乎国民的政治问题及早详细公正为读者报道的责任。只要我们自己的目的纯正，态度公平，我想当不难得各方之谅解。万一有什么不幸的话，也是做记者的职务上所应当"②。这里记者们都表现出一种强烈的新闻敏感，但并不是每一个具有新闻敏感的人都能够做到不畏艰难困苦甚至生命的危险去报道新闻，可见是极其强烈的事业心，而不是仅仅将新闻作为一种为稻粱谋的职业的精神使得他们能够甘冒风险前去采访报道。

那么，这些记者的事业心又来自何方呢？是什么使他们具有强烈的事业心？如果说中国记者强烈的事业心来源于中国传统文化尤其是

---

① 杜友君、傅强：《新闻事业与事业心培养》，《河北大学成人教育学院学报》2008年第12期，第88页。
② 范长江：《塞上行》，新华出版社1980年版，第148页。

儒家传统文化影响的话，那么西方记者的事业心又来源于哪里呢？我们这里主要以斯诺和范长江在对待死亡的态度差异来说明这个问题。

斯诺在《西行漫记》中写道在去红区之前，"这要经过怎样的冒险呢？我不知道。但是，在这些年的国共内战中，已经有千千万万的人牺牲了生命。为了要探明事情的真相，难道不值得拿一个外国人的脑袋去冒一下险吗？我发现我同这个脑袋正好有些联系，但是我的结论是，这个代价不算太高。就是怀着这种冒险的心情，我出发了"（Through what adventures? I did not know. But thousands of lives had been sacrificed in these years of Kuomintang-Communist warfare. Could one foreign neck be better hazarded than in an effort to discover why? I found myself somewhat attached to the neck in question，but I concluded that the price was not too high to pay. In this melodramatic mood I set out）[1]。

范长江在《中国的西北角》中两处提及死亡。一处是在提及东汉马援时所发的感慨：东汉马援所说的"男儿当以马革裹尸还葬耳，何能死于妇人女子手中耶"，成为后世的佳话。记者以为"男儿"死了不必一定要有人"裹尸"，更不必要"还葬"，本着认为有意义的事情，百折不回地做下去。哪天死，哪天完，根本用不着管尸体将来怎样安排。[2] 一处是在发现旅客死于山顶时的一大段议论："不知何家男女，丧命此间？使死人而有知觉，借此清净山头，回忆生前奔劳，追究一生忙碌之目的，恐亦当不觉失笑……人究竟为什么要这样追求？果使生活美满以后，又有何意义……生存为人生之本质，以全力以维持生存，继续生存，扩张生存，即为人生之光明正道。为自己生存之

---

① ［美］斯诺：《西行漫记》，董乐山译，外语教学与研究出版社 2005 年版，第10—11 页。

② 参见范长江《中国的西北角》，新华出版社，第 143 页。

存续所采取之任何手段，自其本身言之，皆合于人生之本质，亦即皆为合于道德之行为。今穷病死于雪山者，于葬于东陵西陵者，在人生意义上，皆无丝毫之轩轾，请死者不必自以为歉也。"①

受中西方文化影响，斯诺和范长江在对待死亡的问题上存在着明显的差异。西方文化崇尚个人英雄主义，合于英雄主义的行为，虽死而犹生。斯诺在去红区之前的一番心理独白，即表现出明显的个人英雄主义。我们发现，斯诺去红区前的内心独白中，他使用了"adventure"（冒险）一次，"melodramatic"（情节剧般的）一次，而无论是"冒险"还是"情节剧"都是带有极其强烈个人英雄主义色彩的西方语汇，在英文里，adventure 指的是 "an unusual, exciting or dangerous experience、journey or series of events"②，melodrama 的意思是 "a story, play or novel that is full of exciting events and in which the characters and emotions seem too exaggerated to be real; the action in such a play, etc"。melodramatic 即 "full of exciting and extreme emotions or events; behaving or reacting to sth in an exagherated way"③。两个词都含有"不同寻常的""刺激性的"之义，斯诺用这样的词汇表达去苏区的旅程对于其个人的意义，带有明显的西方文化印迹。"西方文化是一个在剧烈的斗争中发展进步的文化，从古希腊始就有海洋文化和商业文化的特征，崇尚个性和自由，富于冒险和开拓，讲求力量与技术……"④在西方文化史上，有无数以历险为题材的文学和影视作品，如马克·吐温的《汤姆索亚历险记》《艾丽碧斯奇遇记》《绿野仙踪》，等等，这些作品重在表现冒险过程中主人公的英雄主义气质，倡导西方的文

① 范长江：《中国的西北角》，新华出版社 1980 年版，第 21 页。
② ［英］霍恩比：《牛津高阶英汉双解词典》（第 6 版），赵翠莲、邹晓玲等译，商务印书馆 2005 年版，第 26 页。
③ 同上书，第 1086 页。
④ 梁潮：《东方丛刊 1992 年》（第三辑），广西师范大学出版社 1992 年版，第 183 页。

化和价值。斯诺将红色中国之旅比喻为一次冒险,或多或少也受了西方这一传统的影响。"斯诺具有尊敬旁人、渴望冒险的一贯品质。早年,他刚刚立足纽约,却又决定去做一次环球旅行;第一步是穿越美国,然后靠一路打杂工去远东。"① 无怪乎董乐山在中文翻译时将 melodramatic 和"hazarded"都译作了"冒险"。而其表述中的一句"为了要探明事情的真相,难道不值得拿一个外国人的脑袋去冒一下险吗?"尤其强调自己的"一个外国人"的身份,可见在他的内心深处,这是一种西方价值观所倡导的个人英雄主义的行为。相对于斯诺,中国的传统文化尤其是儒家传统文化在范长江身上表现得尤为明显。自古以来,中国身受儒家传统文化影响,一方面对死亡怀着深深的敬畏,"敬鬼神而远之",另一方面又认为,为了某种正当的事业可以"舍生取义""杀身以成仁",积极"鼓励人们在现实社会中建功立业,将有限的生前融合到无限的群体中去,投入到国家的强盛、事业的辉煌之中去,以此来确立个体生命的价值和意义"②。这些观念在每一个中国人身上留下了深深的烙印,写就"新闻经典"的那些记者更是身受这些观念的影响。范长江在提到东汉马援的一番感慨,暗示了范长江之所以只身一人涉险到中国的西北角的原因。当是时,正值乱世之秋,日本帝国主义的铁蹄已经踏入中国的领土,并不断由东北向西北扩张自己的势力。为掩盖其妄图吞并中国的野心,日本宣称其所以企图占领西北一线,是为"围困苏联",以救中国于厄运。然而,范长江却认为,日本之攻略西北,不是"借地防赤",也不是简单的领土扩张,而是一种非常狠辣的对华军事大策略的实施。③ 因此,中

① [美]玛丽·希斯科特:《斯诺教育了我们》,尹均生《斯诺怎样写作》,湖北人民出版社 1986 年版,第 86 页。
② 《中西死亡观的比较思考》,马良怀:《士人皇帝宦官》,岳麓书社 2003 年版,第 306 页。
③ 参见范长江《中国的西北角》,新华出版社 1980 年版,第 4 版自序。

国的西北角事关国家民族存亡，而为了国家民族的生存，范长江甘冒此巨大的危险，不惜牺牲自己的生命，去探明中国西北角的社会经济状况。同时，中国知识分子还深受道家传统的影响，在道家眼中，"富贵如浮云"，人生在世，贫穷与富裕皆过眼烟云，不必强求，而死亡不过是回归自然而已，所以才有庄子妻子死后"鼓盆箕踞而歌"的行为。范长江在遇见死尸时的长篇大论追溯起来即是道家的出世精神。既然生死富贵如浮云，可以放开所有的人世包袱，那么对待功名利禄、死亡也就不必深以为意。

以上是中西方记者受中西文化的影响事业心上的不同，当然也有西方记者在采访报道中受到新闻人物或事件的影响也在不断改变着自己的人生观、世界观和价值观的情形。

史沫特莱出身于贫困家庭，西方资本主义世界对穷人的剥削和压迫都切切实实地发生在她的身边和她自己身上，因此，她对穷苦大众自小就怀有一种深深的同情，她痛恨一切压迫人的制度，而在八路军的身上她看到了自己生活和未来社会的希望。在与八路军一起生活的几个月里，在八路军的影响下，所有的艰难困苦乃至死亡的危险她都能够坦然面对，例如，她在写自己生虱子时说："今天早晨，我才觉得自己终于加入了红军的队伍，对虱子也变得宽宏大量了。我想，既然别人都长虱子，为什么我就不能长呢？"[1] 她在写到行军时泥浆经常灌满鞋子时说："起先，我觉得特别不好受。不过，渐渐地我也就能忍住了……最主要的，我之所以能够忍受下来，还是因为周围战士对我的影响。他们大都是赤着双脚，踩着雪行军。他们根本没有袜子

---

① ［美］史沫特莱（Smedley, A.）：《史沫特莱文集·中国在反击》（4），陈文炳等译，新华出版社1985年版，第137页。

可穿。"① 在与八路军一起遭受空袭时写道："八路军对空袭已经习以为常，我以为自己也已经如此，其实不然。……正是因为八路军有这种精神和它带给人类的信息，我才懂得了跟他们一起站在今晚这个有死亡威胁的阴影里是一种光荣。"②

约翰·里德在报道十月革命之前就已经报道过美国新泽西州帕特森的工人罢工、美国科罗拉多州勒德洛屠杀罢工工人及其家属的惨案以及墨西哥农民起义、第一次世界大战等重大事件，深入的采访报道促使里德思想上向劳苦大众倾斜。因此，他报道十月革命时即隐隐包涵着对代表工农阶级利益的布尔什维克的肯定，而随着约翰·里德对十月革命采访的深入，他的思想也在发生着变化。十月革命使里德由一个激进的民主主义者转变成为一个共产主义者。美国著名社会活动家和进步作家阿·威廉斯说："俄国把他（指里德）造成科学地思考和彻底的革命家。这是俄国的伟大功绩。"③ 列宁的夫人娜·克鲁普斯卡娅说："在经历了十月革命而到美国之后，约翰·里德已不是用还在寻找出路的批评家的眼光，而是用觉悟战士的眼光来看周围的美国生活了。"④ 这种思想的变化使得里德更加奋不顾身地去报道十月革命。

---

① ［美］史沫特莱（Smedley, A.）：《史沫特莱文集·中国在反击》（4），陈文炳等译，新华出版社 1985 年版，第 157 页。

② 同上书，第 212—213 页。

③ ［美］约翰·里德：《震撼世界的十天》，郭圣铭译，人民出版社 1957 年版，第 412 页。

④ ［美］约翰·里德：《革命的女儿》，莫斯科—列宁格勒 1928 年俄文版，第 8 页，转引自中国人民大学新闻系《新闻学论集》编辑组编《新闻学论集》（第八辑），中国人民大学出版社 1984 年版，第 171 页。

二 专业技能

1. 强烈的问题意识

能够提问和解决疑问是人区别于其他动物的标志之一。自古以来，面对着浩瀚的宇宙、苍茫的人世、复杂的内心，人类既深感自身的渺小，又充满了疑问和好奇，迫切想探究其中的奥妙。可以说，人类社会的每一步，都是在不断提问和不断解决疑问的过程中发展起来的。新闻人作为专门以提问（采访）为职业的人士，其提问能力直接关系到其写作水平和职业素养的高低。而提问能力的高低又与问题意识紧密相关。问题意识越强，其提问能力越高。同时，问题意识还是新闻报道客观公正的基础。坚持客观性，不但要求记者排除当时各种社会意识的影响，尊重客观事实，而且还要求记者对于自我状态保持清醒的呈现能力，自觉自知，充分知道自己感受事物的思维方式，明确自己的感性、理性思维是如何存在、如何运作的，如此才能够对于主观性有所警惕，靠近客观性的彼岸。综观那些写就"新闻经典"的记者，无不是怀着强烈的问题意识前去采访报道的。

表现比较突出的是斯诺。打开斯诺的《西行漫记》第一篇"探寻红色中国"，映入眼帘的第一节就是"一些未获解答的问题"。作者说："在世界各国中，恐怕没有比红色中国的情况是更大的谜，更混乱的传说了。""哪怕最简单的事情，也是有争议的。""关心东方政治及其瞬息万变的历史的人，都有这样一些感到有趣而未获解答的问题。"① 接着作者一口气列举了将近100个问题。

中国的红军是不是一批自觉的马克思主义革命者，服从并遵

---

① ［美］斯诺：《西行漫记》，董乐山译，外语教学与研究出版社2005年版，第2页。

守一个统一的纲领，受中国共产党的统一指挥的呢？如果是的，那么那个纲领是什么？共产党人自称是在为实现土地革命，为反对帝国主义，为争取苏维埃民主和民族解放而斗争。南京却说，红军不过是由"文匪"领导的一种新式流寇。究竟谁是谁非？还是不管哪一方都是对的？

在一九二七年以前，共产党员是容许参加国民党的，但在那年四月，开始了那场著名的"清洗"。共产党员，以及无党派激进知识分子和成千上万有组织的工人农民，都遭当时在南京夺取政权的右派政变领袖蒋介石的大规模处决。从那时起，作一个共产党员或共产党的同情者，就是犯了死罪，而且确实有成千成万的人受到了这个惩罚。然而，仍有成千成万的人继续甘冒这种风险。成千成万的农民、工人、学生、士兵参加了红军，同南京政府的军事独裁进行武装斗争。这是为什么？有什么不可动摇的力量推动他们豁出性命去维护这种政见呢？国民党和共产党的基本争论究竟是什么？

中国共产党人究竟是什么样的人？他们同其他地方的共产党人或社会党人有哪些地方相像，哪些地方不同？旅游者问的是，他们是不是留着长胡子，是不是喝汤的时候发出咕嘟咕嘟的响声，是不是在皮包里夹带土制炸弹。认真思索的人想知道，他们是不是"纯正的"马克思主义者。他们读过《资本论》和列宁的著作没有？他们有没有一个彻底的社会主义经济纲领？他们是斯大林派还是托洛茨基派？或者两派都不是呢？他们的运动真是世界革命的一个有机部分么？他们是真正的国际主义者么？还"不过是莫斯科的工具"，或者主要是为中国的独立而斗争的民族主义者？

这些战士战斗得那么长久，那么顽强，那么勇敢，而且——

正如各种色彩的观察家所承认的，就连蒋介石总司令自己的部下私下也承认的——从整体说来是那么无敌，他们到底是什么样的人？是什么使他们那样地战斗？是什么支持着他们？他们的运动的革命基础是什么？是什么样的希望，什么样的目标，什么样的理想，使他们成为顽强到令人难以置信的战士的呢？说令人难以置信，是同中国的那部充满折衷妥协的历史比较而言的，但他们却身经百战，经历过封锁、缺盐、饥饿、疾病、瘟疫，最后还有那六千英里的历史性"长征"，穿过中国的十二个省份，冲破千千万万国民党军队的阻拦，终于胜利地出现在西北的一个强大的新根据地上。

他们的领导人是谁？他们是不是对于一种理想、一种意识形态、一种学说抱着热烈信仰的受过教育的人？他们是社会先知，还是只不过为了活命而盲目战斗的无知农民？例如，毛泽东，南京通缉名单上的第一号"赤匪"，蒋介石悬赏二十五万元银洋不论死活要缉拿到他，他是怎样的人呢？那个价值这么高昂的东方人脑袋里到底有些什么名堂呢？或者像南京官方宣布的那样，毛泽东真的已经死了吗？朱德，称作红军总司令的这个人的生命在南京看来具有同样的价值，他又是怎样的人呢？林彪这个二十八岁的红军天才战术家，据说在他率领下的红军一军团从来没有打过一次败仗，他又是谁？他的来历如何？还有其他的许多红军领导人，多次报道已经毙命，可是又在新闻报道中重新出现，不但毫毛无损，而且仍旧在指挥着新的军队同国民党对抗，他们又是些什么人呢？

红军抗击极大优势的军事联合力量达九年之久，这个非凡的记录应该拿什么来解释呢？红军没有任何大工业基地，没有大炮，没有毒气，没有飞机，没有金钱，也没有南京在同他们作战时能利用的现代技术，他们是怎样生存下来并扩大了自己的队伍的呢？他们采用了什么样的军事战术？他们是怎样训练的？是谁给他们当顾问的？他们里面有一些俄国军事天才吗？是谁领导他们在谋略上不但胜过所有被派来同他们作战的国民党将领，而且胜过蒋介石重金聘请来的，以前由希特勒已故的国防军头目冯·西克特将军领导的大批外国顾问？

中国的苏维埃是怎样的？农民支持它吗？如果不支持，那么是什么力量在维系住它的？共产党在他们的权力已经巩固的地区实行"社会主义"达到什么程度？为什么红军没有攻占大城市？这是不是证明红军不是真正由无产阶级领导的运动，而基本上仍然是农民的造反吗？中国百分之八十以上的人口仍然是农业人口，工业体系即使不说是患小儿麻痹症，也还是穿着小儿衫裤，在这样的国家怎么谈得上"共产主义"或"社会主义"呢？

共产党怎样穿衣？怎样吃饭？怎样娱乐？怎样恋爱？怎样工作？他们的婚姻法是怎样的？他们的妇女真的像国民党宣传所说的那样是被"公妻"的吗？中国的"红色工厂"是怎样的？红色剧团是怎样的？他们是怎样组织经济的？公共卫生、娱乐、教育和"红色文化"又是怎样的？

红军的兵力有多少？真像共产国际出版物所吹嘘的那样有五十万人吗？果真如此，他们为什么没有能夺取政权呢？他们的武器和弹药是从哪里来的？它是一支有纪律的军队吗？它的士气怎么样？官兵生活真是一样吗？如果像蒋介石总司令在一九三五年所宣布的那样，南京已经"消灭了共匪的威胁"，那末共产党到一九三七年在中国战略地位最重要的西北占领了一块比以前更大的整块土地，又怎样解释呢？如果共产党真的是完蛋了，那末，为什么日本在著名的广田弘毅第三点中要求南京同东京和纳粹德国缔结反共协定以"防止亚洲布尔什维化"呢？共产党是真正"反帝"的吗？他们真要同日本交战吗？在这场战争中，莫斯科会帮助他们吗？或者，像著名的胡适博士拼命说服他在北京的情绪激昂的学生那样，他们的激烈的抗日口号只不过是争取公众同情的诡计和绝望的挣扎，是亡命的汉奸和土匪的最后呼号？

中国共产主义运动的军事和政治前景如何？它的具有历史意义的发展是怎样的？它能成功么？一旦成功，对我们意味着什么？对日本意味着什么？这种巨大的变化对世界五分之一的人口会产生什么影响？它在世界政治上会引起什么变化？在世界历史上会引起什么变化？它对英、美等外国在中国的巨额投资会产生什么后果？说真的，共产党究竟有没有"对外政策"呢？

最后，共产党倡议在中国建立"民族统一战线"，停止内战，这到底是什么意思？①

这些问题无疑是《西行漫记》的采访提纲。作者对红色中国的采访之旅就是对这些问题的回应。一位从事对外传播多年的记者谈及第一次阅读《西行漫记》的感受时，这样说："斯诺在书中提出的80个问题，气势之壮观像屈原的《天问》。这些问题把斯诺的行囊充得满满的，旅途中，他一路寻找着答案。强烈的好奇心使他的探索之旅充满激情，笔下的文章也因此而震撼人心。"②

作者从当时的人们对红色中国的各种疑惑和不同看法出发，详尽地列出了关于红色中国的各种问题，这些问题体现了斯诺的客观求实精神。斯诺在燕京大学作讲师时就教授学生：无论是写报告文学还是

---

① ［美］斯诺：《西行漫记》，董乐山译，外语教学与研究出版社2005年版，第2—8页。

② 雷向晴：《斯诺百年——中国传媒人的思考》，《对外大传播》2005年第7期，第5页。

报刊特写，成败关键不在于修辞或用语精练与否，而在于写作的态度，即作者是否立足于求真，不受成见或偏见的干扰。因此，在掌握事实以前不可先有定论，而要先寻找事实。具备了足够的事实就水到渠成，有可能说明问题的真相。怎样寻找事实呢？第一，脑子里要有解答的问题，带着问题寻找事实求答案。① 斯诺是这样说的，也是这样做的。从问题单的第三个问题"共产党人自称是在为实现土地革命，为反对帝国主义，为争取苏维埃民主和民族解放而斗争。南京却说，红军不过是由'文匪'领导的一种新式流寇。究竟谁是谁非？还是不管哪一方都是对的？"即可知斯诺并不是一个简单的二元论者，在他的头脑里，事物并不是非黑即白那么简单，它可能既是白的又是黑的，也可能不是白的也不是黑的，而这正是大千世界万事万物的存在状态。同时，这些问题是立足于对当时各种社会意识的反思提出来的。斯诺在这节的开头提道："热心的党人是能够向你提供一套现成的答案的。"依我们现在的理解，或许这些党人都是官方的代表者，但在当时政党林立的社会情状下，这些党人都是作为普通大众的一分子存在的，即便如此，对于这些当时每时每刻都会听到的话语，斯诺依然对它们持怀疑态度。他在《西行漫记》中写道："可是这些答案始终很难令人满意。他们是怎么知道的呢？他们可从来没有到过红色中国呀。"

如果说，一个知识分子对于官方意识形态保持清醒的头脑相对容易做到的话，那么对于民间大众声音的反思就显得难能可贵了。作者身处当时社会，民间的各种声音如空气一样包围着每一个人，大多数人对于这种民间意识形态习焉不察，并在潜移默化中受到了它的影

---

① 参见黎秀石《斯诺先生教我们怎样写作》，尹均生《斯诺怎样写作》，湖北人民出版社1986年版，第78页。

响，即使睿智如范长江者也不例外。如他在《中国的西北角》中，称红军为"霉老二"："然而朱毛徐向前都是来了要吃，粮食吃光，这般农民就无以生存了。四川北部的农民叫红军'霉老二'，就是'倒霉的东西'的意思。他们不管你红军政治部的宣传如何说法，你首先吃了他们的粮食，叫他们无法生存。在他们暂时看起来，真是碰上红军，就算大倒其霉了。"① 对红军在老百姓心中的形象也附和了当时部分老百姓的观点："陇南东民众，头脑固执，最怕'红军'，因为他们听说红军是'杀人放火'，'奸淫掠夺'，所以如果红军大部队突至，则民众必相偕逃亡……"② 同时，对红军也有一些道听途说的描述，如"在九月中旬，藏兵冲至万音，见万音附近放有二三百具红军死尸，多为冻死病死者，此等死尸之臂腿正被其未死之'同志'割煮以充饥！藏兵虽野，睹此亦惊悸不已。"③ "他们对于'逃亡'与'投降'二事，绝对严惩，轻则'挖眼'，重则枪毙，故红军中挖眼者甚多。"④ "土城以后，我们的组织更为严密了，军队后面有收容队，其中有政治保卫局的人参加，凡落伍不能再行前进的，因恐泄露军情，一律由保卫局处以死刑。"⑤ 范长江在当时的环境下尚不能"免俗"，能够在民间的喧嚣声中清醒如斯诺者，何其少哉！由此也就更加显现出斯诺问题意识的可贵。

相比斯诺，范长江、邹韬奋、贝特兰等人虽然没有将所提问题一一详细列出，但在出发之前，也已具有较强的问题意识，这种问题既是采访的目的，又是采访中所提问题的核心。范长江在1961年写的《记者工作随想》一文中谈道："我自己当年到西北去采访，

---

① 范长江：《范长江新闻文集》，中国新闻出版社1989年版，第284页。
② 同上书，第292页。
③ 同上书，第264页。
④ 同上书，第290页。
⑤ 同上书，第292页。

也是怀着两个目的：一是研究红军北上以后中国的动向；二是当时抗战即将开始，抗日战争爆发后，敌人肯定会占领我们的若干大城市，那么我们的后方——西北西南的情况怎么样呢？这两个问题也是当时群众迫切需要回答的重大问题。"①邹韬奋在《萍踪寄语·初集弁言》中说："这些'寄语'虽然是'拉杂写来'的零篇短简，但是记者在观察研究的时候，在持笔叙述的时候，心中常涌现着两个问题：第一是世界的大势怎样？第二是中华民族的出路怎样？中国是世界的一部分，我们要研究中华民族的出路怎样，不得不注意中国所在的这个世界的大势怎样，这两方面显然是有很密切的关系。"赵超构去延安之时急切想了解的是："首先使我们注意的，当然是共产党员。共产党员是怎样的一种人？一个共产党员要具备怎样的品性和气质？这是值得我们知道的。"②贝特兰在去华北前线采访之前，同样满怀疑惑："在这个举国一致抗日的战争里面，中国的红军将要占一个什么地位呢？"……这些问题不是记者凭空想象出来的，而是当时的群众和仁人志士迫切想知道的。记者带着这些问题上路，也就有了明确的指向，写出来的新闻也就容易得到受众的认同和欢迎。

2. 高超的访问技巧

采访访问是新闻报道的基础和前提。美国新闻学者杰克·海敦说："新闻事业是一个跟人打交道的行业，大约有百分之九十九的新

---

① 范长江：《通讯与论文》，新华出版社1981年版，第318页。尽管目前尹韵公对范长江西北采访之第一个目的持怀疑态度（见其发表在2009年《新闻与传播研究》第3期《论范长江"研究红军北上以后中国的动向"的目的之不能成立》），但这并不妨害范长江采访前即有强烈的问题意识这一观点的成立。

② 赵超构：《延安一月》，上海书店出版社1996年版，第85页。

闻部分或全部以访问——也就是向人提问题——为基础写成的。"① 提问是记者采访中获取信息最主要的方式。美国《塔尔萨论坛报》编辑鲍勃·福尔斯曼也说:"笔下的功夫不强照样能当一名出色的记者,但不善于进行访问是决当不好记者的。"② 访问是记者从采访对象那里获取材料的必经之途,能否从采访对象那里得到材料、得到材料的多少决定着新闻写作的成败,决定着向受众提供信息的多寡和深浅。一个优秀的记者一定是一个具有较强采访技能的人,写就"新闻经典"的这些记者在采访方面更是达到了出神入化的程度。

首先,善于寻找采访的"切入口"。

采访过程表现为记者与采访对象之间"取"与"予"的矛盾。"这种情况的取和予,是记者和采访对象之间关系的内容和实质。可以说,记者在采访和所进行的一切活动,都是为了顺利地解决这个矛盾,把新闻报道所需要的材料'取'到手。作家皓然曾经说道:'一篇人物特写的完成,采访是其中最艰苦、最繁重的劳动。如果说,采访的准备还可以长期地、逐渐地来做;那么,当记者和被访问者面面相对的时候,就需要立竿见影,立刻取到你应当获得的东西。'"③ 面对采访对象,如何让采访对象畅所欲言,谈出需要了解的信息,是每一个记者都要面临的问题。"新闻经典"的记者总是非常善于从采访对象的特点、需要出发,巧妙引导采访对象,从而得到各种有用的信息。

斯诺是新闻采访的高手,我们这里以斯诺如何采访毛泽东为例来说明这个问题。斯诺极其希望知道毛泽东的一些个人信息,但是与毛

---

① [美] 杰克·海敦:《怎样当好新闻记者》,伍任译,新华出版社 1980 年版,第 23 页。

② [美] 杰克·海敦:《怎样当好新闻记者》,伍任译,新华出版社 1980 年版,第 119 页。

③ 艾丰:《新闻采访方法论》,人民日报出版社 1996 年版,第 219 页。

泽东谈了十几个晚上之后，依然所获甚少，"如果你不是一再地问他，就不会听到更多关于他自己的事情"，这是一个有趣的发现，却造成了报道的困难。他是怎样解决这个困难问题的呢？斯诺写道：

> 一天晚上，当我的其他问题都得到答复以后，毛泽东便开始回答我列为"个人历史"的问题表。他看到"你结过几次婚"这个问题的时候微笑起来。后来传出谣言说我问毛泽东有几个老婆，但是他毕竟是主张实行一夫一妻制的。不管怎样，他是不大相信有必要提供自传的。但我力争说，在一定程度上，这比其他问题上所提供的情况更为重要。我说："大家读了你说的话，就想知道你是怎样一个人。再说，你也应该纠正一些流行的谣言。"
>
> 我提请他注意关于他的死亡的各种传说，有些人认为他能说流利的法语，有些人则说他是一个无知的农民，有一条消息说他是一个半死的肺病患者，有的消息则强调他是一个发疯的狂热分子。他好像稍为感到意外，人们竟然会花费时间对他进行种种猜测。他同意应该纠正这类传说。于是他再一次审阅我写下的那些问题。
>
> 最后他说，"如果我索性撇开你的问题，而是把我的生平的梗概告诉你，你看怎么样？我认为这样会更容易理解些，结果也等于回答了你的全部问题"。
>
> "我要的就是这个！"我叫道。①

毛泽东一开始不愿意谈自己，斯诺据理力争，并从毛泽东的种种

---

① ［美］斯诺：《西行漫记》，董乐山译，外语教学与研究出版社2005年版，第184页。

传言入手，要求得到毛泽东的求证，最后斯诺还反客为主，毛泽东主动提出愿意提供个人自传。这是毛泽东亲自向别人讲述的唯一一部自传，斯诺的采访技巧之高明可见一斑。这里斯诺主要是抓住了毛泽东当时所处的社会舆论处境，从毛泽东接受采访的心理出发，从而打开采访局面的。毛泽东之所以接受斯诺的采访，主要是想通过斯诺，将红色中国的真相传达出去，唤起舆论的支持，澄清西方和国民党反动派的谣言。斯诺提出，毛泽东的个人信息和其透露的红色中国的信息一样，也是为这一目标服务的，"大家读了你说的话，就想知道你是怎样一个人"。这个理由是合情合理的，因此也就得到了毛泽东的理解，而当他听说外界有他这么多的传言之后，更感有澄清的必要，并主动提出将自己的生平梗概告诉斯诺，而这正是斯诺求之不得的，斯诺就是这样得到了自己所需的信息材料。

以善于采访世界政治巨头的世界第一女记者法拉奇更是深谙此道，她的提问总是从最能够使采访对象感兴趣的问题入手为下一步提问打开通路。这里以《风云人物采访记》里对每个政治巨头的第一个提问为例来分析。

基辛格博士，我在猜想您这几天的感受。我想知道您是否也像我们以及世界上大部分人一样感到失望。您失望吗？基辛格先生？（采访亨利·基辛格）

阿布·阿玛尔，人们常常谈论您，然而对您却一无所知……（采访亚西尔·阿拉法特）

陛下，谁在约旦说话算数？在关卡，站着巴勒斯坦游击队；在边界上，巴勒斯坦游击队在进攻；在村庄里，巴勒斯坦游击队决定一切。说他们建立了国中之国已不再是荒谬可笑的了。（采访约旦国王侯赛因）

　　阿瑟·施莱辛格在接见《欧洲人》周刊记者时谈起意大利人，他说："要是你们自己首先不能了解你们自己，那么谁能理解你们呢？"参议员南尼，我是来请您帮助我们理解我们自己和意大利今天发生的事件的。我知道，您是有名的悲观主义者。但是……（采访皮埃特罗·南尼）

　　勃兰特总理，坦率地说，我不知从哪儿开始提问。要问您的事情太多了，包括您名字的来历。它不是您出生时的名字，您出生时叫赫伯特·弗拉姆……（采访维利·勃兰特）

　　亚马尼部长，第一个问题是人们渴望了解的问题：现在不存在降低石油价格的希望吗？那是不是存在提高油价的危险呢？（采访艾哈迈德·扎基·亚马尼）

　　苏亚雷斯，您还记得意大利进行行政选举前三天您在那不勒斯讲给我听的那个小故事吗？（采访马里奥·苏亚雷斯）

　　那么是大元帅杀害了他们？（采访圣地亚哥·卡里略）

　　法拉奇对这些政治巨头的采访，要么从受众最感疑惑、最想了解的地方开门见山地进行提问，如采访亨利·基辛格、约旦国王侯赛因、亚西尔·阿拉法特、艾哈迈德·扎基·亚马尼、圣地亚哥·卡里略；要么迂回进行访问，从一些看似简单却颇具深意的问题入手打开采访局面，如采访维利·勃兰特、马里奥·苏亚雷斯。时任德国总统的勃兰特是个私生子，政敌也多利用这点攻击勃兰特，法拉奇的第一个问题从他的名字说起，意在了解他对于这段经历的看法及对以后政治生涯的影响，正像法拉奇认为的，"在生活中蒙受过耻辱或痛苦的人，往往更能成为杰出的人物。美梦直至成就经常来源于饥饿和不幸"。而对于马里奥·苏亚雷斯的提问从他自己所讲的一个小故事入手，犹如一只回力球，苏亚雷斯本来是将球弹到法拉奇一边的，然而法拉奇又将它巧妙地发了回去。

斯诺、法拉奇的采访更多的是针对某些特定政治高层人物的采访，杰克·贝尔登的《中国震撼世界》则除了采访中国共产党方面的官兵之外，还采访了很多普通老百姓。杰克·贝尔登粗通中文，但一个外国人与普通老百姓打交道，并让老百姓畅所欲言、说出自己的心里话，则是对一个记者的严峻考验。杰克·贝尔登做到了。"因为他自己出身普通，所以和下层人民有天然的亲和力，而且他没有西方人常常免不了的那种莫名其妙的优越感和救世主心态。用什么办法打开一个刚刚认识二十分钟的赶车老农的话匣子？怎么让一个腼腆的山区妇女讲述她的不幸婚姻？被一帮看稀奇的农村小屁孩包围了可如何是好？在这些情况下他都是高手。"① 这里仅举他与车把式的一段对话为例。

　　"这两头牲口真好哇！"我对车把式说，眼睛看着他衣领上露出的一截干净的红脖子。

　　老汉回过头来，露出爽朗的笑容，说道："是不赖。不过还比不上咱在抗战前的那头骡子。那头呀，爬山像头虎，涉水像条龙，你信不？"他对着护送人说："它飞奔起来，真叫你气都喘不过来，一天能跑一百五十里，不止一回，有那么十几回啦。只是有一条，吃得太多。喂它吃草料时，好家伙，就像侍候一个火车头。多棒的骡子啊！它死时，咱都不忍吃它的肉，而是像人死了一样把它葬了。你想想，那骡子活了十七年呢。那身子骨呀，喝！"

　　"您的身子骨可硬朗哪，老乡！"我说道。

---

① ［美］杰克·贝尔登（J. Belden）：《中国震撼世界》，邱应觉等译，北京出版社1980年版，拉铁摩尔序。

那老汉满面红光，浑身是劲，乐呵呵地说："谢天谢地，是硬朗啊，怎么能不呢？咱吃得饱饱的。政府一年给咱一百斤小米，我兄弟贩卖豆子，老婆和妹子做衣服，一家过得不赖呀。您信不信咱过年还吃上肉呢，吃得可好呢。"

我故意把共产党的一个口号反过来，说道："您是不是吃地主肉啦？"

老汉一听，把鞭子搁在膝上，脱下手套，揩了揩嘴，把脸一沉，很不高兴地说："您这位同志说到哪里去啦。咱不吃人肉。可是咱不敢说这一带没有人吃过地主肉。您说呢？"他转脸对着那护送人。

"怎么样？"我问道，拿出一支香烟递给老汉。我等着老汉用火镰敲打火石燃着火绒，点燃了香烟。

"他们是怎样吃地主肉的？"

"是地主先吃老百姓的肉的。今天吃这个，明天吃那个。这一带有个柿子沟村，那里有个地主叫穆世安……"①

车把式对于所赶的骡子有着特殊的感情，贝尔登从他的骡子谈起，一下子就触及了对方的兴奋点，老汉的话匣子打开了，顺势杰克·贝尔登话题一转，转向了老汉自身，夸赞老汉的身子骨硬朗，这句暖烘烘的话更是让老汉喜不自禁，紧接着从老汉的话茬出发，杰克·贝尔登欲擒故纵，故意将共产党的一个口号反过来，希望得到更深一层的信息，贝尔登的激将法收到了预期的效果，老汉虽然不高兴，却为贝尔登提供了一个有价值的新闻线索，贝尔登沿着这条线索，顺藤摸瓜，终于使老汉说出了三花一家的悲惨故事以及后来地主

---

① ［美］杰克·贝尔登（J. Belden）：《中国震撼世界》，邱应觉等译，北京出版社1980年版，第36—37页。

终被处决的大快人心的故事。

其次，善于就敏感问题进行提问。

敏感问题一般是采访对象不愿意回答或极力回避的问题，但这些问题本身往往包含着巨大的信息能量和新闻价值，能否通过采访手段的运用让采访对象吐露相关信息，是对每一个记者的严峻考验。这里以法拉奇采访基辛格的一段问答来说明①。

　　法：基辛格博士，如果我把手枪对准您的太阳穴，命令您在阮文绍和黎德寿之间选择一人共进晚餐……那您选择谁？

　　基：我不能回答这个问题。

　　法：如果我替您回答，我想您会更乐意与黎德寿共进晚餐，是吗？

　　基：不能，我不能……我不愿意回答这个问题。

　　法：那么您能不能回答另一个问题：您喜欢黎德寿吗？

　　基：喜欢。……

　　法：跟阮文绍的关系您也作同样的评价吗？

　　基：我过去与阮文绍的关系也很好。过去……

　　法：对了，过去。南越人说你们相处时不像亲密的朋友。

　　基：他们说什么？

　　法：我再说一遍，他们说你们相处时不像亲密的朋友。您想说的正与此相反吗？基辛格博士？

基辛格再三强调自己不愿意谈越南问题，然而，法拉奇却通过自己巧妙的提问获得了自己想知道的答案。她的第一个提问咄咄逼人，

---

　　①　参见［意］法拉奇《风云人物采访记》，阿珊译，新华出版社1983年版，第15—16页。

虽然问的是与谁共进晚餐的问题，实则是美国与南越和北越的关系问题。而且，一句"如果我把手枪对准您的太阳穴"，将傲慢的基辛格拉到与自己同等的谈话地位和高度，在交锋中不致陷入被动地位。以后的提问不断变换句式，步步递进，但始终围绕中心问题提问。面对基辛格的避而不谈，法拉奇紧追不舍，并以代基辛格回答的方式提出第二个问题，基辛格再次回避，法拉奇接着又提出另一个问题，"那么您能不能回答另一个问题：您喜欢黎德寿吗？"这个问题看似与前面的两人比较不同，实则采取的是各个击破的战术，通过询问基辛格对单独某人的态度来达到自己的提问目的。这个问题于基辛格来说，不是那么难以回答，因此他爽快地做了回答，而法拉奇接下来的提问，立即让基辛格警觉起来，基辛格以外交家的口吻打起了太极拳，然而法拉奇却从字里行间察觉到了基辛格的回答与之前回答的不同，随即法拉奇两次以他人之言代自己提问的方式询问基辛格的意见，迫使基辛格必须就这一问题做出回答，法拉奇以此得到了所需的信息。

法拉奇的咄咄逼人是一种采访风格，而通过稍微缓和的巧妙的提问进行迂回采访，通过"精心诱导的谈话把内容渐渐引向敏感区域。每个相继提出的问题都向敏感区域接近"①，同样可以得到敏感问题的答案。而且，相比法拉奇的采访风格，这种采访方法也更加能够为采访对象所接受，不易引起采访对象的对立情绪。史沫特莱在就农民由于地主、资本家的剥削变成土匪一事采访一政府官员时用的就是这种方法。

"土匪都是些什么人？"我问那位年轻官员。

"农民、流浪汉、失业者和其他一些有不良倾向的人。"他说。

"你认为农民和失业者是有不良倾向的人吗？"

---

① 谢骏：《新闻传播史论研究》，福建人民出版社2006年版，第350页。

"在中国，他们是这样的人。"

"那么，为什么这些辛勤耕种的农民会变成土匪呢？"我接着问他。

年轻官员说："农民太穷，所以就去当强盗抢粮抢钱。"

"难道这就意味着他们是有不良倾向的人吗？"

"好人是不做强盗的。"

"那么，他们该做什么呢？等着饿死吗？"

……

"你认为这条船上的都是好人，因为他们没有被饿死，而且就现状来看，以后也不会饿死对吗？"

"反正，我觉得他们是无可指责的——守法，规规矩矩地做生意，并且还给人们提供就业机会。"

"他们当中许多人是放债的银行家和商人。请告诉我，他们借钱给农民要索取多少利息？"

"按照中国的惯例，每月3%。"

"这就是说每年36%，有时会更多。你认为这也对农民有好处吗？"

"这只不过是按照惯例行事罢了。况且，如果他们不贷款，农民还什么都得不到呢。"

"那么，为什么会这样呢？农民们一年到头受苦受累，是谁抢走了他们的劳动果实？"

"谁也没有，是他们自己胡乱花光了。"我的那位高明的朋友回答道。①

---

① ［美］史沫特莱（Smedley, A.）：《史沫特莱文集·中国人的命运》（4），孟胜德译，新华出版社1985年版，第433页。

史沫特莱没有像法拉奇一样开门见山、单刀直入地询问这一官员对于农民做土匪的看法，而是由土匪的构成引出官员自己的回答，这种提问方式表面对于采访对象没有威胁性，而实质上则是想从官员的回答中引申出将要提出的敏感问题，第二个问题史沫特莱接过采访对象的话头，继续询问，逼近敏感问题的核心。第三个问题是隐性的敏感问题，是下面一系列敏感问题的开端。史沫特莱这里没有以咄咄逼人的口气提问，而是以一个开放式的提问，让采访对象自由回答，接下来，再从采访对象逻辑不严、自相矛盾的回答中，一步步暴露出农民之所以成为土匪的深层原因。

再次，善于同各色人等打交道。

记者的职业决定了他需要与各色人等打交道才能得到所需的各种信息，"新闻经典"的记者们在广交朋友方面更是有着出色的本领。在《西行漫记》中，仅该书附的"人物注释"中出现的人物就有77位①，同时，书中还有大量的小人物。"经初步统计，《西行漫记》中有关黎民百姓的文字共有38处，有具体语言、动作描写的人物有56位，被描述的群体共5个。"②这些人物大都曾经作为斯诺的采访对象出现。范长江在去西北、西蒙等地采访的路上，所交的朋友，从政府的部长，军队的司令，以至土司、活佛、王爷、喇嘛、教师、学生、纤夫、水手，等等，可谓三教九流，无所不有。他在1937年版的《中国的西北角》扉页中写道："记者此次旅行的完成和本书的出版，此中百分之九十五是各地朋友们的力量，其余百分之五才是机会和我自己的微力。"虽属自谦之词，但也从侧面说明诸多朋友在范长江采访中所起的作用是非常大的。邹韬奋在出国考察2年多时间里，被他

---

① 参见刘洁《〈西行漫记〉中的"小人物"形象分析》，《新闻前哨》1998年第2期，第38页。

② 同上。

访问过的人成百上千，这些人中不仅有革命政党的骨干分子，有进步的青年，也有一半的学生、工人、农民、商人，甚至还有像法西斯纳粹党的党员那样完全属于反动阶级的人。他不但能从被访问的人那里得到他要得到的材料，而且有许多人成了他很好的朋友，成为他开展采访活动的助手，为他提供采访线索和材料，还为他的采访活动提供种种方便。

要做到广交朋友，首先在采访态度上，无论面对什么样的采访对象，记者都应该做到一视同仁，以平等的态度视之，对待达官贵人，不阿谀奉承，低三下四；见到平民百姓，不盛气凌人，趾高气扬。"谦恭不流于谄媚，庄严不流于傲慢"，如此才能够受到不同类型采访对象的信任，与采访对象打成一片。在《中国的西北角》中，我们可以看到，范长江不仅与普通人交朋友，而且与当地的土司等交上了朋友。他与他们之间，都能平等相处。如他在《路过中卫》的这段通讯中写道，"水手们知道记者要离开筏子的消息，他们一齐似乎堕入了冷寂的空气中"①。又如在《杨土司与西道堂》的通讯中说"杨氏晚间更对记者谈其处境之困难，请记者为之代办数事"②。其次，要多为采访对象着想，并提供力所能及的帮助。范长江的一条采访经验就是，我们去采访新闻，不光是伸手向人家要什么，更重要的是也要给人家一些什么，这样人家才可以把知心话告诉你，保证你所得材料的确实可靠。范长江力所能及地帮助土司，代办数事，即为典型一例。邹韬奋在美国南方采访时，曾帮助革命组织抄写传单，散发印刷品；在苏联访问时，曾应一个男朋友和苏联女朋友之请，为他们的恋爱做参谋等等。美国有句谚语："获得

---

① 范长江:《中国的西北角》，新华出版社1980年版，第177页。
② 同上书，第47页。

朋友的唯一办法是自己先成为别人的朋友。"这恐怕就是邹韬奋广交朋友的"秘诀"。

3. 敏锐的观察能力

收集资料不单单靠访问,更靠实地的观察。观察,既包含目睹之"观",也包括思考、比较、鉴别之"察",观察是看与思的结合。观察能力是人们正确、全面、深入认识、掌握事物变化、特点的能力,观察能力的高低不仅关系到收集材料的多寡、简丰,而且关系到写作水平的高低,一个具有较高写作水平的记者一定是一个敏锐的观察家。"良好观察能力的主要标志应该是:仔细全面、准确迅速、敏锐深刻。仔细全面,主要表现在能够发现一般人不容易发现的事物特征,并且不遗漏有关的细节;准确迅速,主要是说能辨别出事物之间的微小差异,能较快地抓住事物的主要特征;敏锐深刻,则主要指的是能在一般人习以为常的现象中发现新问题,看到事物的本质。"①

比如斯诺采访毛泽东时,就观察到这样一个细节。一天深夜,毛泽东正接受斯诺的采访,突然一只飞蛾向蜡烛扑去,毛泽东夫妇高兴得叫起来。"这的确是一只可爱的小东西,翅膀是淡淡的苹果绿,边上有一条橘黄色和玫瑰色的彩纹。毛泽东打开一本书,把这片彩色的薄纱般的羽翼夹了进去。"② 这一观察生动地表现了中共领导人毛泽东作为一个常人的兴致和情趣。如果是一位粗心的记者,他可能对此视而不见,或者不以为然,而斯诺不但抓住了这个动人的细节,并且使我们对一代伟人毛泽东的性格有了更深的了解,从一个侧面回答了当

---

① 潘伯善、王香君:《图书馆心理学》,武汉大学出版社1991年版,第210页。
② [美]斯诺:《西行漫记》,董乐山译,外语教学与研究出版社2005年版,第154页。

时人们对中共领导人是什么样的人的疑问。

范长江在《中国的西北角》中曾经描写过收账人到村的一个情景:"因为已届过年时节,田间工作已经完全停止,乡村的院落里,间或也有休息闲谈的农村家庭,气象也相当活泼。但是只要有一种戴貂皮小帽,穿着马褂,背上背着布口袋,口里含着长旱烟筒,一手拿着白布包好的账簿,一手提着打马棍,或者嘴上还留着八字胡的人,走近村子的门前,那个村子立刻变成了肃杀的气象。大人不讲话了,小孩也不闹了。主人的气势一泄,狗也不敢放声的狂咬,夹着尾巴退到一旁。这就是收账的人来了。"① 这里,既有收账人穿着相貌典型特征的详细描写,又有收账人到村后肃杀气氛的栩栩如生的描绘,中间还间杂着极具象征意义的细节:"狗也不敢放声的狂咬,夹着尾巴退到一旁。"刻画出过年时节地主、高利贷者等仍然不肯放松对农民的剥削的凶残面目,让人不禁发出"哀民生之多艰"的感慨。也由此可看出范长江观察之细致。

被周恩来称为中国的《西行漫记》的赵超构的《延安一月》,观察细致入微,描写翔实生动。这里,以他对丁玲的观察为例来说明,赵超构在一次延安文化界座谈会上初见丁玲时,丁玲给他的印象是大眼、浓眉、粗糙的皮肤、矮胖的身材,声音洪亮,豪饮,健谈,后来再次见面时,"一坐下,很随便地抽起烟卷来,烟抽得很密,大口的吸进,大口的吐出,似乎有意显示她的豪放气"②,一幅男性化的女作家形象,可是,在座谈会上,当甜食上桌的时候,她捡起两块,"郑重地用纸包起来,似乎有点不好意思,解释道,'带给我的孩子'"③。又显露出丁玲作为一个母亲和女性的另一面。这些细腻传神的细节,

---

① 范长江:《中国的西北角》,新华出版社1980年版,第128页。
② 赵超构:《延安一月》,上海书店出版社1996年版,第133页。
③ 同上书,第103页。

令读者过目不忘，假若没有赵超构全面细致独到的观察，我们是不会留下这么深刻的印象的。

萧乾的新闻作品善于从重大题材中择取典型事件、细节着手进行描绘，这同样是与其敏锐的观察能力是分不开的。萧乾善于运用极具代表性的细节刻画人物形象、描摹人性。在《流民图》中对一位老妇人的细节描写，突出反映了灾民的悲苦命运：她闭着眼，抖着，嘴里念着："我七八十岁的老太婆，受这个罪。"领到黑馍馍放到她怀里时，她用枯柴般的手牢牢抓着，死命地向嘴里塞，胸脯的瘦骨即刻起了痉挛。她恨不得一口全都吞下去。旁边那个妇人劝她慢些，她赶紧勒紧前襟，狠狠地瞪了那妇人一眼，以为是要抢她的那份。[①] 萧乾还用一系列反常的行为细节，表现出水灾对人性的扭曲："我迈过收容所的门槛，即刻一股难堪的气味扑鼻而来。那是一座祠堂，堂的中殿两厢都躺满了裹着破烂的人。我耳边充满了哭喊声。迎门，一个年纪近八十岁的老太婆正和一个小女孩争着一片破军毯。老太婆由脚步声觉出有人走近，就用她朦胧红肿的双眼寻找。她颤颤地嗫嚅着：'你小丫头，俺这把年纪，夜夜冻得睡不着，你抢啥！'"[②] 这些细节生动地反映了灾难背景下黎民百姓的命运。可以想象，如果萧乾在嘈杂的现场没有快速准确地观察到这些细节或观察得不仔细，就不可能在作品中予以生动的表现。

斯特朗在《中国人征服中国》中将常人视若无睹的中共四位领导人的舞姿与他们的个性联系起来，读来别具一格：

> 现在来看一看在延安舞会上出现的四位共产党领导人吧！从南京回来的首席谈判代表周恩来跳舞具有外交家风度。他

---

① 参见萧乾《人生采访》，河北教育出版社1994年版，第367页。
② 同上书，第372页。

的华尔兹跳得完美无缺，有时好得过于拘谨。同他跳完以后，你会想同扭秧歌的演员或俄国医生奥尔洛夫跳上一曲。这位俄国医生喜欢哥萨克式跺脚。然后人们还是会回到周恩来那里，因为它是第一流的舞蹈家。他跳舞时掌握的分寸和优雅自如的风度，使人想象到这正是他在南京谈判时所具有的素质。

刘少奇是仅次于毛的主要马克思主义理论家。他跳起舞有一种科学的精确性，一板一眼地，犹如二加二等于四。在开始跳过似乎有点拘泥于算术式的步子之后，便会来几下兴奋而奔放的舞步向高级数学迈进，大约跳三次舞当中便有一次这样的表现。这同他写的文章那样，在精练而准确的散文中，偶尔也使用一些鲜明的比喻。

朱德总司令跳起舞来像进行闻名的长征。不管乐队演奏什么曲子，他总是固定不变地跳他的一步舞。当乐队演奏迷人的华尔兹舞曲时，如果你正好是朱德的舞伴，你就可能会贪婪地注视着完美无缺的舞蹈家周恩来，他同同样完美的舞伴正轻盈地移动着舞步。但等到晚会最后，当你累得既不能走又不能站时，却仍可以同朱德跳舞。因为它的节奏具有一种耐力性，既不费劲又能持久，比静坐不动还自在。

领袖毛泽东在舞会上多数时间是坐着。有很多人想同他聊天。当他跳舞时，既轻松又坚定，好像为乐队规定了"党的路线"。有人说他没有节奏感，我不同意。他有一种他自己的坚定而微妙的节奏感，同音乐保持着最友好的联系，却又不盲目服从。作为他的舞伴，你必须密切注意，小心服从，随着微小的暗示而移动。如果你懂得他的节奏，他就会同你跳到结束。从几个方面看，同毛主席跳舞是一种喜悦。①

的确，"舞如其人"，周恩来的外交家风度，刘少奇的科学求实、适度灵活，朱德的忠厚忍耐，毛泽东大气中隐藏的一种内在的平衡等，通过斯特朗全面细致、敏锐深刻的观察，一一揭示了出来，而普通人或一般记者也许仅仅满足于现场的喧嚣，看个热闹，并不能完全察觉舞姿背后深层的意义，斯特朗的观察能力令我们不得不佩服。

4. 丰厚的知识储备

"欲成大河者，必长其源，欲成大事者，必固其基，源愈长，则此河之前途愈有浩荡奔腾之日，基愈固，则人生事业愈不敢限其将来。"② 所谓经典，必是博古通今、拥有深厚知识根基之辈所能成就。《红楼梦》之所以被称为"中国社会的百科全书"，就是因为这部巨著几乎涉及了社会生活各个方面的知识，诗词歌赋、琴棋书画、建筑装饰、花鸟鱼虫、医药占卜、官场皇室、酒家商肆、三教九流，应有尽有。没有深厚的文化知识素养，曹雪芹是不可能写出这样一部皇皇巨著的。"新闻经典"作为经典系列中的一员，如果作者没有丰厚的文化知识积淀，也难为经典。

范长江在《怎样学做新闻记者》一文中谈到记者的素质时认为：除了有正确政治认识与坚贞的人格之外，就是要有丰富的知识。这个知识，既要博，又要精。所谓"博"，就是常识要丰富。无论国际国内、上下古今的问题，虽然不能无所不知，但是一个记者无论如何要对非常广泛的学科知道一些简单的概念。至少能对许多问题，谈起来总能找着些门径，不能连几个基本名词都不懂。因为常识不丰富，一

---

① ［美］斯特朗（Strong, A. L.）：《斯特朗文集·中国人征服中国》（3），王厚康、吴韵纯译，新华出版社1988年版，第235—236页。
② 范长江：《中国的西北角》，新华出版社1980年版，第20页。

个记者的活动就很难展开。许多很忙的人物,叫他们对去访问他们的记者们上 ABC 的初级课程,他们一定不高兴。但是单单常识丰富,就会成俗语所谓:"门门懂,样样不通。"新闻记者是无法不分工的。所以每一个人在广泛的常识基础上,更应有自己的专长,如外交、经济、军事、政治等。在这些专门部门中,记者必须比常人精通,能有独到的见解。这样的记者的意见,才是权威的意见。①

正如范长江所言,在《中国的西北角》和《塞上行》中,我们可以看出范长江知识储备丰富,其对所经西北各地的历史、地理、军事等各方面情况是非常熟悉的。在其作品中,既有大量作为背景材料的历史知识,"凡在历史上有价值的地方,不论其价值是在民族斗争的方面,或者是在中国内战的方面,他都把它原原本本地讲出来"②;又有丰富的文学知识,据统计,在《中国的西北角》里,整首或摘句引用的古典诗词共 60 多处,《塞上行》中,比较完整地引用古代诗词有近十处,另外还有很多是部分引用,只《嘉峪关头》一文中就有十处之多。③ 同时,作品中还有大量的地理知识介绍,并绘有简明的插图,而且范长江凭借着对地理知识的熟稔,还纠正了当时的地图和《词源》上的一些错误(如下举例)。正是由于其丰厚的知识储备,范长江在采访写作时才会游刃有余。

> 但据若干地图上之记载,邓曾走左担山,左担山在平武东一百余里,其未过平武,似可成为定案。但过左担山后,系过今之南坝镇,抑系直入今江邮县东蜀汉所置之"江油戍",则记者目下尚无可信之参考资料,未敢臆定。

① 参见范长江等《范长江新闻文集》(上卷),新华出版社 2001 年版,第 1001 页。
② 范长江:《中国的西北角》,大公报 1936 年,三版代序,第 6 页。
③ 参见张金凤《范长江新闻通讯的特色及历史意义》,硕士学位论文,河北大学,2004 年,第 23 页。

惟就上述材料观之，世界舆地学社发行，上虞屠聪先生著之中华最新形势图，第二十图及第十四图之所示之古阴平道，系经康县、武都、文县、平武以至于今之江油，恐有相当可疑地方。①

泯河源出铺县东南之分水岭，至两河口合白龙江处，计长二百三十里，本为白龙江之支流，但《词源》误泯河为白龙江，不知真正之白龙江，其源在四五百里之外，若干地图上亦载之甚详。最有趣者，岷县南六十里之哈达铺，因在岷河上源，距分水岭三十里。此地本藏人地方，哈达铺即藏文地名。此地文人因哈达铺已入"文物之邦"，"番"名不能任其长存，乃根据《词源》，认岷河为白龙江，哈达铺在白龙江源上，因改名为"白龙镇"，并立煌煌大匾以记之。此所谓"尽信书，不如无书"者也。

丁文江、翁文灏、曾世英三先生编纂之各分省新图（二十三年本），关于岷县武都间之"大道线"，亦有错误。岷县至武都乃顺泯河而下，至两河口，又顺白龙江直下，并不经过西固。经西固者乃小道，绕路远而难行，如再南下欲入四川，则大道必经碧口，阴平寨却非大路所必经。②

邹韬奋两年多的流亡时间里，有一年零四个月时间是住在伦敦。他一边写作，一边到伦敦大学政治经济学院听课，并抽出了大量的时间流连于大英博物馆。在马克思、列宁读书和著述的地方，他系统地研读了马克思、恩格斯、列宁的主要著作，以及他们引述过或批判过的著作。通过阅读这些著作，邹韬奋的思考深度有了极大的飞跃。在《萍踪寄语》第三集弁言里，他提出了出国时所带的两大问题，即世界的大势和中华民族的出路问题的答案。他为《萍踪寄语》三集写的

---

① 范长江：《中国的西北角》，新华出版社1980年版，第12页。
② 同上书，第39页。

《弁言》向读者报告说："现在的世界，除苏联外，很显然的现象是生产力的进步已和生产工具私有的社会制度不相容。……要彻底解决这种'不相容'的问题，只有根本改造束缚这生产力的社会组织，代以为大众福利，尽量利用进步生产力的社会组织。"① 这就指明资本主义制度必将为社会主义制度逐步取代的趋势，认定中华民族解放的斗争"绝不能依靠帝国主义的代理人和附生虫。中心力量须在和帝国主义的利益根本不两立的中国的勤劳大众的组织"②。这些观点明显带有马克思主义立场和观点的印记，显示出邹韬奋已经开始有意识地运用马克思主义分析问题解决问题。

《西行漫记》《中国人征服世界》《人类的五分之一》等西方作品中，我们也可以看出作者对中国和世界历史、文化、政治、经济情况的理解和掌握程度。"察看一下斯诺著作的涉及面，人们很难相信，他并没有一个正式的研究班子协助他而是独立地进行工作。"③《西行漫记》中，斯诺对中国的历史和现实之深刻理解是令人敬佩的。比如书中"在保安"一节中对保安的介绍，以及对当时陕西的介绍，等等，表明作者不仅熟悉中国的古代史，也熟悉中国近代史和现代史。在有关"四大马"的叙述中，作者写道："为了要了解今日中国回民的情况，特别是马家——西北姓马的多如宁夏的青草，或者西方姓史密斯——的情况，一些历史背景知识是必要的，因此我们不妨停下来简单考察一下。"④ 接着，作者详细地叙述了马氏兄弟的历史和回民沿革。其历史跨度上溯至第六世纪。另外《西行漫记》的结构运用了中

---

① 邹韬奋：《萍踪寄语》，生活·读书·新知三联书店 1987 年版，第 218—220 页。

② 同上书，第 221 页。

③ ［美］玛丽·希斯科特：《斯诺教育了我们》，尹均生《斯诺怎样写作》，湖北人民出版社 1986 年版，第 84 页。

④ ［美］斯诺：《西行漫记》，董乐山译，外语教学与研究出版社 2005 年版，第 514 页。

国古典章回体小说的某些手法（一章或数章以一个人物为中心，一章一回完结后，用引子或悬念导入下一章回，使故事环环相扣）①，显示出斯诺对于中国文学手法的熟练运用程度。除了对中国历史、文学等的了解外，斯诺对马列主义的著作也有相当程度的了解。《西行漫记》一书中就有许多地方恰到好处地援引了列宁、托洛茨基和斯大林的著作。作者在文中还多次使用了"中国革命""中国社会革命""中国共产主义运动""共产国际"等字眼，并且有《苏维埃社会》《俄国的影响》《中国共产主义和共产国际》等章节，比较全面地分析介绍了中国共产党人活动的性质、形势和前景。斯诺回忆他在30年代读过的东西中就包括"某些马列主义原著"，以及欧洲和亚洲的共产主义运动史。②爱泼斯坦关于抗日战争的著作《中国未完成的革命》，是他1944年以美国《时代》杂志、《纽约时报》和联合劳动新闻社的记者身份参加中外记者团延安之行和访问晋绥解放区进行现场采访以后的产物。在中外记者团的记者们出版的作品中，《中国未完成的革命》独树一帜，它没有仅仅描绘到延安后的所见所闻所感，而是从鸦片战争开始追溯100多年来中国革命的历史进程，并将当时的中国抗日战争放置到整个亚洲革命的大背景下予以观照，将中国人民的伟大斗争作为日益觉醒的整个东方被压迫民族挣脱殖民主义奴役枷锁的典范来看待。对中国和亚洲历史、政治、社会状况的谙熟，保证了作者在写作时谈古论今，纵横捭阖，游刃有余。斯特朗的《人类的五分之一》中有相当大的篇幅是在描述评价中国的地理、中国几千年的文化及中国自鸦片战争以来至抗日战争的革命历程，从本书的几个章节名即可看出："俯瞰中国""四千年遗产""西方闯入中国""革命高潮"

① 参见尹根生《斯诺怎样写作》，湖北人民出版社1986年版，第125页。
② 参见［美］休梅克（Shewmaker K. E.）《美国人与中国共产党人》，郑志宁等译，吉林文史出版社1989年版，第275页。

"日本以华制华""中国走向团结",犹如一部中国风土人情、历史文化的纪录片,显示出作者作为一个中国通对于中国情况的熟悉程度。

5. 卓越的分析能力——"新闻经典"与历史经典的联系

"新闻经典"之所以能够成为"新闻经典",其中一个核心的要素是其卓越的分析问题的能力,尤其是"新闻经典"善于将新闻事件放在历史的长河和宏观的背景中去审视其地位和意义,并以历史的眼光高瞻远瞩,准确预测新闻事件的发展脉络及其走向。这也是"新闻经典"向历史经典转化的关键。虽然从时间的维度衡量,"今天的新闻是明天的历史",但并非所有的新闻都能被载入史册,只有那些能够记录在历史上具有重要意义的事件,并且善于以历史的视角去分析该事件的新闻文本才有可能成为历史文本。美国新闻学者伯纳德·罗斯科提出:

"当一则报道不再是新闻时,它并不是成为'历史',而是成为'档案'。派克指出,新闻'一般而言,仅止于处理一些独立事件,并未试图建立起其间的关联性……历史则不仅描述事件的发生,还更进一步为事件寻找恰当的历史定位'。要从片断的资讯中辨认趋势或厘出原则,并不容易。这正是为什么新闻只能为历史提供素材,而不能自成为历史的原因。当新闻逐渐褪色之时,也就是历史开始为新闻事件进行评估、寻找定位的时候。美国当代历史学家威廉·麦尔尼(William Mc-Neill)就曾隐约区分'新闻判断'及'历史判断'的不同:历史上的重大转折点并不容易辨识。少数历史性转折点在事前有迹可循,例如第二次世界大战的开始及结束。但大多数的历史关键则常是在很久以后,当人们重新回顾时,才得以在日常事件的泡沫之下,发现隐藏其中的暗流。"[①]

---

① [美] Bernard Roshco:《制作新闻》,姜雪影译,(台北) 远流出版事业股份有限公司 1994 年版,第 25 页。

新闻不能成为历史，只能沦为档案，这种说法虽然有些绝对，但伯纳德·罗斯科的一番话提示我们，新闻与历史之间并非是一种自然而然的转化关系。"新闻真实不等于历史真实。对新闻而言，它所要求的更多的是'符合性'真实，即所述事实与客观存在的事实相符。而历史要求的真实，则更侧重于'融贯性'，即'如果一个陈述被表明可以和我们所准备接受的其他一切陈述相融贯或者适合，那么它就是真的。'"① 因此，新闻要向历史转化，除了描述新闻事件之外，还应该建立新闻事件与其他事件之间的关联，对新闻事件进行历史的评估，为其寻找恰当的历史定位。而其之所以能够为新闻事件建立历史的联系，一方面在于能够从历史出发，以历史的视角衡量新闻事件的意义；另一方面具有历史的预见性，能够从历史的脉络中找寻新闻事件之于未来发展的价值，较为准确地预测新闻事件的未来发展走向。"新闻经典"向史学经典的转化，即在于此。我们这里以《西行漫记》为例来分析。

《西行漫记》不但是一部"新闻经典"，更是一部历史经典。实际上，后人更多的是从历史学著作的角度来评价这本书的。1968 年美国出版的《西行漫记》在扉页上刊登了《纽约时报》的评论："斯诺最成功的作品已超出了新闻学范围而成为杰出的历史篇章。"② 约翰·汉密尔顿认为，《西行漫记》"是经得起时间考验的历史记录，是关于中国早期共产主义运动，毛、周及其他领导人生活以及长征的原始资料"③。美国历史学家肯尼思·休梅克非常推崇《西行漫记》，

---

① 关悦：《新闻真实与历史真实之辨——对〈西行漫记〉成功因素的案例分析》，《今传媒》2005 年第 4 期，第 11 页。
② 崔维征：《论斯诺陕北之行以前的思想发展》，刘力群《纪念埃德加·斯诺》，新华出版社 1984 年版，第 397 页。
③ ［美］约翰·汉密尔顿：《想起了埃德加·斯诺》，刘力群《纪念埃德加·斯诺》，新华出版社 1984 年版，第 388 页。

把它列为自己写作《美国人与中国共产党人（1927—1945 年）》时的主要参考书。还有很多的西方学者也认为："这本长达 450 页的资料汇编，几乎每一页在表现十五年前的中国共产主义运动的主要方面，都具有历史价值"，"是我们所掌握的有关中共夺取政权之前的组织和生活情况唯一最全面的证据"，"是研究现代中国的历史学家的主要资料"。① 美国国务院将它列为了解中国历史背景的二十部最佳著作之一。

中国的革命领袖和专家学者对此书的史学价值也有共识。毛泽东本人在 1939 年延安干部会议上说："《西行漫记》是一本真实地报道我们的情况，介绍我们党的政策的书，是外国人报道中国革命最成功的两部著作之一。"② 胡愈之作为 1938 年中译本《西行漫记》的主要译者，在为该书 1979 年重译本所写的序文中也指出，"该书是忠实描绘中国红色区域的第一本著作"，"初版《西行漫记》和以后新译本的内容，大部分都是斯诺亲自采访的第一手资料，至今仍是重要的历史资料"③。还有学者指出，"斯诺的《西行漫记》以作者的实地考察、丰富的第一手材料和可靠的调查资料，在中国广阔的社会背景上，揭示了中国无产阶级革命的必然性和正义性，生动地描绘了中国共产党人和红军战士的伟大斗争，以及领袖人物的远见卓识和精神风貌……报道了中国现实的深度和背景的广度，使它具有中国新民主主义革命时期百科全书的色彩"④。

其之所以成为历史学经典著作，除了记录的是在历史上具有重

① 周洪钧：《〈西行漫记〉与中美关系——〈西行漫记〉与我》，国际文化出版公司 1991 年版，第 93 页。

② 吴黎平：《毛泽东一九三六年同斯诺的谈话》，人民出版社 1979 年版，序言。

③ 侯且岸：《毛泽东研究史论》，北京出版社 1995 年版，第 10 页。

④ 尹均生：《杰出的新闻记者斯诺和报告文学〈西行漫记〉》，《华中师范大学学报》1982 年第 2 期，第 58 页。

要意义的新闻事件之外，也在于其善于以历史的视角分析新闻事件。他总是将新闻事件放在历史的天平上去衡量，而其一旦将新闻事件作为古今中外的历史长河中的一段去审视的时候，新闻事件也就不单纯是孤立的事件，而是与其他事件相联系的整体，从而实现对新闻事件进行恰当的历史定位。比如在分析西安事件时，斯诺写道：

中国人是一个实用主义者的民族，大多数中国人评断西安事变基本上不涉及伦理道德观念。中国历史上当然充满了类似的事件，特别是在描写封建斗争的旧小说中，这是中国将领几乎每个都背得滚瓜烂熟的。而且近代的先例也不少。一九二四年，"基督将军"冯玉祥把当时的中国大总统曹锟逮捕幽禁，强迫他接受他的政治要求。冯玉祥在公众心目中的人望迅速上升。他今天是蒋介石的军事委员会的副委员长。最近的其他例子是蒋介石本人提供的。他在不久以前"扣留"了已故的胡汉民，后者是他的"把兄"，国民党中的长辈和劲敌。另一个例子是绑架李济深将军。蒋介石把他扣留在南京一直到把他的政治势力搞垮为止。

其次，必须记住中国还不是个民主国家，在政治斗争中常常恢复到纯封建手段。在报纸遭到完全控制，人民被剥夺政治权利的情况下，人人都知道要向南京进言或者改变它的政策，只有一个有效办法，那就是武装示威，即中国人所说的"兵谏"，这是中国政治斗争中公认的一种手段。把感情暂且撇在一边不说，可以认为张学良对独裁政权头子采取直接行动，是选择了最人道的、最直接的办法，来达到自己的目的。所花的生命损失最少，流血最少。不错，这是一种封建的方法，但是张少帅要对付的人物是一个凭直觉就能了解他自己在半封建政治中的枢纽作用的人物。他的行动是根据极端现实主义来考虑的，今天一般人都认为，这一行动的客观历史效果是进步的。

这里斯诺没有以西方人固有的偏见出发，对西安事件肆意歪曲，极力反对，而是从中国的历史现实出发，将西安事件之于中国人和当时中国政府的意义揭示了出来。西安事件不是某些西方人所评判的是一次反叛，从中国的历史和现实来看，西安事件是在当时还不是民主国家的中国所采取的有效的改变南京政府政策的手段，这一行动的历史效果是进步的。

历史的预见性也是"新闻经典"上升为史学经典的一个重要因素。综观史学经典巨著，其之所以成为史学经典，一个重要原因乃在于其不单单描述历史事件，而是要从历史事件中追寻历史发展的轨迹和规律，所谓"究天人之际，通古今之变，成一家之言"，即在于此。因此，能否预见未来发展趋势是一部历史著作能否成为历史经典的原因所在。斯诺的《西行漫记》就是这样一部著作。当年与斯诺一起冒险前往陕北苏区的马海德医生曾写道，"当新中国还在摇篮里的时候，他已看到了她是巨人"①。斯诺的挚友路易·艾黎更指出，斯诺是一位"不仅记录了历史，而且创造了历史"② 的了不起的作家。中国问题专家费正清评论《红星照耀中国》说："由于埃德加·斯诺的努力，本书在这两个方面都经受住了时间的考验——一是作为对历史的记

---

① ［美］洛伊斯、惠勒、斯诺：《"我热爱中国"》，董乐山译，生活·读书·新知三联书店1978年版，第5页。
② 同上书，第2页。

录，二是作为对历史趋势的预见。"① 《埃德加·斯诺传》（*Edgar Snow，abiography*）一书的作者约翰·汉密尔顿（John Hamilton）所认为的：《红星照耀中国》"遥遥领先于其他（那些后来去苏区访问者所写的）报道，这不仅仅是由于它的准确，还由于它对中国即将发生的事件有明确的说法，即中国共产党人的目的是要建立一个真正和完整的、符合马克思主义构想的社会主义国家"。② 约翰·汉密尔顿在评论斯诺的著作时曾强调这么一点：《西行漫记》所记载的历史，是很有保存价值的财富，是理解早期中国共产主义运动的基本材料。不过这本书比后人所写的同类书更有价值的地方在于，它不仅具有正确性，还有"对中国事业发展的预见性和规律性总结"③。《西行漫记》在全书的最后对中国革命所作的热情的预言，被实践证明完全符合历史发展的轨迹："中国已有成千上万的青年为了民主社会主义思想捐躯牺牲，这种思想或者这种思想背后的动力，都是不容摧毁的。中国社会革命运动可能遭受挫折，可能暂时退却，可能有一个时候看来好像奄奄一息，可能为了适应当前的需要和目标而在战略上做重大的修改，可能甚至有一个时期隐没无闻，被迫转入地下，但它不仅一定会继续成长，而且在一起一伏中，最后终于会获得胜利，原因很简单，产生中国社会革命运动的基本条件本身包含着这个运动必胜的有利因素。而且这种胜利一旦实现，将是极其有力的，它所释放出来的分解代谢能量将是无法抗拒的，必然会把目前奴役东方世界的帝国主义的

---

① ［美］斯诺：《西行漫记》，董乐山译，外语教学与研究出版社 2005 年版，费正清序。

② ［美］约翰·汉密尔顿：《埃德加·斯诺传》中译本序言，辽宁大学出版社 1990 年版，第 89 页。

③ ［美］约翰·汉密尔顿：《埃德加·斯诺传》中译本序言，刘炳章等译，辽宁大学出版社 1990 年版，第 89 页。

最后野蛮暴政投入历史的深渊。"① 在中国革命遭受重大挫折的时候，在外界看来中共行将灭亡的时候，斯诺却得出了如此振聋发聩的历史性结论，的确令人深思、令人关注。

一名中国学者在比较《西行漫记》和《中国的西北角》《塞上行》的历史影响力时，认为"对历史的影响力，《中国的西北角》及范长江后来相似题材和内容的《塞上行》，都要逊色于《西行漫记》。这主要是因为在当时政治形势和社会进程都一片混沌的情况下，《中国的西北角》对中国革命做了客观而不置可否的纪实，而《西行漫记》则做了坚信不移的肯定"②。《西行漫记》1979 年中文版的翻译者董乐山将其与《震撼世界的十天》做比较时认为，"《红星照耀中国》的国际影响，也许可以用约翰·里德的《震撼世界的十天》同它相比。同样是关于一个国家革命的客观权威报道，但是里德的书写的是关于一场成功的革命，而斯诺的书写的是关于一场尚在进行中的革命，这场革命不说是受人误解的，至少也是不为人所知的"③。不单单与《中国的西北角》《塞上行》《震撼世界的十天》相比是这样，与"3S"中的其他两位——史沫特莱和斯特朗相比也是这样。仅从其书名即可窥见三位记者的历史预见能力。斯诺的《西行漫记》其英文名是 *Red Star Over China*，而在此之前，斯特朗和史沫特莱的著作名同样使用了 RED 一词。斯特朗 1928 年、1929 年、1930 年，访问了苏联的中亚地区。1929 年访问中亚萨马尔罕之后，她写了 *Red Starin Samarkand*（《萨马尔罕的红星》）一书。史沫特莱 1934 年出版的《中国红军在前进》（*China's Red Army Marches*），同年由莫斯科的外国工人合作出版时，改名为《红水流遍中

---

①　[美] 斯诺：《西行漫记》，董乐山译，外语教学与研究出版社 2005 年版，第 710 页。

②　王火炬：《从〈西行漫记〉看新闻作品的历史价值》，《郑州大学学报》1999 年第 7 期，第 125 页。

③　尹均生：《斯诺怎样写作》，湖北人民出版社 1986 年版，第 58 页。

国》（*Red Flood Over China*）。① 3S 与 3Red 如表 5 - 1 所示。

表 5 - 1 　　3S 与 3Red

| 斯特朗：*Red Starin Samarkand* |
| 斯诺：*Red Star Over China* |
| 史沫特莱：*Red Flood Over China* |

三部著作中，斯特朗的 *Red Starin Samarkand* 描绘了当地苏维埃政权在反腐败、反作为剥削人借口的宗教、反地主过程中遇到的问题以及教育、妇女自由运动、公正执法、住房、就医、儿童福利等方面的发展。② 著作名 *Red Starin Samarkand*，表达了斯特朗对苏维埃政权在当地成就的赞美，他们的工作已经取得了显著的成绩，犹如红星普照萨马尔罕大地；史沫特莱的 *Red Flood Over China* 是对中国红军以不可阻挡之势冲击全中国气势的如实描绘，作品出版于 1934 年，描绘了 1927—1932 年在中国共产党领导下，成立中华苏维埃共和国的建军史话。当时虽有国民党的围追堵截，但是红色革命仍然如洪水一样冲破重重阻碍，向外四溢，著作名 *Red Flood Over China* 是对当时红色革命发展情形的形象描绘。相比斯特朗和史沫特莱著作名对当时社会状况的如实描绘不同，斯诺的 *Red Star Over China* 则隐含了斯诺对当时依然处于弱势的红色政权的历史预见性，它如同悬挂在中国上空的闪闪红星，代表着中国的希望和未来。因此，从《西行漫记》的英文标题中即可窥见斯诺对时局的预见能力。

《中国震撼世界》同样也不逊色于《西行漫记》。作者由现象到本质，由解剖麻雀到宏观审视中国历史发展的潮流，最后用一章的篇

① 参见戈宝权《史沫特莱的生平和著作》《图书馆学通讯》1980 年第 3 期，第 45 页。
② 参见 Brian Reid, "Building Socialism In Soviet Turkestan", *Labour Monthly*, Vol. 12, October 1930, No. 10, pp. 638 - 639。

幅《中国综述》，从权力、财产、自由三大方面分析和预测了中国共产党领导的人民革命。如贝尔登在《中国震撼世界》一书的最后通过细致地分析中国共产党领导翻身运动的做法，对运动做出善意的提醒："斗争"的方法在那些肆无忌惮的干部手中是一种很危险的武器。实际上"斗争"这个词在一些地区具有很不祥的意义。只要一提"斗争"，就足以把反对派吓倒。中国共产党人很以其"自我批评"的方法而自豪，这不无道理。因为只有不断检查自己，他们才能改正错误，防止陷入教条主义的危险。但是"检讨"和"整风会"的目的常常不仅是为了纠正干部对群众的教条主义态度，而且是为了改变同党的政策不一致的个人信念。许多从蒋管区投过来的知识分子私下告诉我，他们开始时很讨厌这些批评会议，但后来逐渐愿意参加这些会议是因为这些会议有助于他们改造"世界观"。虽然这种思想统制的方法还未搞得太过分，但它有可能扼杀人们的活跃思想，使人们完全按照党的政策进行思考和活动。[1] 中国后来的发展无疑应验了贝尔登的预言。新中国成立后，1957年发动的整风运动迅速转向，变成了整人的"左倾"运动；十年"文革"期间，"斗争"和"检讨"更是达到了登峰造极的地步，无数人遭受身心迫害。这些反面的教训告诉我们，中国要在政治民主化建设征程中不断前进，更好更健康地发展，必须极力避免这些极端行为。由是视之，杰克·贝尔登的《中国震撼世界》对于当今的中国仍不无裨益。于如今的西方而言，这部作品同样具有价值，它启示我们如何规避类似中国内战时美国对华错误政策之类的决策。这类决策失误已经不止一次地重演，当年的对越战争如此，后来美国的伊拉克战争又何尝不是如此？美国唯有从历史中吸取

---

[1] 参见［美］杰克·贝尔登（J. Belden）《中国震撼世界》，邱应觉等译，北京出版社1980年版，第634—635页。

教训，才能避免类似决策失误的再度发生。

6. 极强的写作技能——"新闻经典"与文学经典的联系

"新闻经典"文本写作与一般的新闻作品写作不同之处在于除了传达信息这一基本功能外，往往还借鉴各种文学写作手法，满足受众的审美需求，特别是当事件时过境迁、信息传递属性消逝之后，其审美属性就会越发凸显。对此，萧乾有着清醒的认识，他在《人生采访》的前言中说，这些文字涉及的地方虽然不同，写作时期也不一样，但我有的只是一个企图，那就是褒善贬恶，为受蹂躏者呼喊，向黑暗进攻。这企图可笔直地与我另外一个野心相冲突。那就是怎样把新闻文章写得稍有点永久性，待事过境迁后，还值得一读。淘汰了又淘汰，我的字纸篓填得满满的，然而自己看看，这里的文字事实有之，"正义感"有之，缺少的却是点时间防腐剂。我希望在未来的十二年间，再多练习一下。① 而萧乾增加时间防腐剂的策略之一即广泛运用文学艺术的表现手法和技巧，在传达信息的同时，增加文章的审美属性。

大凡"新闻经典"，都会运用各种文学表现手段和手法来增加作品的美学价值，延长作品的生命周期。这首先主要表现在人物的塑造和人性描写上。文学最终吸引读者的是那些个性鲜明、感情丰富的人物。文学"经典文本宛如一块晶莹剔透的水晶体，其意义随语境和视角的变换而变换，似乎永远不会穷尽。这其中有个原因，那就是经典文本聚焦于人。从哲学意义看，人是最复杂的，德国哲学家马克斯·舍勒认为，'人从未像我们现在那样对自身充满疑问'。而疑问越多越大，人探索自我，探寻人之本质的渴望就越强烈"②。对活生生的人视

---

① 参见萧乾《人生采访》，河北教育出版社1994年版，前言。

② 梁旭东：《遭遇边缘情境：西方文学经典的另类阐释》，北京大学出版社2004年版，序言第1页。

若不见、洞察不深的作者不可能成为经典作家，其作品也不可能成为经典作品。文学经典是这样，"新闻经典"也是这样。虽然新闻文本以事件为中心，文学文本以人物为中心，新闻与文学的不同曾被人称之为事学和人学之别，但是"新闻经典"由于多出自通讯、报告文学之类的新闻边缘体裁，这些题材的文学性较强，在人物塑造和人性描写方面更胜单纯事态陈述的消息一筹。因此，新闻与文学"事学"与"人学"截然不同的划分界限并不像消息那样泾渭分明。

斯诺在《西行漫记》中就描写了周恩来、毛泽东、彭德怀、林祖涵、徐海东等一批中共领导人的形象，读来个性鲜明，栩栩如生。

——周恩来：他个子清瘦，中等身材，骨骼小而结实，尽管胡子又长又黑，外表上仍不脱孩子气，又大又深的眼睛富于热情。他确乎有一种吸引力，似乎是羞怯、个人的魅力和领袖的自信的奇怪混合的产物。他讲英语有点迟缓，但相当准确。①

不知怎么，当他陪着我走过安静的乡间田埂，穿过芝麻田、成熟的小麦田、沉甸甸地垂着穗的玉米田，回到百家坪去时，他似乎是一点也不像一般所描绘的赤匪。相反，他倒显得真的很轻松愉快，充满了对生命的热爱，就像神气活现地仿佛一个大人似的跟在他旁边走的"红小鬼"一样，他的胳膊爱护地搭在那个"红小鬼"的肩上。他似乎很像在南开大学时期演戏时饰演女角的那个青年——因为在那个时候，周恩来面目英俊，身材苗条，像个姑娘。②

——毛泽东："他是面容瘦削，看上去很像林肯的人物，个子高出一般的中国人，背有点驼，一头浓密的黑发留得很长，双

① ［美］斯诺：《西行漫记》，董乐山译，外语教学与研究出版社2005年版，第72页。
② 同上书，第82页。

眼烔烔有神，鼻梁很高，颧骨突出。我在一刹那间所得到的印象，是一个非常精明的知识分子的面貌……"① "毛泽东是一个令人极感兴趣而复杂的人，他有着中国农民的质朴纯真的性格，颇有幽默感，喜欢憨笑。甚至在说到自己的时候和苏维埃缺点的时候他也笑得厉害——但是这种孩子式的笑，丝毫也不会动摇他内心对他目标的信念。"② "毛泽东在我的印象中是一个有相当深邃感情的人。我记得有一二次当他讲到已死的同志或回忆到少年时代湖南由于饥荒引起的大米暴动中发生死人事件的时候，他的眼睛是润湿的。"③

他还写到毛泽东在谈话中或安详地拍着前门香烟，或在房里来回踱步，或在斯诺做记录时，倚着桌子读一叠报告。有一次谈到深夜，一只飞蛾扑向蜡烛，毛泽东和夫人贺子珍一起去捉住这只翅膀上有橘黄色和玫瑰色斑纹的小蛾。还有一次，与斯诺谈话时，"心不在焉地松下了裤带，搜寻着什么寄生物"④，甚至"当着红军大学校长的面前松下裤子"⑤ 寻找虱子。

——彭德怀：他同部下一样，只有两套制服，他们都不佩军衔领章。他有一件个人衣服，孩子气地感到很得意，那是在长征途上击下敌机后用缴获的降落伞做的背心。我们在一起吃过好几顿饭。他吃得很少很简单，伙食同部下一样，一般是白菜、面条、豆、羊肉，有时有馒头。宁夏产瓜，种类很多，彭德怀很爱吃。可是，好吃惯了的作者却发现彭德怀在吃瓜方面并不是什么对手。但是在彭德怀参谋部里的一位医生前面只好低头认输，他

---

① ［美］斯诺：《西行漫记》，董乐山译，外语教学与研究出版社2005年版，第106页。
② 同上书，第110页。
③ 同上书，第116页。
④ 同上书，第118页。
⑤ 同上。

的吃瓜能力已为他博得了"韩吃瓜的"这样一个美名。①

——林祖涵：一天早上，这位五十五岁的长征老战士来到了我在外交部的房间，满面春风，身上穿着一套褪色的制服，红星帽檐软垂，慈蔼的眼睛上戴着一副眼镜，一只腿架已经断了，是用一根绳子系在耳朵上的。这就是财政人民委员!②

——徐海东：新来的那个人马上面露笑容，脸涨得通红，嘴里露出掉了两个门牙的大窟窿，使他有了一种顽皮的孩子相，大家不由得都笑了。③

这些人物肖像、行为等的描写，观察深刻，用语准确，恰到好处，大大深化了人们对毛泽东、周恩来、彭德怀、林祖涵、徐海东等人个性的认识。虽然新闻作品写人与文学作品写人有着明显的不同，新闻写人，但那是事件中的人，人随事出。文学也写事件，而且离不开事件，但是借事写人。"新闻写人的客观存在，笔触客观地扫描他的所作所为；文学写人的内心世界，笔锋伸向灵魂深处，探寻他的思想和感情。"④"新闻经典"虽不能像文学经典一样淋漓尽致地描摹人的内心世界，但通过客观地呈现人的行动、外貌等外在表现，这些"新闻经典"同样展现了一个人的内心世界，给人留下深刻印象。

人物形象的塑造和人性的描绘使得"新闻经典"与文学具有了一定的相通性，同时，"新闻经典"还通过各种文学表现手法、修辞手法的运用来增加作品的形象性、生动性。

文学的主要表现手法是描写，从描写的风格和详略程度来划分，

---

① ［美］斯诺：《西行漫记》，董乐山译，外语教学与研究出版社 2005 年版，第 438—440 页。

② 同上书，第 378 页。

③ 同上书，第 490 页。

④ 梁衡：《新闻原理的思考》，人民出版社 1996 年版，第 106 页。

描写分为白描和细描两种，细描是对事物的主要特征做细致入微的刻画，白描则是粗线条勾勒事物的主要特征，文字简洁质朴，不尚修饰。对于新闻作品来说，由于其时效性的限制和真实直接反映现实生活的特点，决定了新闻作品应当更多地运用白描手法。较为典型的例子是萧乾在《人生采访》中对于水灾和灾民的描写。《流民图》全文就是由许多色彩浓重的场面组成的。他以具体逼真的近景白描，为我们刻画出了一幅凄楚不堪的"流民图"，他没有用今天报告文学作家常用的"全方位多视角"的全景描写，甚至没有用一个统计数字，而是根据自己的所见所闻，形象生动地描写了这场水灾给中华民族特别是给农民带来的巨大灾难。在《大明湖畔啼哭声中》中，作者对惨状作了全面的描述：

> 由车站向四周眺望，济宁可说是整个浸在汪洋大水里了。不错，我们还看得见树梢，甚至屋顶，但屋顶旁边却可以航行丈长的船，用这银亮亮的一片作背景，栖在站台上，铁轨旁田埂上，郊野坟堆上的，是一眼望不到边的难民。虽然站台旁大有几座大席棚，但是难民太多了，只有极少一部分幸运者得以享受那份恩泽。任你向哪处走，地上都免不了肮脏的尿迹，在那上面，就铺着草卷，席头，破被，蜷伏着无精打采的人们，饥饿夺去了他们奕奕的目光，也夺去他们生存的魄力。大头瘦脸的婴儿抓着松软无乳的奶头，非等绿豆蝇叮得太厉害才哭叫一声。苍老妇人扶着拐杖，阖目想念着她几代创建的家园。八十岁的老翁仰头只是"天哪天哪"地叹息着……①

这里既有济宁水灾全景的描绘，又有中景的描写，最后再加上婴

---

① 萧乾：《人生采访》，河北教育出版社1994年版，第365—366页。

儿、女人、老翁的特写，犹如电影画面，由远景慢慢拉近，描摹出一幅凄惨的人间悲剧。

除了描写外，抒情和议论也是文学作品时常运用到的表现手法。

关于抒情，新闻作品中，由于客观性的要求，直抒胸臆的抒情较为少见，更多的是借景抒情。仍以《人生采访》为例来说明。在离开灾区时有这么一段话：

> 清早我们由那县城出发时，护送我们登船的除张科长，一位黄衣警察，一位卖烧饼的老人外，还有的是飘在船篷上的几朵灰云。船一解缆，老人便走向别处寻找主顾去了，船靠近一个村落时，警察也登了岸，但那几朵灰云却总愁苦地紧紧跟踪在我们后面，水那么阴森、悒郁，像是大地受难者呼出的一股叹息。过黄庄，沿堤走不上几步，头上的云朵竟如耐不住委屈的孩子般落下冰凉沉重的雨点来。越落越密，把我们淋得透。隔着湿漉漉的头发，我们看到宿羊山了。一个光秃黯黄的小山，坡上蠕动着密匝匝的一群，无助地在雨中颤抖。由同行的朋友知道那便是浴劫后的一簇残生，收容所的难民。①

萧乾拿灰云说事，采用拟人化的手法，将天气的变化与人间的悲苦联系起来，表达了自己对这场水灾惨剧深深的同情。

关于议论，在"新闻经典"作品中也较为常见，当然，与纯粹说理的议论文不同，新闻作品中的议论较多的是夹叙夹议和卒章显志。夹叙夹议和卒章显志的手法在中国记者创作的"新闻经典"作品中更为常见。譬如在黄远生的《远生遗著》，范长江的《中国的西北角》《塞上行》，邹韬奋的《萍踪寄语》《萍踪忆语》，萧乾的《人生采访》

---

① 萧乾：《人生采访》，河北教育出版社1994年版，第379—380页。

等作品中比比皆是，随处可见。这或许与中国文人论政的情怀有关。中国的士（或曰儒生、读书人）一直有清议的传统。"天听自我民听，天视自我民视"，臧否人物，议论时弊，以儒家的原则不断地弹劾往往向法家倾斜的帝王。正如费正清发现的："中国有过一个强烈而确有感召力的传统，每个儒生都有直言反对坏政府的道义责任。"这一传统也深深地影响了我国的报人。1941 年，中国新闻学会在成立宣言中指出：我国报业之所以与各国不同者，盖大抵为文人发表政见而设……此种风气，今犹遗存。① 文人论证的一个显要特点即笔锋常带感情，作者怀着高度的社会责任感和爱国主义情操，议论时政，臧否人物。这一特点自我国古典文学起就一直存在，我国新闻作品深受古典文学传统的影响，譬如早期的新闻通讯就脱胎于中国古代的传记和游记，因此，夹叙夹议、卒章显志的文学写作手法也在中国通讯、报告文学等作品中传承了下来。

修辞手法是文学写作手法在新闻作品中的微观应用。尽管不是所有的文学修辞手法都可以运用到新闻作品中，但是修辞手法的运用可以增加新闻作品的文学性，使之更加通俗易懂、生动形象。我们这里仅举几例来说明。

> 比喻：饭后上楼，把灯关上，推窗一看，交叉了长臂般探照灯的黑空，这时正飘下照明弹数枚，徐缓灿烂，宛如烟火，给伦敦这古城罩上了层淡黄光辉。云端银亮闪光的是气球，点点超出的是教堂尖塔，大伦敦幽静森凉，如一中古僧院。还正欣赏这幅画呢，咚咚咚，高射炮动手了。地上一股粉红的光亮，到黑空就是朵橘黄的花。照明弹这时越降越低，也越暗了，终变成如刚熄

---

① 参见傅国涌《"文人论政"：一个已中断的传统》，《社会科学论坛》2003 年第 5 期，第 52 页。

的烛捻；随后又一阵光亮，这回花是开在地上了，而且带着巨强的爆炸。再一刻地平上供起微紫的光来，一撮红的火焰随之由地上腾起。火越腾越高，而左近新的火苗又冒了出来。① ——《人生采访》

本质上，海外华侨虽同是过着寄人篱下的生活，却应分做两种。一是像记者一样，出去几年就回来的；二是移居外土，家产、事业、儿女都在海外，有时到数代之久的。在散居全球八百万华侨中，多一半是后者。第一种华侨各地都有，后者却多在美洲和南洋。南洋的五百余万华侨，一半是在马来亚。前一种侨民有如盆花，到外土接点露水，后者却如一棵树干的蔓枝，虽然隔墙搭到邻舍，却与树干依然连着；然而正因为搭过墙那边去，不免要受贵邻的调摆，等果实成熟了时，也不免被人摘去一些。如果对盆花忽略了些，关系是不大的——终究他们期满还得回来。搭过路那边的蔓枝是没有回来的义务的；而且所以搭过墙去是正因为这边缺少伸展的余地。主持侨政的责任似乎是在如何明了隔院的环境，以便培育蔓枝与树干的关联，并扶持蔓枝的生长。② ——《人生采访》

草场上布满着被剪去了毛的羊群，好像美丽的公园草地上，暂时为受难群众所寄驻。③ ——《塞上行》

赫尔利确也是特别的，他仪表堂堂，有着一簇坚硬的胡髭，一丛飘垂白发，一个挺直如枪铣的身材。穿起军装，佩带上所有的勋章，他简直就是一个现代少将的模型。他是一个长于辞令的

---

① 萧乾：《人生采访》，河北教育出版社1994年版，第144—145页。
② 同上书，第194—195页。
③ 范长江：《塞上行》，新华出版社1980年版，第58页。

人，对于粗俗的词汇有着特别的爱好。① ——《中国的惊雷》

战争是残酷的，炸弹是致命的，然而在萧乾的笔下，炸弹却如一株株漂亮的花朵，艳丽异常，以喜写悲，更显其悲，第一则例子中，萧乾没有写炸弹给人们的致命伤害，却如描绘一幅画一样描写了炸弹掷下来的情景，在如花的文字中，我们感受到的却是炸弹丢在地上后血肉横飞的凄惨。在第二则比喻中，萧乾将移居海外的华侨比喻为蔓枝延伸到邻居家的树干，虽然根系仍在中国院内，但由于中国院内缺少树木生长的空间，蔓枝延伸到了邻院，因此不免受到邻居的调理，果实成熟后也难免为人家所摘去一些。可见虽然明里写华侨的遭遇，暗中揭露的却是当时中国政府的无能，不能保护本国民众的利益。第三则比喻中，范长江将剪去了毛的羊群比喻为受难群众，暗指当时的百姓如羔羊般受人主宰，苦寒无助。第四则比喻中白修德将赫尔利的身材比喻为枪铣，用语极为巧妙，让我们联想起赫尔利虽然担任的是国共两党调停人之职，但是为了美国利益，处处倾向于国民党，国共内战在美国的调停下一触即发。

拟人：按照苏联的法律，十八岁为成年。以国龄而论，则庶联到明年就有自立的资格了。在这小孩初出世的时候，人人料他先天不足，后天失调，一定会短命。谁知他立志不凡，不要绅士的假面具，只学工艺的真本领，不管旁人讥笑，总不改变计划，因为生活有条理，倒反而操练出一表人才。许多蓄意瓜分他家财产的土豪，到此竟踟蹰着不敢下手。

我国是庶联的近邻，有庶联同等的家世和遭遇，只因教养无

① ［美］白修德、贾安娜：《中国的惊雷》，端纳译，新华出版社1988年版，第276页。

方，起居无常，饭食不时，以至内伤外感，百病丛生。虽然年纪比较大，可是至今学书不成，改而学剑，好像一个马浪荡，为亲戚朋友所不齿。"吃得苦中苦，方为人上人"，眼看着庶联扶摇直上，我们应该作何感想!① ——《从东北到庶联》

戈公振这里将苏联和中国的命运比作人，苏联不管西方敌人势力的包围和舆论围攻，扎扎实实搞建设，在新中国成立后近 30 年里，取得了令人瞩目的成绩，西方资本主义国家也不敢小觑。相比之下，中国虽然是文明古国，但是近代以来，内忧外患，弊病丛生，无论是向西方学习技术、制度还是后来的革命对于中国社会都于事无补，借鉴苏联的经验教训，中国应深刻地反思，奋发图强。

反讽：四大不空的和尚、清净有为的道士，在关心尘世生活，也在山林深处起盖寺院庵堂，同土匪勾结和地主交友。②

——《中国红军在前进》

南京政府断言它像教皇或墨索里尼一样，掌握真理，全部真理，它就是真理的化身，因此上帝保佑，它就向整个中国新闻界发布这种使人喘不过气来的真理。③ ——《中国人的命运》

全体起立，北方的浸礼教徒同南方的卫理公会教徒互相拥抱。一个传教士望了兄弟蒋介石一眼，嘘气流涕感动不止。外面马棚里，一匹军骡发出似马似驴的长鸣。④

——《中国红军在前进》

---

① 戈公振：《从东北到庶联》，湖南人民出版社 1984 年版，第 79 页。

② ［美］史沫特莱（Smedley, A.）：《史沫特莱文集》（2），袁文等译，新华出版社 1985 年版，第 61 页。

③ ［美］史沫特莱（Smedley, A.）：《史沫特莱文集·中国人的命运》（4），孟胜德译，新华出版社 1985 年版，第 393 页。

④ ［美］史沫特莱（Smedley, A.）：《史沫特莱文集》（2），袁文等译，新华出版社 1985 年版，第 200 页。

他的最大愿望之一就是被人喜爱，更和他相熟的人觉得他这样可爱，以至于叫他做爹爹。他是中国青年会的伟大的赞助人。如果做青年会工作，他也许早已获得了它的饥渴的灵魂所渴望的爱情。不幸地，对于爹爹，权力政治和青年会的规范绝不相同；孔夫子也帮不了忙，而在为国家的事业辛勤服务了七年之后，爹爹终于取得了中国第二最坏的名誉。① ——《中国的惊雷》

在这一段最难走的路上，我们已经走得发汗，汽车还在后面烂泥路上摆尾摇头，似乎还在希望我们去扶持它。这里道旁却立着几块大石碑，歌颂"田公颂尧军长"的德政，说他如何发展交通，如何便利民行，称颂他的是所谓"民众"。立碑的目的，是要"流芳千古"！记者看看脚上的烂泥，摸摸头上的热汗，回头看那可怜的汽车，再瞻仰那巍峨的德政碑，总觉"田公"实在功德无量！② ——《中国的西北角》

第一则反讽用四大不空与清净有为讽刺极言四大皆空、清静无为的和尚、道士，暗中干的却是勾结土匪、地主，与他们狼狈为奸，镇压红军，压迫百姓的勾当。第二则例子，用"让人喘不过气来的真理"讽刺国民党密不透风的舆论封锁罗网。第三则例子用"一匹军骡发出似马似驴的长鸣"讽刺蒋介石虽入基督教，却无基督救世之心，恰如一头骡子，与驴和马仅仅是形似，然而却非马非驴。第四则例子用别人称呼孔祥熙为爹爹，然而爹爹在"辛勤服务了七年之后"，却"终于取得了中国第二最坏的名誉"，讽刺孔祥熙虽自称是孔子的传人，然而却无丝毫慈悲之心，他热衷于权势，鱼肉百姓，最终与蒋介

---

① ［美］白修德、贾安娜：《中国的惊雷》，端纳译，新华出版社1988年版，第124页。

② 范长江：《中国的西北角》，新华出版社1980年版，第4—5页。

石一起成为万恶不赦之人。第五个例子，实际的路况与碑文上的文字形成了鲜明的对照，让范长江也不禁感慨修建公路的"田公"之功德无量。

> 象征：我回到今天晚上要过夜的那间屋子，发现黑暗的角落里有两株玫瑰，全都枯得半死。可是，在一根枝上还孤零零地残留着一个红红的花苞，颜色像血一样鲜艳。这朵花苞高仰着头，在玫瑰的下面堆着破破烂烂的家具什物。[①] ——《中国在反击》
>
> 我们走进去的时候，大家的注意正集中在布幕前面的一盏从梁上挂下来的汽油灯上。一个穿黑色制服的机器匠正站在一条板凳上对付着那盏灯。他的周围是一圈仰着的脸，对着那一闪一闪的灯光发急。这些脸都是些普通的中国农民的黄脸。这真是一幅粗线条的象征中国革命的写真画。[②] ——《华北前线》

第一个例子，用玫瑰象征当时深入日军后方的八路军虽然处境危险，条件艰苦，但是他们却是中国的希望所在，即使身处险境，亦坚强乐观，斗志昂扬。第二个例子，从一圈群众围着看修灯，象征当时的人民群众对中国前途的期盼，尽管当时的中国风雨如晦，但在中国共产党的领导下，中国一定会迎来一个光灿灿的明天。

---

① ［美］史沫特莱（Smedley, A.）：《史沫特莱文集·中国在反击》（4），陈文炳等译，新华出版社 1985 年版，第 110 页。

② ［英］贝特兰：《华北前线》，林淡秋译，新华出版社 1986 年版，第 216 页。

第二节　"新闻经典"之局限性分析

经典虽然代表着人类文明和各个学科的最高成就，但由于每部经典都产生于特定的时代和环境中，经典本身也必然打上时代和作者个人局限的烙印，经典本身不可能是完美无缺的。事实上，中国的四大名著如《三国演义》《水浒传》中，基于作家个人传统的价值判断和道德立场，作品中所塑造的英雄人物或主人公就存在着简单的二元对立现象，缺少对人物性格复杂性和多样性的刻画，然而这并没有妨碍古往今来的人们对这些形象的喜爱和尊崇。史学经典如《史记》等也存在着一些缺陷。特别是其中的人物心理描写因不符合历史的真实，历来为读者和研究者所诟病。但是瑕不掩瑜，这些经典犹如存在着瑕疵的一块块碧玉，在人类文化的长河中依然闪烁着耀眼的光芒。"新闻经典"作为经典系列中的后来者，当然也不可避免地存在着诸多局限。具体来说，"新闻经典"的局限性表现在以下几个方面。

一　对新闻事件的依附性强

由"新闻经典"名单可知，"新闻经典"所表现和描述的大多是在历史上具有重大影响的新闻事件，如《震撼世界的十天》之于十月革命，《西行漫记》之于红色革命根据地和领袖人物，《中国的西北角》之于红军长征和西北开发，《中国震撼世界》之于中国人民解放战争，《中国的惊雷》之于国共内战，《人生采访》之于"二战"中的欧亚战场……一定意义上，是这些具有历史意义的事件成就了"新闻经典"。个中原因，参照新闻价值规律可知，其他同等条件下，越具有重要性的新闻，其新闻价值越大；越具有时效性的新闻，其新闻价值越大。而时效性和重要性兼具的新闻文本，则具有更大的新闻价值张力。因此，一旦新闻事件具有较大的影响力和较高的重要性，这一事件被某记者首先报道出来时，新闻文本就越可能成为"新闻经典"。斯诺对此有着清醒的认识："这一本书出版之后居然风行各国，与其说是由于这一本著作的风格和形式，倒不如说是由于这一本书的内容。从字面上讲，这一本书是我写的，这是真的。可是从最实际主义的意义来讲，这些故事却是中国革命青年们所创造、写下的。""而且从严格的字面的意义来讲，这一本书的一大部分也不是我写的，而是毛泽东、彭德怀、周恩来、林伯渠、徐海东、徐特立、林彪这些人——他们的斗争生活就是本书描写的对象——所口述的。此外还有毛泽东、彭德怀等人所作的长篇谈话，用清水一般清澈的言辞，解释中国革命的原因和目的。还有几十篇和无名的红色战士、农民、工人、知识分子所作的对话，从这些对话里面，读者可以约略窥知使他们成为不可征服的那种精神，那种力量，那种欲望，那种热情。——凡是这些，断不是一个作家所能创造出来的。这些是人类历史本身的丰富而灿烂的精华。"[①] 这些也许是斯诺的自谦之词，但也从一个侧面反映了"新闻经典"本身与新闻事件的重要程度的紧密关系。

由于"新闻经典"大多报道的是在历史上具有重大意义的新闻事件，这就造成了能否成为"新闻经典"，很大程度上不是由文本本身决定的，而是由这些事件的性质决定的，这就限制了"新闻经典"的范围，限制了"新闻经典"对于人类精神文化生活的影响力。因为人类并非总是生活在一个波澜壮阔、惊涛骇浪的时代，接触和认知更多

---

① 谢伟思：《斯诺是中美人民间活的桥梁》，刘力群《纪念埃德加·斯诺》，新华出版社1984年版，第72页。

的则是波澜不惊的日常生活琐事。法国年鉴学派曾将人类的文化、人文与历史比作一个缓缓流动的河流，他们说以往的文化与史学叙述只是关注这河流表层的浪花，譬如帝王将相的英雄情节与历史情境，从而忽略了由河谷、河床形成的日常生活形态的内容元素，那是人类学所关注的历史与文化学所阐发的史学。史学如是，新闻又何尝不如是？迄今为止，我们还很难发现以普通大众生活为主题而写就的"新闻经典"，这就限制了"新闻经典"对人类生活的关照面和对人类生活的深层影响力。

二 记者当时的社会认识、价值观等的局限

"新闻经典"产生于特定的时代，受时代局限以及记者当时认识水平和价值观等因素的限制，"新闻经典"本身不可能是十全十美的。斯诺曾借一段笑话表达过同样的观点。据马国亮《忆斯诺》记载，有次斯诺讲了一个笑话，大意是说，一个中国老人认为中国飞行员比外国飞行员更可靠，因为外国人的大鼻子会挡住一部分视线。斯诺讲完之后接着说："我的意见，只是一个外国人在他的大鼻子后面所能看到的有限视野，从而做出的一些很不全面的观感而已。"① 的确，由于斯诺当时认识水平所限，《西行漫记》中出现某些错误也是难免的。比如《西行漫记》中说红一军团的许多胜利都归因于掌握了林彪的"短促突出"战术，而该军团的政委聂荣臻后来指出，这种为第三国际派来的军事顾问李德提倡和欣赏的打法，"在战役上不能解决问题，在战术上也不能解决问题，只是徒然消耗弹药和兵力而已"②。

① 马国亮：《忆斯诺》，刘力群《纪念埃德加·斯诺》，新华出版社 1984 年版，第 174 页。

② 陈漱渝：《〈西行漫记〉的成就和疵点》，《齐齐哈尔师范学院学报》1989 年第 3 期，第 29 页。

无独有偶，《中国的西北角》由于当时社会环境和范长江价值观的影响，只是提出了问题，作者当时对西北各地的困境所能提出的解决办法，只是"自主生存"，实现"国家化""训练民族青年"等改良的办法，而没有提出从根本上解决问题的良策。作者的一位老朋友说："我读了你的一切通讯，发现了中华民族的许多问题。正如读了易卜生的戏剧发现了资本主义的许多问题。易卜生没有解答，你也没有解答。要解答，实需要大系统的思想。"[①] 而这时的范长江尚不具有这种"大系统的思想"。当时 26 岁的范长江还未从一个具有改良倾向的民主分子转化成为具有共产主义觉悟的知识分子，"我还不能用共产党的宣传员那样的立场来写文章，因为我自己还不完全了解共产党的立场，还不能有这个立场。但是我也反对国民党要坚决消灭共产党的立场，所谓'剿匪'立场。我那时的立场是停止内战，团结抗日，主要锋芒是反对国民党的一党专政，也不是主张马上要消灭国民党"[②]。而且受当时社会环境的限制，范长江也不可能对共产党提出正面的肯定，只能是客观的记述。他后来在《我的自述》中讲道："这两篇文章如何写法，我是用心考虑过的，我写这些文章是要给全国读者看的。要告诉全国读者一些什么呢？我并没有找到红军，我弄清了一些问题，但还有些根本问题并没有弄清楚。同时要估计到《大公报》能发表我的文章的政治界限。如果根本不予发表，我这次旅行对于全国读者就没有作用了。为了把我所已经了解的问题忠实地报道给读者，只是客观地提出问题，而不是解决问题。在提问题的方法上，在那时的历史条件下，还只能用透露的方式，还不可能正面叙述。"[③]因此，如果以后人的标准来要求范长江，无疑是太苛求作者了。

---

① 范长江：《塞上行》，新华出版社 1937 年版，自序。
② 范长江：《范长江新闻文集》，中国新闻出版社 1989 年版，第 1126 页。
③ 同上。

《中国的惊雷》里，"因为作者是美国的自由主义者，对于中国国情究竟还没有彻头彻尾地摸清楚，所以在这本书里依然存在着一些不正确的地方。例如，作者对四大家族之一的宋子文，以及以亲苏为幌子的孙科，都相当推崇，总觉得这两个人是与其他声名狼藉的人物很不相同。然而，在我们中国人的眼睛里，这两个人是怎么回事，难道还有什么疑问吗？此外，不可否认的，因为作者在中共解放区里停留的时间太短，同时脑子里始终盘踞着美国人对共产党的歧视，这本书对于中共的某些地方的认识是不够和不正确的。"① 譬如作者认为中共领袖们"对于外界世界知识的缺乏有时候是相当惊人的。他们对于高度的财政条约的协定，或者西方国家的行政系统知道得很少；对于工业，西方的机械工程和国际贸易，他们的了解是肤浅的。他们对于西方历史的认识都是通过马克思主义的经典解释"。财政条约的协定、西方的行政系统、机械工程和国际贸易当然不等于全部西方知识，而且他们对于西方历史的认识都是通过马克思主义的经典解释这一点也是不准确的。与之形成反证的是，斯诺在《西行漫记》②、斯特朗的《中国人征服中国》等著作中都提到中共领袖对于世界知识尤其是政治惊人的熟悉。以距离《中国的惊雷》采访和出版时间较近的《中国人征服中国》为例，斯特朗在文中写道："毛的思想轻松地囊括了全世界，他的观点涉及许多国家和许多时代。他首先询问我有关美国的情况，我发现他对许多在美国的事情比我还了解。这是出人意料

---

① 穆欣：《抗日烽火中的中国报业》，重庆出版社1992年版，第468页。
② 斯诺《西行漫记》中写道："我发现他对于当前世界政治惊人地熟悉。甚至在长征途上，红军似乎也收到无线电新闻广播，在西北，他们还出版着自己的报纸。毛泽东熟读世界历史，对于欧洲社会和政治的情形，也有实际的了解。他对英国的工党很感兴趣，详尽地问我关于工党目前的政策，很快就使我答不上来了。"

的。"① 他们有专人收听国外无线电广播，也出版自己的报纸，许多近期出版的美国书籍还被全文翻译或摘译。通过这些方式，他们保持着与西方世界极为密切的信息接触。因此，仅仅拿中共领导人对西方的行政系统、机械工程和国际贸易等的不熟悉就认定其不通世界大势显然有失偏颇，况且是否所有中共领导人对这些都一无所知还是未知数，作者并未举出实例来证明这一点。

三 写作的"急就章"性质造成的文本缺陷

新闻写作不同于文学写作之处，在于新闻写作讲求时效性，必须在一定的时期内快速地写出稿件与公众见面，满足公众的信息需求，因此，新闻文本不可能像文学写作那样为了一句话、一个字精心打磨，仔细锤炼，而且由于所处环境和时间精力的限制，也不可能做到所有的事实、细节都完全准确，这就造成了即使在"新闻经典"中也存在着由于写作的"急就章"而造成的文本缺陷。斯诺本人对自己作品的可靠性十分警惕，但由于作者根据采访所得写成此书，有些是辗转传闻，有些叙述者当时就记得不甚确切，因此失实之处在所难免。正如作者在序言中强调指出的："这本书绝对不能算作正式的或正统的文献。在这里我所要做的，只是把我和共产党同在一起这些日子所看到、所听到而且所学习的一切，做一番公平的、客观的无党派之见的报告。"② 《西行漫记》出版后不久，他说："从最近时局发展的观点来看，这本书有的地方写得过分，有的地方写得不够，这是断然不免的。"③ 由于语言的阻隔和战争年代条件的限制，这部真实的著作中某些细节——主要是人物

---

① ［美］斯特朗（Strong, A. L.）：《斯特朗文集·中国人征服中国》（3），王厚康、吴韵纯译，新华出版社1988年版，第250—251页。

② ［美］埃德加·斯诺：《西行漫记》，梅益等译，上海复社1938年版，作者序。

③ 同上。

的职务、活动年代等——也有疏误（见表 5-2)①。一些批评者甚至认为，"斯诺对他的来源缺乏批判的态度。中共的说法和解释，他几乎无例外地信以为真"②。虽有夸大其词之嫌，但客观环境的限制使得斯诺不可能一一核实每一个细节，也是事实。

表 5-2　　　　　　　　　　《西行漫记》疑误举例

《斯诺文集》第 2 卷页码	误	正	出处
P45	周恩来是一个大官僚家庭的儿子；祖父曾任清朝大官；父亲是教书先生；母亲不同凡俗，在天津关了一年监牢。	出身没落官僚家庭；祖父仅任师爷、知县；父亲是小官吏；准确地说是指养母即婶母；关了六个月。	方钜成、姜桂侬：《周恩来传略》，外文出版社 1986 年版。
P51	（贺龙）的父亲是清朝一个武官。	父亲是贫苦农民，会裁缝。	中国人民革命军事博物馆：《贺龙元帅丰碑永存》，上海人民出版社 1985 年版。
P120	在长沙城外已经打了一个大仗。	谈不上"大仗"。革命军攻打长沙两座城门，一处未遇抵抗，另一处守军起义。	斯图尔特·施拉姆：《毛泽东》，红旗出版社 1987 年版。
P136	一九二〇年，第三国际的代表马林前来上海。	一九二一年四月，马林从莫斯科动身，于六月三日到达上海。	向青：《共产国际与中国革命关系论文集》，上海人民出版社 1985 年版。

① 陈漱渝：《〈西行漫记〉的成就和疵点》，《齐齐哈尔师范学院学报》1989 年第 3 期，第 30—32 页。

② ［美］肯尼思·休梅克：《斯诺——粉碎"赤匪神话"的美国记者》，尹根生《斯诺怎样写作》，湖北人民出版社 1986 年版，第 105 页。

续 表

《斯诺文集》第2卷页码	误	正	出处
P140	我到广州不久，便任国民党宣传部部长。	正式职务应为"代理部长"。	斯图尔特·施拉姆：《毛泽东》，红旗出版社1987年版。
P189	刘志丹一九二六年入党。	一九二五年入党。	《辞海》。
P122	林祖涵生于一八八二年。	生于一八八五年。	《辞海》。
P216	徐特立生于一八七六年，他是第四个儿子，二十九岁上长沙师范。毛泽东是他长沙师范的学生，为了表达他上书请愿实行宪政的诚意，割去小指尖。一九二三年回湖南。	生于一八七七年二月一日，上有一姐一兄，是第二个儿子。应为设于长沙望麓园的宁乡速成师范，入该校时三十五岁。毛是他在湖南第一师范的学生，为反帝断指。一九二四年夏由法国归国，同年七月二十日回长沙。	杜草、杨木：《徐特立》，人民出版社1987年版。列为《祖国丛书》之一。
P250	彭德怀家庭是富农，六岁丧母，后母送他入塾，祖母把我们统统看作她的奴隶。	下中农；八岁丧母；六岁入塾，生母死后辍学；家中靠祖母讨饭过活，讨回饭先给孩子吃。	《彭德怀自述》，人民出版社1981年版。
P253 P254 P255	十八岁当排长；督军姓胡；毕业后在鲁涤平部下当营长；一九二七年参加共产党。	二十二岁任排长；原北洋政府陆军次长傅良佐，一九一七年八月任湖南督军。当连长，一九二四年代理营长；一九二八年春入党。	同上。

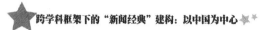

续表

《斯诺文集》第2卷页码	误	正	出处
P283	徐海东一九二七年入党；组织起湖北第一支"工农军队"。开始只有十七人，八发子弹。	一九二五年四月在武昌卖水时入党有十三人，十四发子弹。	《徐海东生平自述》，《人物》1981年第3期。
P328	（朱德）一九〇七年在成都一个体育学校里读书一年。	应为成都官立高等师范体育科。	
P335	第一个妻子是一个师范学校的教员。	叫萧菊芳，师范学校的学生，十八岁。	艾格尼丝·史沫特莱：《伟大的道路》，生活·读书·新知三联书店1989年版。
P359	牛兰夫妇一九三二年在上海被捕。	被捕日期是一九三一年六月十五日。	陈瀬渝：《中国民权保障同盟》，北京出版社1985年版。
P360	（李德）从广州偷渡到红军前线躲在小船草席下，经六天六夜旅行到瑞金。	出广东潮安城从韩江偷渡，在船舱躺了两昼夜，登陆后长途跋涉进入苏区。	李德：《中国记事》李德：《毛泽东是以谁的名义讲话的》，《新德国报》1964年5月27日。
P362	（李德）第一次世界大战中在德国军队中大露头角，是饱经沧桑的普鲁士军官。	在德国任中学教员，一九一四年应征入奥匈帝国军队，一九一六年被俄军俘获。	任翔：《一个"姓李的德国人"》，《人物》1987年第2期。

续　表

《斯诺文集》第2卷页码	误	正	出处
P362	后任俄国红军师长。	十月革命后加入苏联红军，升至团长，旅参谋长。	同上。
P363	（离别保安）我走过红军大学的时候，红军大学的全体学员都露天坐在一棵大树下听洛甫做报告。他们都走了过来，向我握手……	他们陪我出了城门，一直走到红军大学。林彪将军正在露天讲课。他和学员们站起来高呼："一路平安，斯诺同志！"	斯诺1936年10月12日日记，见《复始之旅》第二篇《煽火·出路》。

　　同样的缺陷也出现在与《西行漫记》并称的《中国震撼世界》里。作者杰克·贝尔登因为久历战阵，对军事政治、战略战术都有相当的了解和洞察力，所以在《中国震撼世界》中随处可见他对战争、军事情况的透彻分析和对形势的准确判断和预测。当然，这并不是说《中国震撼世界》没有缺点。对于他所亲身游历采访的地方（华北、东北、华中），他的记述详尽准确，揭露了很多不为人所知的细节；但是对于他没有去过的地方（比如华东、西南），就只得依赖第二手材料，所以无法做得那么清晰和完全准确。比如说，他似乎一直不知道华东解放军的实际指挥者是粟裕，陈毅只是名义上的一把手，而直到描写淮海决战时，他还用"陈（毅）将军"指代华东野战军，"刘（伯承）将军"指代中原野战军，浑不晓陈毅当时一直在中原野战军总部里和刘邓一起指挥。他看到老蒋把翁文灏拎出来当行政院长，就自然而然地认为翁是个经济学家，而不知道他其实是干地质出身，后来半推半就成了李远哲式的政治人物。①

----

　　① 参见李根《杰克·贝尔登是一个什么样的人》，2008年10月7日，赤诚网（http：//www.chicheng.net/html/82/t-15809682.html）。

第六章　建构"新闻经典"：一项尚待完成的使命

"新闻经典"的建构是一项永久的工程。"新闻经典"名单的选定并不意味着"新闻经典"建构的终结，与其他学科经典相比，这些"新闻经典"或者说"准新闻经典"本身尚需进一步建构，同时，经典是流动的，这些所谓的"新闻经典"在未来能否依然历经时代大浪的冲洗而不倒尚是未知数。另外，独具只眼，发现由于各种原因被历史遮蔽却具有经典特质的新闻文本，也是"新闻经典"建构中一项尚待完成的工作。因此，可以通过政治的、学术的、教育的等各种手段建构"新闻经典"，依然任重而道远。

第一节　经典是绝对性和相对性的统一

20世纪六七十年代以降，社会思潮波涛汹涌，传统价值观不断遭受冲击，以往被认为神圣不可侵犯的经典也被拉下神坛，备受质疑，"打开经典"（open the canon）的呼声日渐高涨。在西方，各种观点的批评家，特别是女性主义、马克思主义、后殖民主义和新历史主义的学者，对经典展开了激烈的讨论。在中国，20 世纪 80 年代以后，一系列文化事件如百年文学史作家排序之争，王朔的作品是否能登大雅之堂的不同看法，对经典作家鲁迅再评价的尝试，红色经典的再认识，传统文化经典的颠覆性写作等，都向我们昭示了经典在现代社会的重重危机。经典作为一个学术命题被不断地提及，假如说以往更多关注的是"经典是什么"的话，那么而今，"谁的经典"同样受到前所未有的瞩目。总的来说，关于"经典何以成为经典"的问题，中外学者的观点大致可分为三派。

第一派可称为内在特质派或自然生成派。这一派认为，经典是凭借文本本身内在的经典特质，在与其他文本的竞争中自然而然生成的。经典的评价标准是客观的、永恒的。持此论的代表性学者如哈罗德·布鲁姆。他认为审美在经典的构成过程中起着决定作用："审美选择总是经典构成的每一世俗方面的指导准则。"[1]"只有审美的力量才能透入经典，而这力量又主要是一种混合力：娴熟的形象语言、原创性、认知能力、知识以及丰富的词汇。"[2] 莎士比亚之所以能够位居经典之巅，部分原因在于其非功利性。任何道德、宗教等带有意识形态因素的解读，都只会损害莎士比亚的伟大。

第二派可称为外力建构派。这一派认为，经典很大程度上是被建构出来的，参与建构的外部力量多种多样，如政治权力、教会力量、教育体制、文化资本、批评家、读者等。这一派的代表人物有伊格尔顿、弗兰克·柯默德、约翰·基洛里等。伊格尔顿认为，经典"价值并不在其本身……它意味某些人在特定境况中依据特殊标准和按照给

---

① ［美］哈罗德·布鲁姆：《西方正典——伟大作家和不朽作品》，江宁康译，译林出版社 2005 年版，第 16 页。

② 同上书，第 2 页。

定目的而赋予价值的任何事物"①。柯默德也说，"经典本质上是各种社会集团借此坚持其自身利益的策略性构想。"基洛瑞则主张将经典建构问题理解为文化资本的生产和消费的问题。② 他将经典形成置于社会和经济的理论框架中进行分析，认为经典形成问题的实质是文化资本在学校中的分配问题，这牵涉谁有权受教育，谁能够学会读写而最后掌握文化。

第三派可称为内外因综合派。这一派代表人物如国内学者童庆炳。他在《文学经典建构诸因素及其关系》一文中，提出文学经典建构的六大因素：文学作品的艺术价值，文学作品的可阐释的空间，意识形态和文化权力变动，文学理论和批评的价值取向，特定时期读者的期待视野，"发现人"（又可称为"赞助人"）。认为这六个要素的前两项属于文学作品内部因素，三四项属于影响文学作品的外部因素，最后两项是内部和外部的连接者。③

这里，笔者赞同内外因综合派的观点。经典之所以能够摘取经典桂冠，首要原因是其文本的经典特质，我们很难想象，文本本身毫无经典性可言，即使被官方意识形态捧为上品，追认为经典，这部作品也是难逃历史磨洗的，犹如一棵根基未稳的"大树"，一经风吹雨打，就会砰然倒地。然而，经典又不只是仅具有文本的内在经典性就能够成为经典的，文本的"经典性"是经典形成的一个方面，一部作品被命名为经典还要经历一系列经典化的过程，包括不同时代的意识形态的推崇、学术力量的评议、教育机构的传授、受众的认可等，才有可

---

① ［英］特雷·伊格尔顿：《二十世纪西方文学理论》，伍晓明译，陕西师范大学出版社 1987 年版，第 13 页。

② 参见阎景娟《文学经典论争面面观》，博士学位论文，首都师范大学，2006 年，第 78—106 页。

③ 参见童庆炳《文学经典建构诸因素及其关系》，《北京大学学报》2005 年第 5 期，第 71 页。

能脱颖而出，成为权威、典范性的文本。一句话，经典是经典性和经典化的统一。经典的经典化即经典是具有能动性的生产，经典是建构出来的。原因在于：

经典是不断阐释、批评的结果，经典文本生产出来之后并不意味着经典的完成，相反，恰恰却是经典旅程的开始。经典的阐释不仅包括对经典作品的批评阐发，而且还包括经典秩序的调整。不同时代、背景下的读者社会需求不同，认知社会、评价事物的模式也有差异，"如果在经典流传下来的知识和所需知识及非经典文本中可得知识之间存在着巨大的差异，那么，对经典的调整必然就会发生。不能满足社会需要和个人需要的一方和迎合这些需要的非经典性文本一方之间的鸿沟从长远来看将不可避免地导致对经典的变革和调整，以达到把那些讨论相关主题的文本包容到新的经典中去的目的。"①

从人类文化和人类文明的发展进程来说，人类也不可能固守一个刻板的经典秩序，不思改进。人类社会是不断发展的，历史意识的每次变化，都将引发出新的问题和答案，而"经典的功能之一就是提供解决问题的模式"②。因而不同历史时期必然会引出新的经典。"社会意识的一次变化，比如像一个多元文化社会中的生存意识以及在女权运动时期所表现出来的那样，无疑会导向——而且从某种程度上说已经导向了——对经典的研究和扩充。"③

因此，经典永远处于流动和建构过程之中，经典没有一个明确的边界，"现存的艺术经典本身就构成一个理想的秩序，这个秩序由于新的（真正新的）作品被介绍进来而发生变化。这个已成的秩序在新

① ［荷］佛克马、蚁布思：《文学研究与文化参与》，俞国强译，北京大学出版社1996年版，第39页。
② 同上书，第49页。
③ 同上书，第49—50页。

的作品出现以前本是完整的，加入新花样以后要继续保持完整，整个的秩序就必须改变一下，即使改变得很小；因此每件艺术作品对于整体的关系、比例和价值就重新调整了；这就是新与旧的适应"①。新的经典在确立，确立的经典也仍然继续着经典化的进程，"经典化产生在一个累积形成的模式里"②，这不是对于经典的颠覆，而是指向经典生生不息之路。流动的经典既是时代和社会流转的鲜活记忆，也是人类精神追求的超越性丰碑。与此同时，流动的经典本然地要求经典秩序的相对稳定，从而延续一个民族和时代的文化，形成文化传统。这是经典生成的辩证法则。

第二节　"新闻经典"的建构机制

同其他学科经典一样，"新闻经典"的形成也是一个十分复杂的历史过程。而"能成为经典的必定是社会关系复杂斗争中的幸存者"③。"经典的认定无疑是至关重要的权力——经典的认定与某种公理的确立密不可分。许多时候，个人无法独享这样的权力；经典的最终确认是……制度共同运作的结果。"④ "所有的经典都是由一系列众所周知的文本构成———一些在一个机构或者一群有影响的个人的支持

---

① ［英］T. S. 艾略特：《艾略特诗学文集》，王恩衷译，国际文化出版公司 1989 年版，第 2 页。

② ［加］斯蒂文·托托西：《文学研究的合法化》，张瑞琦译，北京大学出版社 1997 年版，第 44 页。

③ ［英］T. S. 艾略特：《艾略特诗学文集》，王恩衷译，国际文化出版公司 1989 年版，第 27 页。

④ 颜桂堤：《经典：流动与建构》，《安徽文学》2008 年第 8 期，第 66 页。

下而选出的文本。这些文本的选择是建立在特定的世界观、哲学观和社会政治实践而产生的未必公开的评价标准的基础上的。"① 文化经典的建构与政治权力、学术批评、教育机制、受众选择等有着极为密切的关系,"新闻经典"的建构同样如此。

一 政治权力

在一部作品成为经典的过程中,权力因素的介入至关重要。如果经典作品与主流意识形态相合拍,并得到权力部门的大力推广,那么其成为经典的可能性就会大大提高。汉武帝"罢黜百家,独尊儒术"大大推动了儒家经典的形成,以后两千多年的封建社会统治者,几乎都将儒家经典奉为治世锦囊,这就更加巩固了儒家经典的权威地位。我们很难设想,没有政治权力的极力推动,儒家经典的影响力会像现在一样深入每一个中国人的骨髓。因此,正如《英国文学的伟大传统》一书的作者安妮特·T. 鲁宾斯坦所言:"人类文化伟大时代的有代表性的艺术作品,总是带有政治性的,是属于一定党派的。"② 阿诺尔德·克鲁帕特(Arnold Krupat)也说:"经典,就像所有的文化物一样,绝非无涉于任何意识形态,而纯为先人所思所想的集萃精选;反之,经典的形成是一种建制的行为,对那些被视为最能传达和捍卫当道秩序的文字精撰予以充分认定。"③ 格尔顿在谈及文学时甚至认为:"文学的本意就是意识形态。它和社会权力这个问题有着最为亲密的关系。"尽管这些观点或多或少有些偏颇,但一定程度上都反映了政治权力、官方意识形态在经典形成中的地位和作用。经典"背后

---

① [美]杜·佛克马:《所有的经典都是平等的,但有一些比其他更平等》,《中国比较文学》2005 年第 4 期,第 52 页。

② 郑土生:《再谈莎学研究需要马克思主义》,《外国文学研究》1994 年第 2 期,第 15 页。

③ 季广茂:《隐喻理论与文学传统》,北京师范大学出版社 2002 年版,第 204 页。

无疑隐蔽着不同时期处于强势地位的社会集团的审美霸权。典律（即我们所说的经典。——引者加）并不是一成不变的，但每一次的变更都与社会的政治、经济、文化资本的变更息息相关。……从整体上来说，典律的形成和维护都反映了强势集团的利益。"① 的确，政治权力的褒奖或抵制既可以使一些作品凸显出来，又可以使一些作品长期湮没无闻，还可以影响"新闻经典"边界的扩大与缩减以及经典内部秩序的调整。一般来说，政治权力作用于经典形成的方式一般有如下几种。

第一，通过评奖机制等手段强力建构"新闻经典"。中国新闻奖、普利策新闻奖等奖项的设置，各自体现了中美对社会主流价值观的引导。这些新闻奖以一定的标准设置奖项，让诸多新闻作品同台竞技，而最后胜出、获奖的新闻作品将赢得"新闻经典"的候选票。前文所述诸多新闻作品选之类的图书将"新闻经典"的范围局限于新闻获奖作品，虽然选择"新闻经典"的范围过于狭窄，但也不无一定的道理。另外，政治权力为表彰某新闻人的突出贡献，还可以设置以新闻人命名的奖项，使之作为一个符号在众多新闻人物中凸显出来，这样随之其新闻作品也就身价倍增。在我国较为典型的是"长江韬奋新闻奖""赵超构新闻奖"等。范长江去世后，1991 年，经中共中央宣传部批准，设置"范长江新闻奖"，作为我国中青年记者的最高荣誉，以表彰那些像范长江一样的新闻记者。紧接着，1993 年以邹韬奋的名字命名，中央设置"韬奋新闻奖"，作为目前我国出版界最高的奖项。2005 年"范长江新闻奖"和"韬奋新闻奖"合并为长江韬奋新闻奖——中国中青年优秀新闻工作者的最高奖项。新中国成立后赵超构历任《新民晚报》社长，曾提出"广、短、软，软中有硬"的办报

---

① 陈晓明：《经典焦虑与建构审美霸权》，《山花》2000 年第 9 期，第 90 页。

方针,在全国影响广泛,2007 年中国晚报协会设立赵超构新闻奖,作为中国晚报的最高奖项。虽然这些奖项的设置并未提到某部著作,但对人物的推崇为其著作的推广起了很大的铺垫作用。

第二,通过各种手段间接作用于科研以及教育要素,影响受众的接触和认知。任何科研机构的生存必须取得更为强大也更具权威性的机构——通常是政治机构的支持,这种支持以科研机构充任国家和社会生活的一个构成单位和职能部门为交换条件。同时,国家权力还可以通过教育机构的驾驭来控制主体审美认知,最终达到控制经典筛选的目的。科研机构和教育机构为了自身的生存和发展,也必须在现有政治权力框架内进行工作,因此,任何学术和教育力量对经典的建构都不可能脱离政治权力的影响而完全独立。从我们目前建构的"新闻经典"名单可以发现一个明显的特点,即得到政治人物较高评价的作品和人物进入经典序列的可能性相对较大。政治人物的较高评价往往会影响到后人对这部作品的批评阐释,有助于一部"新闻经典"作品的树立,以经典指数较高的几部作品为例。

斯诺的《西行漫记》打破了国民党九年的新闻封锁,第一次向全世界全面报道了中国共产党和工农红军的真实情况。著作出版后,毛泽东多次对斯诺和他的《西行漫记》做出高度评价。他说"《西行漫记》是一本真实地介绍我们情况的书","是外国人报道中国人民革命的最成功的两部著作之一",并说"我们将永远记得他曾为中国做过一件巨大的工作"[1],"斯诺著作的功劳可与大禹治水相比。"[2] 这一时期《西行漫记》同样得到了美国国家最高首脑的肯定,美国总统罗斯福 1942 年 2 月召见斯诺时说的第一句话就是,他看过《西行漫记》。

---

① 吕超:《外国办的中国观》,辽宁教育出版社 1993 年版,第 153 页。

② Jung Chang and Jon Halliday(2005), *Mao: The Unknown Story*, London: Jonathan Cap Random House, 2005, pp. 198 – 199.

据说，他因看过《西行漫记》而成了"斯诺迷"，并亲自推销过斯诺的著作。其后，罗斯福还曾两次召见斯诺。斯诺对中共及其领袖的介绍，使这位总统早在20世纪40年代就预见到有朝一日美国会与中国共产党建立某种关系的可能性。① 新中国成立以后，斯诺依然热情介绍红色中国的建设成绩，写出了多部著作，几次受到毛泽东等人的接见，毛泽东衷心感谢斯诺当年为中国共产党做出的贡献。20世纪70年代，为改善中美关系，斯诺扮演了中美两国正式建交的报春燕子和双方的桥梁纽带，并与1972年，他去世前夕最终促成了中美关系的解冻，可谓鞠躬尽瘁，死而后已。尼克松访问中国前夕曾向病中的斯诺致意，称赞他当年寻找毛泽东谈话的著名旅行和他的《西行漫记》为跨越太平洋的中美关系的大桥架设了最初的桥头堡。② 斯诺逝世以后，中国的领袖们毛泽东、周恩来、宋庆龄等纷纷发出唁电，充分肯定斯诺及其《西行漫记》的历史贡献。中美两国政府及其领导人共同高度肯定一部作品，这样的待遇不是哪一部经典之作都能享有的，这无疑为《西行漫记》成为经典著作加冕。

约翰·里德的《震撼世界的十天》1919年出版后，列宁及其夫人亲自为其作序，列宁称："我以极大的兴趣和不懈的注意力读完了约翰·里德的《震撼世界的十天》一书，我衷心地把这部著作推荐给各国工人。我希望这本书能发行千百万册，译成各种文字，因为它就那些对于理解什么是无产阶级革命，什么是无产阶级专政具有极端重要意义的事件，做了真实的、异常生动的描述。这些问题现在正在进行广泛的讨论，但是一个人在决定接受或拒绝这些思想以前，必须了解他所下的决定的全部意义。约翰·里德的这本书无疑有助于阐明这

---

① 参见张占斌、宋一夫《中国毛泽东热》，北岳文艺出版社1991年版，第140页。
② 参见周洪钧《〈西行漫记〉与中美关系》，《复旦学报》1985年第1期，第97页。

个问题，而这正是世界工人运动中的基本问题。"① 列宁夫人娜·克鲁普斯卡娅也为本书写了热情洋溢的序言，称"里德的这本书，是一种史诗"②。在列宁及其夫人的大力推荐下，《震撼世界的十天》俄译本共印行了十一版，中文译本也不断问世。

范长江的《中国的西北角》系列通讯发表后，1937 年范长江去陕北采访，周恩来同志在西安第一次见到范长江同志的时候就说："我们红军里面的人，对于你的名字都很熟悉。你和我们党和红军都没有关系，我们很惊异你对于我们行动的研究和分析。"③ 而之后《动荡中之西北大局》的发表虽然使蒋介石勃然大怒，但毛泽东看了范长江的这篇文章后，却非常高兴，亲笔致函范长江："你的文章我们都看到了，深致谢意！"④ 后来，范长江相继担任新华社副社长、《新华日报》华中版社长、上海《解放日报》社长、新闻总署副署长和《人民日报》社长等职，本身已经成为举足轻重的政治人物，更加有利于其作品的推广。

邹韬奋其人及其作品《萍踪寄语》《萍踪忆语》《小言论》等，也受到了政治人物的高度评价。周恩来在读了《萍踪忆语》后曾说，关于美国的全貌，从来不曾看过有比这本书所收集材料之亲切有味和内容丰富的。⑤ 邹韬奋去世以后，毛泽东、朱德等中共领导人亲题挽词，表示深切哀悼。毛泽东的题词为："热爱人民，真诚地为人民服务，鞠躬尽瘁，死而后已，这就是邹韬奋先生的精神，这就是他之所以感动人的地方。" 朱德在挽联中热切地称他为"爱国志士，民主先锋"。

---

① ［美］约翰·里德：《震撼世界的十天》，郭圣铭译，人民出版社 1957 年版，序言。
② 同上。
③ 范长江：《塞上行》，新华出版社 1980 年版，第 185 页。
④ 同上书，扉页。
⑤ 参见徐行、章镇《韬奋散文》，中国广播电视出版社 1997 年版，第 330 页。

赵超构的《延安一月》出版后，夏衍回忆，周恩来曾不止一次地赞赏过《延安一月》，把它比作斯诺的《西行漫记》，"要党的新闻工作者向他学习"①。1945 年毛泽东到重庆，也对夏衍、章汉夫、潘梓年说："我看过《延安一月》，能在重庆这个地方发表这样的文章，作者的胆识是可贵的。"②

张季鸾是国共两党领导人都极为推崇的人物，1941 年 9 月 6 日，张季鸾因病在重庆逝世，国共两党均发唁电，以示哀悼。毛泽东等人的唁电是："季鸾先生在历次参政会内坚持团结抗战，功在国家。惊闻逝世，悼念同深。肃电致悼，藉达哀忱。"周恩来、董必武、邓颖超唁电中这样说："季鸾先生，文坛巨擘，报界宗师。谋国之忠，立言之达，尤为士林所矜式。"蒋介石的唁电是："季鸾先生，一代论宗，精诚爱国，忘劬积瘁，致耗其躯。握手犹温，遽闻徂谢。"两党最高领导人对张季鸾的评论同时做出如此高的评价，实属罕见。作为张季鸾一生成就的结晶，他的唯一一部著作《季鸾文存》有着很高的地位。

可见，政治人物对新闻作品的推崇将使某部新闻作品获得经典的优先入场券，即使政治人物并未提及某部"新闻经典"作品，对新闻作品的作者——某一新闻人物的褒扬也将对其作品经典地位的确立大大有利。当然，前提是这类新闻人的作品大多符合主流意识形态的节拍，即使稍有冒犯之处，也在可允许的范围之内。这方面的典型例证还有享有盛誉的国际友人 3S 中的其他两位——史沫特莱和斯特朗，以及爱泼斯坦等。他们热情地向世界人民介绍中国的革命，与中国人民并肩战斗，同甘苦、共患难，他们热爱中国，将中国当作自己第二

---

① 佚名：《1944 年：国人争阅〈延安一月〉》，http：//www.8book.cc/novel/10/104888/40334.html。

② 张林岚：《赵超构传》，文汇出版社 1999 年版，第 75 页。

故乡，与中国人民结下了深情厚谊。史沫特莱在中国生活了12年，她的几部著作《中国人的命运》《中国红军在前进》《中国在反击》《中国的战歌》等都与中国有关，《伟大的道路》既是为中国的老一辈革命家朱德立传，也是为中国共产党领导的革命立传。史沫特莱逝世后，她的骨灰在中国北京八宝山革命公墓安葬，墓碑由朱德亲自题词："中国人民之友，美国革命作家史沫特莱女士之墓。"斯特朗20世纪20年代即访问中国，报道并支持省港大罢工、湖南农民运动等，之后先后数次访问中国，并于40年代，率先向全世界报道了新四军遭蒋介石围剿的真相，1946年，因报道毛泽东的"纸老虎"理论，以及率先向西方提出了"毛泽东思想"，得到了中共上层的一致好评。1958年斯特朗定居北京，继续撰写文章和著作，向西方介绍社会主义中国的建设情况，直至1970年逝世。鉴于3S对中国的贡献，1984年中国成立3S研究会。与斯特朗等人类似的还有爱泼斯坦。他1951年应周恩来总理、宋庆龄的邀请重返中国，创办《中国建设》（现改名《今日中国》）杂志，以执行总编的身份向世界100多个国家和地区，及时、全面地报道中国社会主义建设情况。1957年，他入中国国籍，稍后又加入了中国共产党，当选为全国政协常委，还担任着宋庆龄基金会、中国国际友人研究会副会长等职务。这些西方人士对中国革命和社会主义事业的贡献得到了中共的认可，将其作品树立为经典也就自然而然了。

第三，政治权力以隐身方式作用于"新闻经典"的建构。上述两种作用方式是政治权力以现身的方式作用于"新闻经典"的建构，同时，政治权力还可以通过一些隐性的方式间接作用于"新闻经典"的建构。如通过影响编者或译者，将其翻译成更符合当时更具主流意识形态的话语或将不符合意识形态话语的某些章节或词汇进行删改等。隐性方式与显性方式一起构成政治权力之于"新闻经典"建构的两种相互交错、互为补充的力量。我们这里以《西行漫记》1938 年纽约兰登书屋出版的英文原文与 1938 年复社版、1979 年生活·读书·新知三联书店版两个中文版本之间的翻译差异为例为说明。

1. Again at Chiang's request, a plenary session of the Kuomintang is summoned for February 15. This is only the third time in Party history that such a session has beencalled. In the past its functions have been easily predictable, and confined to legalizing important changes in Party policy decided in advance by the ruling cliques, which in coalition are the Chiang Kai-shek dictatorship. [①]

再经过蒋的请求，在二月十五日召集国民党第五届中央执行委员会第三次全体会议，在过去中央全体会议的作用，很可以料想得到的，那就是不过把最高领袖蒋委员长所已决定的党的政策的改变，经过合法的方式通过而已。[②]（1938 年版）

又是在蒋介石的要求下，国民党中央执行委员会在二月十五日举行全会。党的历史上召开这样的会还只是第三次。在过去，它的作用是很容易预测到的，仅仅限于在法律手续上认可统治集团——实际上就是<u>蒋介石的独裁政权</u>——事先已决定的党的政策上的重要改变。[③]（1979 年版）

2. More important, the incident had revealed deep fissures in his

---

① Edgar, S., *Red Star Over China*, New York: Random House, 1938, pp. 424 – 425. 转引自陈春莉《*Red Star Over China* 三个中译本的比较研究》，硕士学位论文，重庆大学，2009 年，第 19—20 页。

② ［美］埃德加·斯诺：《西行漫记》，梅益等译，上海复社 1938 年版，第 368 页。转引自陈春莉《*Red Star Over China* 三个中译本的比较研究》，硕士学位论文，重庆大学，2009 年，第 20 页。

③ ［美］埃德加·斯诺：《西行漫记》，梅益等译，生活·读书·新知三联书店 1979 年版，第 383 页。转引自陈春莉《*Red Star Over China* 三个中译本的比较研究》，硕士学位论文，重庆大学，2009 年，第 20 页。

own edifice of power. He knew how easily these might enlarge into fatal cracks, bringing down the whole scheme in ruins. And he saw now with clear vision the great advantage to himself of a peace in which the last of those fissures could be obliterated. It was real genius of political strategy that he did not ignore the promises made in Sian, that he took no immediate overt revenge against his captors, that he tactfully employed a policy combining just the right weight of threat with the necessary softening of concession. ①

更重要的,西安事变,使中央权力基础发生极深的裂痕。他晓得这些裂痕是多么容易扩大,变为致命的崩溃,而使全部建筑倒毁。现在他很有把握,晓得对于他最有利的,乃为和平,在和平状态下,那些裂痕最后一个都可以消灭掉。实在是<u>政治策略真正的天才</u>,他并没有不顾到他在西安所允许的条件,立即公开对扣留他的人实行报复举动,而巧妙地选择了一种恩威兼施的策略。② (1938 年版)

更重要的是西安事变暴露了他自己权力结构中的深刻裂痕。他明白这种裂痕很容易扩大为致命的破裂,使整个结构四分五裂。他现在清楚地看到和平对他有极大的好处,可以把这些裂痕一一消除殆尽。他没有收回在西安做出的诺言,他没有对扣留他的人马上进行公开的报复,他软硬兼施,既做了恰如其分的威

---

① Edgar, S., *Red Star Over China*, New York: Random House, 1938, pp. 428 – 429. 转引自陈春莉《*Red Star Over China* 三个中译本的比较研究》,硕士学位论文,重庆大学,2009 年,第 20 页。

② [美] 埃德加·斯诺:《西行漫记》,梅益等译,上海复社 1938 年版,第 371—372 页。转引自陈春莉《*Red Star Over China* 三个中译本的比较研究》,硕士学位论文,重庆大学,2009 年,第 20 页。

胁，又做了必要的让步，真不愧是玩弄政治手腕的天才。① （1979
年版）

3. And in August of that year, after the Right coup d'etat at
Nanking, he led his regiment to join the 20th Army under HoLung and
Yeh Ting in the Nanchang Uprising, which began the Communist op-
position in China. ②

当年八月，在南京右派政变以后，他率领了一团人加入贺
龙、叶挺所统率的第二十军，在南昌暴动，这就开始了共产党在
中国的反抗。③ （1938 年版）

同年八月，南京发生右派政变后，他率领所属的一团军队在
南昌起义中参加了贺龙和叶挺领导下的第二十军，南昌起义，是
中国出现共产党的反对派活动的开始。④ （1979 年版）

两个中文版本的翻译，从"最高领袖蒋委员长"到"蒋介石的独
裁政权"，从"政治策略真正的天才"到"玩弄政治手腕的天才"，
从"南昌暴动"到"南昌起义"，可以看出两个版本都是在当时的政
治环境下采取的翻译策略。1938 年《西行漫记》出版时，正值国民
党当政，为了防止国民党对该书的查禁，不但英文版的书名 *RED*

---

① ［美］埃德加·斯诺：《西行漫记》，董乐山译，生活·读书·新知三联书店 1979
年版，第 387 页。转引自陈春莉《*Red Star Over China* 三个中译本的比较研究》，硕士学位论
文，重庆大学，2009 年，第 20 页。

② Edgar, S., *Red Star Over China*, New York：Random House, 1938, p. 95. 转引自陈
春莉《*Red Star Over China* 三个中译本的比较研究》，硕士学位论文，重庆大学，2009 年，
第 22 页。

③ ［美］埃德加·斯诺：《西行漫记》，梅益等译，上海复社 1938 年版，第 83 页。转
引自陈春莉《*Red Star Over China* 三个中译本的比较研究》，硕士学位论文，重庆大学，2009
年，第 22 页。

④ ［美］埃德加·斯诺：《西行漫记》，董乐山译，生活·读书·新知三联书店 1979
年版，第 89 页。转引自陈春莉《*Red Star Over China* 三个中译本的比较研究》，硕士学位论
文，重庆大学，2009 年，第 22 页。

STAR ORER CHINA 被翻译成了中性化、不带感情色彩的《西行漫记》，而且在翻译全文时，也尽量采取直译的方式，并沿用当时的表述来翻译，如上述例子中的英文 Chiang Kai – shek dictatorship、real genius of political strategy、Nanchang Uprising 分别翻译成最高领袖蒋委员长、政治策略真正的天才、南昌暴动等，都可以看出当时政治干预对译文的影响。新中国成立以后，中国共产党成为执政党，因此 1979 年由董乐山翻译的《西行漫记》版本采用的是中共成为执政党之后对某一事件或人物进行定性的话语，对国民党、蒋介石予以旗帜鲜明的抨击，对于中共领导的运动饱含肯定，都是在政治权力影响下编者和译者对主流意识形态的附和。

二　媒介批评

经典的形成有赖于历代研究者的批评阐释，能否历经不同时代、不同观念的研究者批评阐释而仍然屹立不倒，将最终决定着文本的命运，是登堂入室成为经典，还是湮没无闻被人遗忘，一定意义上，取决于此。"批评家是知识的开拓者和文化传统的铸造者。今天，无论莎士比亚和济慈有怎样的名声都是同等的批评宣传的结果。"① 文化精英通过各种手段，如不同角度切入的解读、文化史的编纂、经典文选的编写等，来划定经典文本的范围，确立经典的秩序，延续经典文本的生命。如前所述，自从新闻事业在中国诞生以来，各种新闻文选、新闻史、新闻词典等的编纂层出不穷，这些作为"新闻经典"建构的一种努力，在新闻文本经典化过程中发挥了重要作用。除此还有各种研究会、研究中心的设立、学术研讨会的召开等，通过共同关注研

---

① ［加］诺思罗普·弗莱（Northrop Frye）：《批评的剖析》，陈慧等译，百花文艺出版社 1998 年版，第 3 页。

讨某一话题来确立某些文本或人物的经典地位。

仍以斯诺的《西行漫记》为例。1984 年 9 月 20 日，在北京成立了 3S 研究会，1991 年 3 月 1 日，该会改组为中国国际友人研究会，以促进和推动斯诺等人的研究为己任。在该会编纂的《国际友人丛书》两辑 22 本著作中，有关斯诺的著作、传记和研究资料即达 4 种。现在全国已在陕西、北京和武汉成立了三个专门研究斯诺的研究中心，并各具特色地进行研究工作。最早成立的陕西斯诺研究中心，以陕西省翻译协会和八路军办事处纪念馆为活动基地，以研究斯诺在西安和延安的活动为重点，收藏了当年斯诺夫妇在陕西活动的大量珍贵文物、资料。北京研究中心设在北大，它设置有专室收藏斯诺著作的各种版本和国内外研究成果，并存有斯诺基金会赠给的斯诺手稿复印件和美国学者所撰写的研究论文及资料。武汉研究中心设在华中师范大学，以斯诺的报告文学为对象，着重从文学角度研究斯诺的写作及著作，举办过多次学术讨论会和专题报告会。无论在中国还是美国，每逢斯诺逝世或诞辰周年纪念以及《西行漫记》发行周年纪念，都会有各种研讨会和研讨文章大量涌现。研讨会之后，我国陆续汇编出版有《纪念埃德加·斯诺》《斯诺在内蒙》《"西行漫记"和我》《百年斯诺》等论文集。同时，中美学者又不断撰写论著，共同编译出版。国内除已翻译出版了《斯诺文集》《斯诺新闻通信集》及多部有关斯诺的回忆录、研究著述外，还出版了洛伊斯·惠勒·斯诺（斯诺的第二任妻子）的《我热爱中国》和《斯诺眼中的中国》，以及海伦·福斯特·斯诺（斯诺的第一任妻子）的《续西行漫记》《七十年代西行漫记》《逃往延安的美国人》《延安采访录》《我在中国的岁月》《毛泽东的故乡》和《奋求民主的中国》等著作。斯诺研究的课题不断进

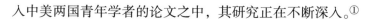

入中美两国青年学者的论文之中，其研究正在不断深入。①

除斯诺以后，20 世纪 80 年代起，黄远生、范长江等人的研讨会也纷纷召开。1984 年《远生遗著》再版后，1985 年正值黄远生 100周年诞辰、逝世 80 周年，为纪念黄远生对中国新闻事业的巨大贡献，我国举行了黄远生学术研讨会，人民日报原社长、全国新闻学会会长胡绩伟出席会议，并做了重要讲话，对黄远生的一生做出高度评价："黄远生是我国旧民主主义革命时期的一个以笔作枪的爱国英雄，是我国人民的新闻事业勇敢的开拓者之一，是一位出类拔萃的正直记者和政论家，是我国人民新闻史上最早的一个为真理而牺牲的闯将。"首次黄远生研讨会召开之后，1986 年由四川省新闻学会等五单位发起，我国举行首次范长江新闻思想和实践讨论会，人民日报、全国记协以及来自全国各地的一些新闻单位的编辑和记者、新闻院校的教授和讲师共 50 多人出席了这次讨论会。1991 年中华全国新闻工作者协会也举行了范长江新闻思想新闻道路研讨会，范长江新闻奖评委会委员和人民日报、新华社、中国人民大学、中国社会科学院新闻与传播研究所、中宣部新闻局、《中国广播电视学刊》《新闻战线》《中国记者》等单位的有关新闻研究人员参加了研讨会。21 世纪以后，相关研讨会的规模更大，影响也更为广泛。2005 年记者节前夕，江西省九江市于 11 月 7 日又在黄远生的故乡沙河举办了"纪念杰出记者黄远生诞辰 120、逝世 90 周年著作资料展览座谈会"。2009 年是范长江的百年诞辰。这年举行了"纪念范长江诞辰 100 周年学术讨论会暨《范长江——范长江百年诞辰纪念集》首发式"，近百名新闻工作者包括范长江当年的同事和研究机构代表聚集一堂，共同探讨范长江新闻实

---

① 参见穆雷、刘祎《关于斯诺及其研究的评述》，《海南大学学报》1993 年第 3 期，第 88—89 页。

践和新闻理论的现实意义。这些研讨会连同会议提交的论文等极大地丰富了这些新闻人物和新闻作品的研究视域，使得其作为经典人物和作品的当代价值不断延伸。

另外，各种形式的改编、重写也是作品在经典化过程中媒介批评的一种形式。以文学经典为例，自这些作品问世以来，各种改编、重写也随之而来，迄今文学四大名著、莎士比亚戏剧等已被改编成多少部戏剧、电影、电视剧、小说，恐怕已经不可胜数。即使被后人戏仿，原义完全颠覆，如《大话西游》之于《西游记》之类，也从反面证明了文本的经典性。经典具有多元的可阐释空间，能够抵挡各种形式的戏谑和颠覆是经典证明自身经典性的重要手段，在不断的改编、重写等多元阐释和批评中，原有文本脱胎换骨，走向经典或更加牢固地捍卫了自身经典的地位。"新闻经典"文本中，《西行漫记》曾被改编成电视剧、电影、纪录片等多种形式。1993 年，中国电视剧制作中心、陕西省烟草专卖局合作录制的 6 集电视剧《西行漫记》曾获第三届"五个一工程奖"；2000 年由长春电影制片厂、九江长江影业公司和江西电影制片厂共同摄制的《毛泽东与斯诺》作为向建党 80 周年的献礼片，生动地重新演绎了毛泽东与斯诺长达 30 多年的友情，从中折射出中国革命波澜壮阔的历史以及中美关系的发展史。该电影曾获中国电影"华表奖""五个一工程奖"。2005 年，为纪念埃德加·斯诺的一百周年诞辰，中央电视台《探索·发现》摄制组拍摄了 5 集的纪录片《斯诺》，讲述了斯诺从出生到逝世的生命历程。同时，抗日战争胜利 60 周年之际，拍摄的 18 集文献纪录片《八路军》里就有《白求恩、斯诺在中国》一集，白求恩和斯诺成为积极支持我抗日战争的两个极具代表性的国际友人。2006 年，《西行漫记》还被改编成话剧《红星照耀中国》，作为纪念中国共产党建党 85 周年与纪念红军长征胜利 70 周年的献礼剧目上演。斯诺及其《西行漫记》被拍摄成电视剧、电影、纪录片，改编成话剧等，扩大了《西行漫记》的传播范围，提高了在受众中的知名度，也进一步树立了《西行漫记》的经典地位。

在媒介批评的过程中，"那些具有经典或大师地位的学者或批评家的肯定具有决定性的作用"①。正如梁昭明太子萧统和苏轼发现了陶渊明的价值，使得长期难入正统人士法眼的陶渊明的田园诗重放异彩一样，新闻文本在经典化的过程中，某些知名精英人士的肯定和评价将有助于经典地位的确立。

黄远生不仅是著名的新闻记者，还是我国近代新文学的首倡者之一，他的"近世文体"的主张，预示着"五四"白话文运动正酝酿到来。② 早在文学革命发轫之初，黄远生的老友蓝公武就致信胡适，指出《新青年》所提出的文学革命、思想革命正是黄远生的未竟事业，胡适将此信发表于《新青年》；后来在其所著的《五十年来中国之文学》中以近千字的篇幅把黄远生推为新文学发"先声"的人物。此种评价为后来的新文学史家所认同，所撰新文学史无不视黄远生为新文学先驱人物。一代文学大师胡适的评价不但奠定了《远生遗著》在新闻著作中的经典地位，而且还为其在文学中的地位起到了奠基的作用。

再如约翰·里德的《震撼世界的十天》，著作出版后，李普曼称里德为报告文学创始人。李普曼就写信给里德说：我无法告诉你这些文章是多么精彩……你具有匠心慧眼，你的表达能力是无懈可击的。要是以往的历史都像你这样来写，该有多好呵！我说：报告文学始于

---

① 刘象愚：《经典、经典性与关于"经典"的论争》，《中国比较文学》2006 年第 2 期，第 48 页。

② 参见胡太春《中国近代新闻思想史》，山西教育出版社 1987 年版，第 254 页。

里德。……当然，你的新闻报道，都是文献。①

高尔基的《一月九日》写于 1906 年，1931 年由曹靖华将它译成中文，1933 年重印时，鲁迅曾作《高尔基〈一月九日〉小引》（见《集外集拾遗》），称"《一月九日》这小本子虽然只是一个短篇，但以作者的伟大，译者的诚实，就正是这一种范本。而且从此脱出了文人的书斋，开始与大家相见，此后所启发的是和先前不同的读者，它将要生出不同的结果来。这结果，将来也会有事实来确证的。"② 由于鲁迅的推荐，高尔基的《一月九日》更多地进入中国读者的视野，成为高尔基的一篇典范之作。

美国著名汉学家、中国问题专家拉铁摩尔在 1970 年《中国震撼世界》再版时的序言中认为，杰克·贝尔登的《中国震撼世界》与斯诺的《西行漫记》和韩丁的《翻身》一样，是报道中国革命的最佳著作，但是与其他两部脍炙人口的经典著作相比，《中国震撼世界》却是一部被埋没的经典。序言将《中国震撼世界》与其他两部著作做了详细的对比，以证明《中国震撼世界》确是一部经典著作。拉铁摩尔将《中国震撼世界》与《西行漫记》和《翻身》相提并论，这无疑极大地提高了《中国震撼世界》的地位，为《中国震撼世界》跻身经典行列做好了充分的准备。《中国震撼世界》中文版 1980 年出版之时，即沿用了拉铁摩尔的说法。

这些著名人物的发现、推荐和赏识为新闻作品进入经典名单起到了很大的作用。当然，作为"新闻经典"的发现人，"可以是一个人，也可以是不同时代的好几个人。发现人要具备的品质是，第一要有发

① 参见展江等《正义与勇气——世界百名杰出战地记者列传（Ⅰ、Ⅱ）》，海南出版社 2000 年版，第 299 页。
② 鲁迅：《集外集拾遗·译本高尔基〈一月九日〉小引》，《鲁迅全集》第 7 卷，第 395 页。

现能力,提出对于作品的新体会和新理解,第二要有较大的权威性,他的这种权威性使他的发现能推广开来。"①

三 教育机制

经典的建构除了政治权力的推动、研究者的批评阐释外,还有赖于教育体制的认同将经典传承下去,延续经典的历史生命,巩固它在人们心目中的地位。儒家经典的牢固地位就与几千年来中国四书五经的教育传统有着很大的关系,在一代又一代的诗书诵读中,儒家经典深深地烙在了每一个受教育的中国人身上,并积淀成为中华民族的文化传统。而19世纪,为塑造英国的现代民族国家认同,英国也将经典教育引入学校,在浩如烟海的文学文本中选择其中的一部分作为课文(范文)来传授,为莎士比亚等作家作品的经典化起到了不可替代的作用。正如克莫德在《注意的形式》中所认为的那样:"艺术家和作品的声誉最初是根据'纯粹意见'所判断的会合而形成的,只有他们所受到的尊重被学术专业人士当作知识在体制上变得有效时,他们才成为经典。"② 约翰·吉约里在《文化资本:文学经典化问题》一书中以实证的方法着重探讨了文学课程设置和内容选取问题对于文学经典的形成有着紧密关系。他指出,学校、课程、教学大纲都是经典得以存在的制度支撑,正是教学大纲证实了经典的存在。"经典与非经典之间的区别……应看作是作为一种制度工具的教学大纲的影响作用。"③ 布尔迪厄认为:文化场域对于教育系统具有极大的依赖性,因

① 童庆炳:《文学经典建构诸因素及其关系》,《文学经典的建构、解构和重构》,北京大学出版社2007年版,第88页。
② [美]迪恩·科尔巴斯:《当前的经典论争》,陶东风主编《文化研究精粹读本》,中国人民大学出版社2006年版,第369页。
③ 阎景娟:《文学经典论争面面观》,博士学位论文,首都师范大学,2006年,第107页。

为后者具有对合法文化加以圣化、维护、传播以及再生产的功能。①
同理，"新闻经典"的建构也一样要依赖教育系统的认可和传授，才
能在不同时代的人心中占有一席之地。这一体制表现在教材的编著、
对相关作品的授习，等等。

关于"新闻经典"的教育，不只是起始于大学的专业教育，其实
自中小学，"新闻经典"的教育已经展开。以《西行漫记》为例。在
几乎每本中学历史教科书中，斯诺及其《西行漫记》都给予了介绍，
同时，斯诺的《西行漫记》还被列入部分地区中小学爱国主义教育阅
读书目中。如《上海市中小学爱国主义教育实施方案》中，高中阶段
推荐的19本阅读书目就包括《西行漫记》。大学的专业教学中，诸如
《中外名记者研究》《名著导读》《高级新闻写作》《新闻采访学》等
的课程教学，几乎都会提到埃德加·斯诺的职业精神、采写经验及其
技巧，对其大加赞赏，并引为范例或范文。这些教育扩大了《西行漫
记》的知名度，加快了《西行漫记》的经典化进程。相反，如果未能
在教育中予以传授，不但新闻文本的知名度大大不如列入教育课程的
文本，而且即使本身具有很高的内在经典性，其经典指数也将大为
降低。

以与《西行漫记》相媲美的《中国震撼世界》为例，事实上，
论职业精神、采访写作技法，杰克·贝尔登丝毫不输于埃德加·斯
诺，甚至采写技法之高超还在斯诺之上。爱泼斯坦就曾在接受中国人
民大学教授蓝鸿文采访谈到3S的不同时曾提道：如果论写作的技巧，
我倒更欣赏另一位美国记者杰克·贝尔登的作品，他的《中国震撼世
界》就是一部优秀的纪实著作，是很值得一读的。② 这里爱泼斯坦相

---

① 参见陶东风《文学经典与文化权力（上）——文化研究视野中的文学经典问题》，
《中国比较文学》2004年第3期，第67页。
② 参见蓝鸿文《面向新闻界》，警官教育出版社1995年版，第286页。

当于说《中国震撼世界》在写作技巧上胜于 3S 的著作，包括久负盛名的《西行漫记》。但是，由于长期以来少有人在这片处女地上耕耘，也未向学生传授，杰克·贝尔登在《中国震撼世界》中的采写经验和职业精神被人忽略了，再加上著作出版之时美国政治气候的变化，经典著作在完成经典化过程中一再遭遇波折。关于此问题，本书将在第三节专门进行论述，以揭示《中国震撼世界》的"经典性"及其因建构过程中的问题与《西行漫记》"冰火两重天"的命运。

四　受众要素

在经典的传播中，普通受众的接受是经典完成经典化过程的重要一环。毛姆评论简·奥斯丁的《傲慢与偏见》时甚至说："成就一部经典的不是批评家褒奖，教授的解释和大学课程上的学习，而是大批的读者，一代又一代，从作品的阅读中发现愉悦和精神上的益处。"①与文学经典相比，"新闻经典"更应强调这一点。文学经典创作之时可以不计受众的反应和传播效果，作品问世之后也可以将其藏之深山以待后来者去发现，而新闻活动作为一种传受互动的行为，自始至终则必须重视当时和后来受众的反应，新闻著作也只有在受众的认同和支持中才能成为一部广受人喜爱的经典。

《西行漫记》的成功即离不开受众在其中所起的作用。《西行漫记》首先在英国出版。这本书一问世便轰动世界，在伦敦出版的头几个星期即连续再出版七次，销售 10 万册以上。虽然在美国印行的第一版销售量仅为 1.5 万册左右，但这已经是当时美国出版的关于远东

---

① Quotedin George Anastaplo，"Whatisaclassic?"，http：//www. moiracn. com/luntan/wd-bread. php? forumid = 1&filename = f_ 823.

问题的非小说类著作中销售量最大的了。① 中文版经复社翻译出版后，顿时一售而空，以后接连数版，光在上海一地就印了五万本。国内各抗日根据地、游击区、香港及东南亚华侨聚居区内也出现了数不胜数的重印本或者翻印本。后来斯诺在他的另一本著作《为保卫亚洲而战》中曾风趣地谈到抗日战争爆发后，他在中国和菲律宾等地经常看到未经申请版权而私印的《西行漫记》中文本子。炎黄子孙，竞相阅读《西行漫记》，群情为之振奋，成千上万的中华热血青年，从海内外各地奔赴红星的所在地陕北和其他各抗日根据地，不断补充和壮大中国共产党领导的抗日民主力量。②

乘着第二次世界大战的烈火硝烟，《西行漫记》被译成各种文字，风靡全球。它改变了当时美国总统罗斯福对中国共产党的看法，带动了贝特兰、尼姆·威尔斯、贝尔登、白修德、爱泼斯坦、杰克·贝尔登等许多西方记者进入了红区探险。伟大的国际主义战士加拿大的白求恩大夫和印度援华医疗队的柯棣华医生等，在赴中国支援抗日战争之前，都认真读过《西行漫记》，从中受到鼓舞。③ 1943 年春，斯诺在苏联采访过三位森林游击队的青年女队员，她们原先都不认识斯诺，当被问到"是谁教会你们打仗"时，其中有一个叫莉沙的女队员答道："只有几个老同志，能教我们这些。我们也从一本叫《红星照耀中国》的书中，学到许多知识，那是我们从斯摩棱斯克城里买来的，我们游击队里差不多每个共青团员都读过它。"④ 1944 年时，斯诺还从他遇见的一位缅甸青年处获悉，在缅甸的德钦族抗日游击队里，用《西行漫记》中关于中国红军活动的事迹，作为组织农村居民

① 参见［美］休梅克（Shewmaker, K. E.）《美国人与中国共产党人》，郑志宁等译，吉林文史出版社 1989 年版，第 47 页。

② 参见周洪钧《〈西行漫记〉与中美关系》，《新华文摘》1985 年第 6 期，第 246 页。

③ 同上。

④ Edgar Snow, *People on Our Side*, Random House. 1944，p. 288.

开展游击战的指导。① 在不太久的时间内，《西行漫记》被译成法、德、俄、意、西、日、荷、蒙古、瑞典、印地、哈萨克、希伯来、塞尔维亚等多种语言文字。随着《西行漫记》在全世界的广泛流传，它不仅激励了亚洲各国人民抗击日寇侵略的斗志，而且也增强了欧、美、北非人民战胜德、意法西斯的信心。第二次世界大战结束后，《西行漫记》作为外国人写的反映中国革命的一部最成功的作品，继续在许多国家得到传播。迄今它被译成了多少种文字，出过多少种版本确已难以计数。② "从 1938 年到 1966 年，这本书在美国销了六万五千册。"③ 它的英文版的销售量每年至少达到 8000 册④，1979 年生活·读书·新知三联书店又出版了董乐山的《西行漫记》中文重译本，第一版的发行量就达 10 万册。正是由于有如此众多的受众青睐，《西行漫记》才在多年以后仍然被人当作一部"新闻经典"，历经时间的磨洗而依然熠熠生辉。

以上分析了"新闻经典"建构过程中的几大要素，需要注意的是，"新闻经典"是在不同时代这些因素的综合作用下诞生的，一部新闻作品，唯有经受住不同年代政治的、学术的、教育的、受众的等各种风雨的洗礼，才能荣登"新闻经典"宝座。

---

① 参见周洪钧《〈西行漫记〉与中美关系》，《新华文摘》1985 年第 6 期，第 246 页。
② 参见周洪钧《〈西行漫记〉与中美关系》，《复旦学报》1985 年第 1 期，第 95 页。
③ 尹均生：《斯诺怎样写作》，湖北人民出版社 1986 年版，第 102—103 页。
④ 同上书，第 110 页。

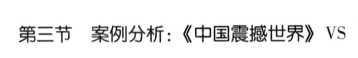

第三节　案例分析：《中国震撼世界》VS 《西行漫记》*

《中国震撼世界》是美国记者杰克·贝尔登（Jack Belden）写就的描绘中国人民解放战争的、可与埃德加·斯诺的《西行漫记》相提并论的一部"新闻经典"著作。然而，长期以来，中国新闻界对于《中国震撼世界》和杰克·贝尔登的了解和关注却远远不如《西行漫记》和埃德加·斯诺。那么，这部"新闻经典"到底有何堂奥？又缘何被埋没？本文将通过这些问题的分析，来透视"新闻经典"之内在建构机制问题。

一　《中国震撼世界》是否是一部"新闻经典"

前文提到，"新闻经典"的评价虽然人见人殊，但一部新闻作品能够历经时间的淘洗而不衰，并且能够为大多数人所认可，必然包含着某些共通的元素，如新闻性、作品的时空穿透力和跨学科影响力等。以此标准来衡量，《中国震撼世界》无疑具备了入选"新闻经典"的资格，至少已经进入了"准新闻经典"的行列。

首先作品具有新闻性。《中国震撼世界》是作者 1947—1949 年深入华北解放区的长篇纪实，当时作者的身份既然是美国合众社记者，在这 3 年的时间内必然是有发表渠道的。即使做最坏假设，作者全部

＊　本文部分内容发表于刘锐、蔡尚伟《〈中国震撼世界〉：一部被埋没的新闻巨作》，《国际新闻界》2011 年第 4 期。

作品都未发表，图书英文版出版于 1949 年，那时内战刚刚结束，时间上对于受众来说依然具有时效性，因此，《中国震撼世界》具有极高的新闻性。

其次，作品具有恒久的时空穿透力和跨学科影响力。尽管《中国震撼世界》是否是经典仍需时间检验，但作品自出版至今陆续在其他不少国家再版，并且得到各国不同领域人士的高度评价，从一个侧面证明了《中国震撼世界》已经具备了一定的时空穿透力和跨学科影响力。《中国震撼世界》的英文版 1949 年问世之时，"美国反中国人民的干涉政策妨碍了它的销售（主要书店都不敢承接此书）。但是，《中国震撼世界》冲破阻碍，在美国和其他很多国家，与读者见了面"①。其中，日文版 1952 年 7 月出版之时，日本著名现代文学研究家竹内好对此书推崇备至："如果只能举一本关于中国的书的话，我想推荐这本书。……相当于贝尔登的前辈斯诺的《西行漫记》一书，至今仍是经典的名著，但贝尔登的这本书更有思想的深度。" 1970 年，作品英文版再版时，美国中国问题专家欧文·拉铁摩尔也称其为可与埃德加·斯诺的《西行漫记》和韩丁的《翻身》相媲美的经典之作。1971 年法国汉学家毕仰高（LucienBianco）出版的《中国革命的起源》一书中，将其与《西行漫记》《两种时间》以及《中国的惊雷》并称为西方了解中国革命的经典之作。② 该书中文版于 1980 年出版，在出版说明中，出版者提到，与埃德加·斯诺的《西行漫记》、史沫特莱的《伟大的道路》、韩丁的《翻身》及其他一些反映我国革命的名著一样，本书也是中国革命必然胜利的见证。之后 2003 年外文出版社出版的 *LIGHT ON CHINA* 系列丛书中也包括了这本，前外交部部

① Belden, J. *China Shakes the World*, Beijing: Foreign Languages Press, 1989, preface.
② Lucien Bianco, *Origins of the Chinese Revolution*, Paris 1967; tr. Stanford University Press, 1971, p. 217.

长黄华为之写了前言，认为从历史的角度来看，它与埃德加·斯诺的《西行漫记》双星并耀，同为对中国革命的经典报道。

二 《中国震撼世界》之经典性何在

"新闻经典"的时空穿透力和跨学科影响力根植于作品内在的经典性。可以想象，假若新闻作品缺少内在的价值和意蕴，只依赖于外力的推动，当时空流转，斗转星移，若干年后，其也将褪去华丽的外衣，现出呆板单调的底色。

内在经典性主要表现为作品具有广阔的多元阐释空间。经典作品"由于本身蕴含着意向潜力，到了每一个时代都能够在新的促进对话化的背景上，不断展现新的文意"①，从而得以跨越时空，直指当下乃至未来，在现代语境下复活，这也是"新闻经典"之所以具有跨学科影响力的原因所在。

"新闻经典"的时空穿透力和跨学科影响力还在于其自身是超越意识形态、国家乃至民族等的界限，具有普适性的价值。一方面，"新闻经典"展示出的信息对于不同年代、国家和民族均有一定的价值和意义；另一方面，"新闻经典"由于采用了尽可能客观公正的叙事手法和态度，这就使得其能够为不同空间、不同年代的读者所接受。就《中国震撼世界》文本来说，其内在经典性具体表现在：

1. 描绘世界的广阔细腻

《中国震撼世界》是一幅波澜壮阔的中国内战图景的生动记录和描绘，在这幅宏大的图景上，作者杰克·贝尔登横跨天津、河北、河南、山东等华北数省，并兼及东北（满洲）、长江下游和台湾等地区，

---

① ［俄］巴赫金：《小说理论》，钱中文、白春仁译，河北教育出版社1998年版，第213—214页。

向我们全面如实记录了 1947—1949 年中国解放战争期间解放区和蒋管区社会、经济、政治、文化等各个方面的情形。作者通过对解放区的根据地建设、政府运作、边区官员、农村选举、边区社会（解放区税制、银行、交通、教育、人民生活）、中国的土地革命（诉苦会、地主的破坏、农民的反击、暗杀、投毒、美人计等）、中国的游击区、人民战争、妇女的反抗、内战中解放军和国民党的军事战略战术、蒋介石和人民的对立、蒋家王朝的覆灭等的记录和描绘，让受众深切体会到了中国人民解放战争为什么会以中国共产党的胜利、蒋介石的失败而告终。

为全面系统地认识当时解放区和中国社会的真实情形，杰克·贝尔登刻意没有去当时中共首脑所在地延安，因为在他看来，"那个小山村已经变成了一个每个希望到中国快速浏览一圈的外国记者的旅游中心……我没有兴趣加入到那个圈子里，担心那将会对更密切地接触人民、战争或者他们的革命非常困难"。他深入华北解放区的村村落落，在与底层百姓、基层人员的接触中了解当时的社会情形及革命的形势，这比单纯访问中共高级官员及其所在地的做法更能够了解到事情的真相和中国社会的复杂面貌。

正如本书 1949 年版的序言中所提到的："杰克·贝尔登将带你进入中国农民的窑洞和茅草屋，用解剖麻雀的态度来讲述和分析造反的具体操作方法。他展示的是巨幅的社会震荡的景象，试图推翻社会原有等级制度的男男女女，竭尽全力镇压住他们的封建势力，一次又一次造反的农民，还有他们高举的木棒、梭镖和杀猪刀。当他打开我们的视野，展现在面前的是一个浴火的中国，人民在造反的激情中不能自已，兄弟阋墙，父子相残，夫妻反目。仅仅随便列举几个本书中的情节，就能使人战栗不已，被打得鼻青脸肿的少女、强迫婚姻、被绑架的妻子、卧室里的政治、民主与妇女姐妹联合会、女性的反抗，以及性和政治的独特联系。更骇人听闻的还有活埋、穷人和富人的生死斗争、午夜的敌后突袭、埋藏起来的财宝，甚至有一个关于一个男人被杀死于荒郊野岭，他的妻子被迫从旁观看的故事。"① 如此丰富的、包含巨大信息量的内容，让后来的批评者和阐释者犹如挖掘到一口源源不尽的泉眼，在不同的时代、不同背景下的人们中都能得到阐释的资源。

2. 塑造人物的丰富多彩

新闻虽然主要以描述新闻事件为主，但新闻不单是事学，也是人学，离开了人的活动和实践，新闻事件将成为无源之水、无本之木，因此，一部优秀的新闻作品应当注重人的描写，塑造丰富多彩的人物，展现鲜活的人性。新闻经典更应如此。"经典文本宛如一块晶莹剔透的水晶体，其意义随语境和视角的变换而变换，似乎永远不会穷尽。这其中有个原因，那就是经典文本聚焦于人。从哲学意义看，人是最复杂的。"② 对活生生的人视若不见、洞察不深的作者不可能成为经典作家，其作品也不可能成为经典作品。

杰克·贝尔登的作品做到了这一点，一个个鲜活的人物和灵魂在你的身边跳跃，无论你从哪个侧面观察他们，他们都是一个个有着生动、鲜明个性的人物。人物丰富了《中国震撼世界》的内涵，也使之成为一部"说不尽、道不完"的富有人生意蕴的"经典"之作。而且与《西行漫记》主要关注的是毛泽东、周恩来、彭德怀等历史重要人物不同的是，《中国震撼世界》虽然也有对贺龙、薄一波、蒋介石等历史重要人物的描绘，但更多是着眼于历史小人物。比如，描写较为详尽的就有女游击队员梅英、武工队领导人李玉明、民兵小分队领

---

① ［美］杰克·贝尔登：《中国震撼世界》，邱应觉等译，北京出版社 1980 年版，序言。

② 梁旭东：《遭遇边缘情境：西方文学经典的另类阐释》，北京大学出版社 2004 年版，序言。

导人"地老鼠"唐文亮、反抗封建婚姻的农村姑娘金花等，除此，还有不少寥寥数笔但也鲜活动人的人物形象，比如怀着深仇大恨用剪刀嚓嚓地剪下地主的肉的村妇们；为了引诱干部脱离革命而和他们上床的有钱人的老婆和小妾们；一个装神弄鬼、借跳大神的办法来吓唬无知村民的乡下巫婆；一个仇视革命、不惜砍下自己女儿头颅来防止她参加造反的母亲等。

帝王将相、英雄情节是历史长河中激起的波澜浪花，日常生活、普通人物构成的历史才是这一滚滚长河的河谷和河床，因此，一部小人物的历史更能反映当时的历史真实，也更能反映人与人之间、人与世界之间等的存在状态，为后人明鉴过往、反省人类的命运提供参照。爱泼斯坦在接受中国人民大学教授蓝鸿文采访时谈到3S的不同时曾提到，如果论写作的技巧，我倒更欣赏另一位美国记者杰克·贝尔登的作品，他的《中国震撼世界》就是一部优秀的纪实著作，是很值得一读的。① 这里爱泼斯坦相当于说《中国震撼世界》在写作技巧上胜于3S的著作，包括久负盛名的《西行漫记》。追根溯源，人物塑造的成功可谓一大原因。

这里以金花的故事为例。《中国震撼世界》第十章中，作者以金花的故事切入，向我们描绘了一段活生生的妇女反抗封建压迫的历史。金花是一位漂亮的农村姑娘，她爱上了哥哥的朋友，然而，迫于封建习俗和父母意愿，却嫁给了一个比自己大十几岁的"丑"男人，婚后受到丈夫、公公、婆婆等人虐待，生活了无生趣并埋下了仇恨的种子。共产党在村里组织妇女会后，金花依靠组织的帮助教训了公公和婆婆，迫使他们答应不再虐待金花，最后那个丈夫逃离了家乡，金花也和他离了婚，对未来的新生活充满憧憬。在这个故事中，你可以

---

① 参见蓝鸿文《面向新闻界》，警官教育出版社1995年版，第286页。

用马列主义意识形态的解读法，将金花解读为反抗封建婚姻压迫的女子，得出只有共产党才能找到"打开妇女之心的钥匙"，也可以将金花解读为一位女权主义者等，比如 20 世纪 70 年代初美国女权主义学者就将金花的故事视为世界解放妇女运动的典范，掀起了一场"社会主义能不能解放妇女"的热烈讨论和中国妇女研究热。

3. 客观公正的报道理念

客观公正是新闻业生存的合法性所在，是新闻报道的基石，是不同时代、不同国别的新闻记者都必须要遵循和恪守的职业理念，某一时代、某一国家的新闻作品之所以能够得到后来时代和其他国家民众的认同，首先即在于其对客观公正理念的信奉和遵守，这也是新闻作品能够获得普适性价值的原因之一。尽管客观公众是新闻业的一项最为基本的要求与规范，然而，由于意识形态、价值观等的局限特别是人与生俱来的主观性，客观公正理念知易行难，而将客观公正作为一种职业精神来恪守的新闻工作者就更殊为难得。

既然人的主观性不可避免，而新闻记者又必须遵循客观公正的理念，两者就形成一种极为紧张的关系。如何把握两者之间的平衡，着实考验着每一个从事新闻报道的记者。而"新闻经典"的作者无疑是这方面的典范。

尽管与解放区官兵和民众的长期工作生活使杰克·贝尔登不可自已地流露出自己的主观感情，譬如《锄霸》一节中，他跟着一个民间小分队参加袭击一个地主的军事行动。临行前，小分队和翻译都建议他带上一支枪，杰克·贝尔登坚持不带。然而，他的内心却翻开了锅："杰克·贝尔登啊，你是个浑蛋，我暗自骂自己。你保持中立，是为了一旦被俘时可以有理由说自己是个观察员。可是，保护你的那些人怎么样了呢？他们会被枪毙或者活埋的。……哎，我真浑蛋，为什么拒绝自卫?"① 但作为一名新闻记者，杰克·贝尔登又时刻注意着新闻报道的客观公正。

比如他凭借其长期对国共两方的了解和知识的积累，得出了中国人民解放战争共产党必然胜利、国民党必然灭亡的结论，但是他对于受到人民爱戴的中共政权并非一味地称赞，而是肯定中有中肯的批评和建议。如作者写道中国共产党发动人民进行民主选举时，认为"如果认为解放区农村政权的形式是十全十美的，那未免有些虚妄。如果以为八路军或共产党一夜之间就能在封建主义的废墟上建立起欧美那样的民主政府，也是一种主观臆想。"② 他观察到共产党提拔土改运动中的积极分子，这有可能给怀有野心的不良分子以掌权之机。他评价中国共产党的整风运动时认为，批评与自我批评固然有利于整顿干部作风，"但它有可能扼杀人们的活跃思想，使人们完全按照党的政策进行思考和活动"。③

作者始终以客观、中立的态度对共产主义保持一定的距离，既肯定其成绩，又指出其不足，这就比单纯描绘中国共产党的成就、只进行"一面理"式的报道更加让人信服，传播效果也更好。史沫特莱认为贝尔登有一天也许能写出一部中国的《战争与和平》，是不无道理的。她在《中国的战歌》一书中写道："我以为，（《战争与和平》）只能由一个始终不懈实际参加全部战争的中国人来完成。但是我也想到，杰克也许有一天也能写出一部很出色的书。……他比我客观……而我却常常忘记自己不是一个中国人。"④

---

① ［美］杰克·贝尔登：《中国震撼世界》，邱应觉等译，北京出版社 1980 年版，第324—325 页。

② 同上书，第 107 页。

③ 同上书，第 634—635 页。

④ ［美］艾格尼斯·史沫特莱：《中国的战歌》，江枫译，作家出版社 1986 年版，第511 页。

三 《中国震撼世界》缘何被埋没

《中国震撼世界》的经典性使之具备了进入"新闻经典"的资格，但是长期以来《中国震撼世界》的价值却未能被充分认知和开发。尽管不少人将其命名称为经典之作，但与如雷贯耳的《西行漫记》相比，《中国震撼世界》可谓一部被埋没的"新闻经典"。

欧文·拉铁摩尔在 1970 年第二版英文版《中国震撼世界》的序言中提及报道这场中国革命的三部最佳著作时已经提出："《西行漫记》早已是一部脍炙人口的经典著作，《翻身》也不容置疑是一部经典著作。……《中国震撼世界》在这两部书之间问世，但是至今仍是一部被埋没的杰作。"① 当时是，《中国震撼世界》虽然因再版轰动一时，但影响力远不及《西行漫记》。

在中国，《中国震撼世界》亦是长期"养在深闺人未识"，直到 1980 年才出版中文版，之后虽于 2003 年再版，但国内对其的认知度甚低。据笔者搜寻到的资料，中国新闻学界只有蓝鸿文、李彬、张功臣、甘险峰、郭可等少数学者提及《中国震撼世界》，并认为其是一部杰出的新闻著作或"新闻经典"，大多数新闻界人士对这部著作并不知晓。

经典的形成是经典性和经典化的统一，"能成为经典的必定是社会关系复杂斗争中的幸存者"②。经典固然是以其内在经典性戴上经典桂冠的，但经典又是被后人建构出来的。就《中国震撼世界》而

---

① ［美］杰克·贝尔登：《中国震撼世界》，邱应觉等译，北京出版社 1980 年版，序言。

② ［英］T. S. 艾略特：《艾略特诗学文集》，王恩衷编译，国际文化出版公司 1989 年版，第 27 页。

言，我们不无遗憾地看到，其因种种原因在经典化的进程中一再受挫。在经典的建构过程中，权力、教育、科研等几大因素最终影响着一部著作能否成为经典之作，这里就针对《中国震撼世界》一一分析。

1. 政治权力

"人类文化伟大时代的有代表性的艺术作品，总是带有政治性的。"① "文学的本意就是意识形态。它和社会权力这个问题有着最为亲密的关系。"② 这些或多或少有些偏颇的观点，都从某种程度上说明权力因素对于一部经典作品的建构多么重要。

《中国震撼世界》尖锐批判了国共第二次内战期间美国支持国民党的政策失误，这些逆耳之言显然不会受到美国政府的欢迎，而且，作者杰克·贝尔登当年在中国采访时，"院外援蒋游说团"已经在毒化美国的政治气氛，后来又出了麦卡锡—麦卡伦集团，更是闹得一片乌烟瘴气，因此，作品不受当时美国政府待见是可以预见的了。他在书中提道："我从共产党地区一出来，就给美国一家全国性杂志投了两篇稿。编者买下了这两篇稿子，还来信说'写得好极了''堪称足下最佳作品'。但是在美国国内人为地煽起的歇斯底里气氛中，该杂志的发行人横加干预，不许刊登这两篇文章，而且还指责我赞同'暴乱行为'。"在当时的政治环境下，该书虽然于 1949 年由哈泼氏出版社（Harpers Press）勉强出版，"但却没有几个书店敢摆上柜台，以至于这本在重要性上不亚于《西行漫记》的作品在西方造成的影响要小

---

① 郑土生：《再谈莎学研究需要马克思主义》，《外国文学研究》1994 年第 2 期，第 15 页。

② Terry Eagleton，*Literature Theory*，*An Introduction*，University of Minnesota Press，p. 20.

得多"①。由于美国反共和反社会主义的意识形态，《中国震撼世界》长期得不到官方的承认，甚至被禁止印行，作者也受到种种不应有的待遇，为躲避迫害，不得不迁居瑞士。虽然1970年该书英文版二次出版时因记载美国政治和军事当局在中国所犯有的许多不应有、愚蠢而明显的错误值得越南战争借鉴而红极一时，但这部批评当年美国对华政策的著作不会受到主流意识形态的青睐是可以肯定的了，从那以后，该书英文版至今未在国外再版过。

在中国，新中国成立后很长一段时间内，以意识形态的远近决定翻译出版哪些著作，热衷于翻译苏联和东欧社会主义国家的经典著作，美国作为帝国主义的典型代表，翻译的作品相对较少，新闻作品译作更为少见，据《中国新闻学书目大全》显示，1949年至1978年，未有一本国外新闻作品译著出版。久负盛名的《西行漫记》直到1979年才有新中国成立后的第一个中文版，而《中国震撼世界》更是直到1980年才有中译本问世。与《西行漫记》及其作者斯诺相比，《中国震撼世界》对于当时中国共产党的直接帮助似乎不大，贝尔登后来对新中国的贡献也远远不及斯诺，这就造成中国官方对其的推荐力度远不如《西行漫记》。直到1989年前外交部部长黄华为《中国震撼世界》作序，将其与《西行漫记》《伟大的道路》相提并论，《中国震撼世界》才首次得到中国主流意识形态的推荐，但官方级别和荐举力度明显不如《西行漫记》。

2. 教育机制

"新闻经典"的建构既有赖于权力机构的推介，更需要教育系统的认可和传授。"艺术家和作品的声誉最初是根据'纯粹意见'所判

---

① 李根：《〈中国震撼世界〉是一本什么样的书》，http://www.chinashakestheworld book.com。

断的会合而形成的，只有他们所受到的尊重被学术专业人士当作知识在体制上变得有效时，他们才成为经典。"①

而在这一赛程中，《西行漫记》与《中国震撼世界》的经典竞赛，后者同样被远远地甩在了后面。比如大学新闻学专业在诸如《中外名记者研究》《高级新闻写作》《新闻采访学》等的课程教学中，几乎都会提到埃德加·斯诺的职业精神、采写经验及其技巧，对其大加赞赏，并引为范例或范文，而少有教师向学生传授杰克·贝尔登的采写方法及其经典著作《中国震撼世界》。事实上，论职业精神、采访写作技法，杰克·贝尔登丝毫不输于埃德加·斯诺，甚至采写技法之高超还在斯诺之上。

这里仅以采访方法为例来说明。我们常常津津乐道于斯诺善于选择合适的话题，造成一种生动的气氛，同采访对象一见面就像老朋友似地交谈起来的方法，并将其命名为斯诺法大加称赞，而我们似乎忘记了，斯诺之所以能够去陕甘苏区采访是出于红军高层领导的要求和安排。毛泽东是决定斯诺进入红区的第一人。② 此外，《西行漫记》里提到，周恩来还帮他制订了一份需费时92天的采访计划。尽管对斯诺是否依计划行事并没有限制，但是我们可以想见，对于中央最高领导安排好的客人，无论哪一个苏区的受访者都不会明显地表示抵触或拒绝采访，这就为斯诺的顺利采访做好了铺垫。比如在《西行漫记》中有诸多中共领导人个人生平的介绍，斯诺曾经的妻子海伦·福斯特·斯诺在斯诺逝世后发表的一篇文章中说："对于埃德加来说，红军领导人本来是不会向他讲述他们的个人经历的，不仅在当时，就是

---

① ［美］迪恩·科尔巴斯：《当前的经典论争》，陶东风主编《文化研究精粹读本》，中国人民大学出版社2006年版，第369页。

② 参见 Jung Chang and Jon Halliday, *Mao：The Unknown Story*, London：Jonathan Cap Random House, 2005, pp. 198–199。

现在他们也不习惯讲述自己个人的经历。"① 那么为什么会有那么多人会向斯诺透露个人经历呢？"毛泽东是这一切的关键。他不仅对埃德加·斯诺打破了持续九年的新闻封锁表示赞赏，而且也从个人心里喜欢他。毛泽东开了先例。一旦他对埃德加·斯诺开诚布公，其他的人也照此办理。"② 与之相反，杰克·贝尔登的行程虽然贺龙和薄一波为其配备了警卫员和翻译，但却没有规定其应该采访哪些地区、哪些人，许多时候杰克·贝尔登还"自作主张"地选择自己的采访路线。由于没有领导的"关照"，同时，杰克·贝尔登除了采访中共共产党方面的官兵之外，还采访了很多普通老百姓，这就使得其在采访难度上要比斯诺大得多。虽然杰克·贝尔登粗通中文，然而，一个外国人与普通老百姓打交道，并让老百姓畅所欲言、说出自己的心里话，绝非易事。杰克·贝尔登却做到了。"用什么办法打开一个刚刚认识二十分钟的赶车老农的话匣子？怎么让一个腼腆的山区妇女讲述她的不幸婚姻？被一帮看稀奇的农村小屁孩包围了可如何是好？在这些情况下他都是高手。"③ 然而由于长期以来少有人在这片处女地上耕耘，也未向学生传授，杰克·贝尔登在《中国震撼世界》中的采写经验、职业精神等被人忽略了，经典著作在完成经典化过程中一再遭遇断裂。

3. 媒介批评

历代研究者的批评阐释在延续经典生命、不断扩展经典作品意义空间方面起着举足轻重的作用。"批评家是知识的开拓者和文化传统的铸造者。今天，无论莎士比亚和济慈有怎样的名声都是同等的批评

① ［美］海伦·福斯特·斯诺：《斯诺和我的书是怎样产生的》，尹均生《斯诺怎样写作》，湖北人民出版社 1986 年版，第 43 页。
② 同上。
③ ［美］杰克·贝尔登：《中国震撼世界》，邱应觉等译，北京出版社 1980 年版，序。

宣传的结果。"①

　　与《西行漫记》研究热相比，杰克·贝尔登的《中国震撼世界》则显得"门前冷落鞍马稀"，大多数新闻史的著述都没有提到杰克·贝尔登及其著作《中国震撼世界》，只有李彬的《中国新闻社会史1815—2005》、甘险峰的《中国对外新闻传播史》、张功臣的《外国记者与近代中国》等少数几部新闻史著作提及《中国震撼世界》，并给予较高评价；新闻文选、辞书方面，影响较大的新中国成立以来第一部新闻学词典、1983 年出版的《新闻学简明词典》，在"新闻作品代表作"一编中列出了《远生遗著》《中国的西北角》《西行漫记》等共 21 本作品名单，《中国震撼世界》未名列榜单。《中国新闻名著鉴赏大辞典》《世界优秀通讯选》《中外通讯选》《中外新闻作品选》等也都未将《中国震撼世界》节选列入。李彬的《中国新闻社会史1815—2005》虽然提及《中国震撼世界》是三部新闻经典之一，但在其编著的《中国新闻社会史文选》中未选编《中国震撼世界》的相关篇目。名记者系列丛书方面，也未有将杰克·贝尔登列入者。而截至目前，笔者也未发现有纪念杰克·贝尔登或《中国震撼世界》的研讨会。1989 年杰克·贝尔登逝世那年，一些报章发表有杰克·贝尔登的讣告，对其一生的经历及其名著《中国震撼世界》做了一番回顾，但仅仅流于介绍，算不上研究，后来对杰克·贝尔登及其《中国震撼世界》也少见有学者做出系统研究，更多地是从《中国震撼世界》中汲取资料，以印证自己的研究和发现。不能说，这些研究没有意义，它们对于丰富《中国震撼世界》的内涵不无裨益，但由于研究重心不在《中国震撼世界》之上，所以对《中国震撼世界》的传播影响较小。

---

① ［加］诺思罗普·弗莱（Northrop Frye）：《批评的剖析》，陈慧等译，百花文艺出版社 1998 年版，第 3 页。

同样的经典，不同的命运，新闻经典的命运在后人建构的过程中可谓云谲波诡，发人深思。

第四节 "新闻经典"建构：任重而道远

"新闻经典"的建构是一项系统工程，前几节就部分"新闻经典"文本分析了"新闻经典"建构中的几种要素，而实际上，这些"新闻经典"本身仍需建构，与其他学科经典相比，"新闻经典"在学科丛中的影响力还不是很大，这是不争的事实，因此，这些"新闻经典"或准"新闻经典"本身仍亟待建构。同时，有无一种可能，某些经典著作，在当时湮没无闻，若干年后重新闪光，被人发现其经典价值的呢？或者文本在当时具有较大的影响力，但后来由于各种因素的遮蔽，泯然众人矣了呢？这同样需要后人的发现和建构，一句话，"新闻经典"建构任重而道远。

一 现有"新闻经典"的建构

与文学经典相比，即使在中国经典指数最高的《西行漫记》，也不能够与很多一般意义上的文学经典相比，更不用说与四大名著等最高等级的文学经典相提并论了。在中国，文学经典尤其是《红楼梦》等四大名著人人皆知，而知晓《西行漫记》的又有多少呢？这似乎是"新闻经典"建构过程中的一大尴尬。尽管我们强调要建构与其他学科经典相提并论的"新闻经典"，但迄今为止，这似乎仍是一个遥不可及的梦想。"新闻经典"由于重点关注的是"新闻事件"，新闻人物不占主导地位，这就使得其与文学经典相比，在人物塑造和人性表现广度上远远不及文学经典，虽然"新闻经典"在人物塑造和人性表现上较普通的新闻作品有了更大的进步，但与以人为中心，可以运用多种艺术表现手法充分汲取现实生活题材表现人性的文学作品相比，这种对人物和人性的表现仍是极其有限的。而较之对事件的关注，对人性的关注是永恒、普遍的，不同时代、不同地域、不同国家、民族的人都不可能不关注人类的存在和命运，因此，"新闻经典"也许注定不能和最高等级的文学经典相提并论。但是退而求其次，与一般意义上的文学经典呢？"新闻经典"能否达到其所具有的深远的影响和扣动人心弦的魅力？这仍然有待我们去发现和开拓。

与史学经典相比，"新闻经典"虽然可以向史学经典转化，但大多"新闻经典"由于只能关注某一时间段内的新闻事件，不可能表现一个较长历史时间、广阔空间内具有历史联系的所有事件，因此，也就不可能如史学经典那样获得恒久的历史影响力和更为普遍的受众群。即使转化成史学经典的"新闻经典"如《西行漫记》《震撼世界的十天》《中国震撼世界》等，与《史记》《资治通鉴》等历史文本相比，也是自惭形秽的。首先，史学经典主张"究天人之际，通古今之变，成一家之言"，而"新闻经典"由于重点关照的是当时发生的新闻事件，而不是历史发展的规律，写作又有极其严格的时效性要求，不可能以事后很长一段时间的视角来观察思考，因此即使记者博古通今，有着很高的史学修养，也不可能做到所有地方都精心打磨、沉思慎察，新闻文本必然与历史的真实或多或少有些误差，最高等级的"新闻经典"与最高等级的历史经典相比必然存在着差距。

另外，我们谈"新闻经典"在中国的建构，自然希望中国本土的"新闻经典"能够为世界有所贡献，然而，综观我们目前的"新闻经典"名录，我国经典指数最高的新闻作品著作以及能够入选"新闻经典"名单的却有不少是西方记者的作品，诚然，西方记者的相关作品由于占据中西文化交流的地位，在中西方世界中都能够得到回应，比起单纯的由中国记者描写中国的作品来，其传阅面和影响力自然宽广得多，这是他们以及他们的作品所具有的优势，也是中国"新闻经典"建构的尴尬，我们不禁要问，什么时候我国本土的记者能够有一部类似《西行漫记》经典地位的著作呢？中国人自己撰写的新闻作品著作能够担当起在中西方都颇具影响的"新闻经典"重任吗？这也需要在发现中不断建构。

二　另辟蹊径，建构经典

其他学科经典尤其是文学经典有一个突出的现象即某些文学作品在发表后很长一段时间内默默无闻，然而若干年后甚至几百年之后后人终于发现了它的经典价值，最终登堂入室，成为经典。那么，"新闻经典"有无这种可能呢？可以肯定的是，"新闻经典"由于新闻性的要求，新闻文本发表之初必然在当时就已经产生了较大的社会影响，否则其新闻性将无从谈起，因此如果"新闻经典"在诞生之初未产生什么影响，而后来却被建构成经典的情况出现的可能性极小。但不排除新闻文本在当时具有较大的社会影响力，由于意识形态、学术教育机构等的遮蔽，这些文本至今仍没有进入现代人的视野，未完成经典化这一过程。但是，当我们排除了意识形态、学术视野等的遮蔽，重新发掘被尘封的历史，一些历经社会变迁和政治文化语境转移的新闻作品，也许其"经典性"有一天会重见天日。

以外国记者在中国的报道活动及其新闻作品为例，他们的新闻活动、人生经历及其有关中国的报道作品，折射了百年来中国社会政治风云及中西世界的关系，提供了一个不可多得的认识中国现代化进程的视角，具有独特的文化意蕴。百年来这些外国记者留下了大量的新闻作品，那么，除了《西行漫记》《中国震撼世界》《中国的惊雷》

等著作，还有哪些可以被称之为"新闻经典"的呢？这就有待我们去发掘和整理。而对这些新闻遗产的清理将使一些被历史的尘埃覆盖的新闻作品重新闪光。

此外，"新闻经典"的建构不仅要面对历史，面对当下，也要面向未来。今天的个别优秀新闻作品，经过时间的检验，在数十年后的将来，进入"新闻经典"的候选名单也未尝不可能。

当然，"新闻经典"意味着对作品本身最高等级的认定，犹如金字塔的塔顶，这是"优秀作品""精品""名作"等所不能比拟的。"经典"的容量是有限的，只有极少数最伟大的著作才可称为经典，"新闻经典"注定是稀缺的，是少而精的，泛滥的绝不是经典。而"经典"也是在与"非经典"和"准经典"的比较中以及不断的时空变动中确立的，经典具有相对性，我们要在变与不变、绝对与相对中把握经典。

三 建构"新闻经典"的策略

既然"新闻经典"仍需建构，那么又该如何建构"新闻经典"呢？这里笔者参照前文的"新闻经典"建构机制，简要提出建构"新闻经典"的四大方略。

1. 意识形态的加冕

一方面，在选定"新闻经典"文本基础上，主流意识形态可以通过各种手段，譬如进行广为人知的宣传，建立评奖机制，召开研讨会，提出教材编纂大纲和思路，将其入选中小学课本或参考书等，加大"新闻经典"的推广力度；另一方面，对文本在意识形态层面进行松绑，即使某些有对主流意识形态不利的文本，也秉着"有则改之，无则加勉"的态度对待，扩大"新闻经典"的候选范围。可以考虑将相关课题设置为国家或省部级社科基金项目，通过对自新闻事业诞生以来的所有新闻文本进行研究，选择出有可能成为"新闻经典"的全部文本，再利用各种宣传手段予以建构。

2. 学术的批评阐释

"新闻经典"研究是新闻学科的最为基础的命题，然而不少学界中人至今尚未认识到这一课题的价值，不但专门的"新闻经典"的系统研究欠缺，而且对经典文本的批评阐释也远远不足。以经典指数最高的西行漫记为例，据笔者 2016 年 11 月 22 日在中国知网期刊全文数据库的检索，自 1977 年至今以"西行漫记"为主题进行研究的论文共 1074 篇，远远不及同一时期研究红楼梦的学术论文，1977 年至今关于红楼梦主题的研究论文共 21149 篇。"新闻经典"批评阐释之不足可见一斑。因此，学界要高度重视"新闻经典"研究之于新闻学科的价值和意义，从捍卫学科尊严、与其他学科平等对话的角度扎扎实实推进"新闻经典"的研究。一方面要进行系统的理论研究，甄别和评判有可能成为"新闻经典"的文本，同时也要从具体的文本出发，对这些文本进行再认识、再解读。

3. 教育机构的倡导

首先新闻学科要在专业教育上开设相关课程，传授"新闻经典"文本和作者素养等知识，虽然之前新闻传播学科曾经开设过类似"名著导读""名记者研究"之类的课程，但是所选人物和文本无外乎是在新闻史上较具知名度的人物或文本，范围过于狭窄，因此，在研究相关著作的前提下，教育界要扩大新闻文本和人物的候选范围，将那些真正代表新闻界最高水平的新闻人和新闻文本带进课堂教育。其次，在经典诵读如火如荼的今天，要力争将"新闻经典"纳入经典诵读的范围，从中小学就培养学生的媒介素养，增加其对新闻人及其新闻文本的认知和了解。在我们越来越依赖媒介化生存的时代，这是一项更为紧迫的工作。

4. 受众的素养教育

当今的时代是一个鱼龙混杂的海量信息时代，在真假莫辨、美丑难分的大量信息面前，不少受众缺乏或丧失了对信息的甄别和判断能力，一任信息大潮冲击，随信息洪流浮沉荡漾。未来社会，信息化程度进一步提高，人类与媒介之间的关系将更加水乳交融，要在未来的社会立足，受众具备一定的媒介素养尤为必要。而通过阅读"新闻经典"，触摸新闻文本中那些最为高贵的灵魂，才能够增强对各种事物的辨别能力，在未来的信息惊涛中踏浪而行，做到"弄潮儿向涛头立，手把红旗旗不湿"。

由于"新闻经典"的建构是一个长期的历史的过程，我们当然不能期望单凭当下的努力就能够成功建构"新闻经典"，这是几代人乃至十几代人方能成就的事业，同时，"新闻经典"的建构过程中还存在着诸多历史的必然和偶然，这些都决定了"新闻经典"的建构是一项长期而艰巨的任务，需要一代又一代的人努力奋争。

结　语

　　"新闻经典"是事关新闻学科能否与其他学科平等对话的基础命题，是媒介化生存背景下人类提高媒介素养、增强生存发展能力的一个至关重要的问题。"新闻经典"是需要建构的，本文只能提出建构"新闻经典"的一些思路，"新闻经典"建构成功并最终赢得其他学科的认同，尚需付出艰苦的学术努力。

　　首先，"新闻经典"与文学经典、史学经典的关系尚需进一步厘定。作为文化经典下的众多子类，它们的边界到底在何方？有可能同时为文学经典、史学经典的"新闻经典"，其独立的合法性何在？经典是在事后一段很长时间内盖棺定论的，然而新闻却是讲求时效性的，失却时效性的新闻作品著作何以再被合理地命名为"新闻经典"？特别是当"新闻经典"成为史学经典之后，其还有可能"返老还童"，再次成为"新闻经典"吗？"新闻经典"与其他学科扯不断、理还乱的关系使我们不得不为"新闻经典"到底能否成为一个为其他学科所公认的问题而担忧。

　　其次，现有的"新闻经典"名单只是笔者在尽可能科学客观前提下的一种排列，这些"新闻经典"能否在未来很长一段时间内依然保持其相对经典的地位？在世界范围内，能否还能称得上"新闻经典"？

有没有一种更为科学的经典谱系和排列？这些经典作品之间到底有什么内在的联系？西方国家又有哪些鲜为人知的"新闻经典"？这些仍需新闻学界做出回应，以建构一个更为科学合理、能够为其他学科所承认的"新闻经典"谱系。

再次，笔者只是对现有"新闻经典"框架内的一些作品进行了文本细读方面的一些尝试，但是笔者深知，这些所谓的细读远未充分挖掘出"新闻经典"文本的丰富意蕴，如果说"新闻经典"文本是一个金矿的话，那么也许笔者目前做的至多不过是捡到了一些金沙粒而已，未来尚需更进一步对"新闻经典"文本做更深一步的开掘和深挖。

最后，对于"新闻经典"建构机制，笔者只是粗略地提出一些宏观的建构因素，究竟这些因素是如何具体作用于不同的"新闻经典"文本的？不同的经典文本之间，这些建构机制对于"新闻经典"的建构到底有何微妙的差异？不同的时代，建构"新闻经典"的要素之间究竟发生了哪些变化？"新闻经典"文本与非经典文本之间，建构机制的作用到底有多大？建构过程中的人为因素和历史因素间的关系是怎样的？等等。这些都需要进一步的考量。

总之，"新闻经典"的建构任重而道远，对于年轻的新闻学科而言，这是一项"未竟的事业"，一项"永不停止的事业"。

主要参考文献

中文著作：

陈力丹：《马列主义新闻学经典论著》，人民日报出版社 1987 年版。

童兵：《马克思主义"新闻经典"教程》，复旦大学出版社 2002 年版。

郑保卫：《马克思主义"新闻经典"论著导读》，中国人民大学出版社 2007 年版。

吴飞：《马克思主义新闻传播思想经典文本导读》，浙江大学出版社 2005 年版。

颜雄：《百年"新闻经典"1900—2000》，湖南大学出版社 2000 年版。

熊澄宇：《西方新闻传播学经典名著选读》，中国人民大学出版社 2004 年版。

《当代世界学术名著——新闻与传播学译丛·大师经典系列》，中国人民大学出版社 2003—2005 年版。

《西方新闻传播学经典文库》，新华出版社 2004—2005 年版。

周光庆：《中国古典解释学导论》，中华书局 2002 年版。

刘小枫、陈少明:《经典与解释的张力》,上海三联书店 2003
　　年版。

吴秀明:《多维视野中的百部经典》,浙江古籍出版社 2004 年版。

周国平:《经典的理由》,广西师范大学出版社 2001 年版。

朱自清:《经典常谈》,上海文艺出版社 1999 年版。

谢晖:《新闻文本学》,中国传媒大学出版社 2007 年版。

白庆祥:《中外新闻名著鉴赏大辞典》,新华出版社 2001 年版。

陈建云:《中外新闻学名著导读》,浙江大学出版社 2005 年版。

余家宏、宁树藩、徐培汀等:《新闻学简明词典》,浙江人民出版
　　社 1983 年版。

甘惜分:《新闻学大辞典》,河南人民出版社 1993 年版。

张功臣:《外国记者与近代中国 1840—1949》,新华出版社 1999
　　年版。

杨保军:《新闻价值论》,中国人民大学出版社 2003 年版。

杨保军:《新闻活动论》,中国人民大学出版社 2006 年版。

杨保军:《新闻事实论》,新华出版社 2001 年版。

杨保军:《新闻精神论》,中国人民大学出版社 2007 年版。

林德海等:《中国新闻学书目大全 1903—1987》,新华出版社
　　1989 年版。

徐培汀:《中国新闻传播学说史 1949—2005》,重庆出版社 2006
　　年版。

李秀云:《中国新闻学术史 1834—1949》,新华出版社 2004 年版。

李建新:《中国新闻教育史论》,新华出版社 2003 年版。

陈昌凤:《中美新闻教育传承与流变》,中国广播电视出版社
　　2006 年版。

戴元光、童兵、金冠军:《20 世纪中国新闻学与传播学》,复旦

大学出版社 2001 年版。

陈作平：《新闻理论新思路新闻理论范式的转型与超越》，中国传
　　媒大学出版社 2005 年版。

刘建明：《媒介批评通论》，中国人民大学出版社 2001 年版。

王君超：《媒介批评起源·标准·方法》，北京广播学院出版社
　　2001 年版。

雷跃捷：《媒介批评》，北京大学出版社 2007 年版。

李岩：《媒体批评立场范畴命题方式》，浙江大学出版社 2005
　　年版。

朱立元：《接受美学》，上海人民出版社 1989 年版。

方汉奇：《中国新闻事业通史》，中国人民大学出版社 1992、
　　1996、1999 年版。

余家宏、宁树藩、徐培汀等：《新闻文存》，中国新闻出版社
　　1987 年版。

颜雄：《百年"新闻经典"1900—2000》，湖南大学出版社 2000
　　年版。

王辰瑶：《嬗变的新闻——对中国新闻经典报道的叙述学解读
　　（1949—2009）》，中国传媒大学出版社 2009 年版。

刘小枫、陈少明：《经典与解释的张力》，上海三联书店 2003 年版。

周国平：《经典的理由》，广西师范大学出版社 2001 年版。

夏琼：《新闻评析》，高等教育出版社 2002 年版。

夏琼：《新闻评析原理与实务》，武汉大学出版社 1997 年版。

陈龙、陈霖：《新闻作品评析概论》，中南大学出版社 2005 年版。

黎剑莹：《英文新闻名著选粹》，（台湾）经世书局 1985 年版。

余家宏、宁树藩、徐培汀等：《新闻文存》，中国新闻出版社
　　1987 年版。

方汉奇、李矗：《中国新闻学之最》，新华出版社 2005 年版。

王晓路：《当代西方文化批评读本》，四川大学出版社 2004 年版。

王晓路：《文化批评关键词研究》，北京大学出版社 2007 年版。

童庆炳、陶东风：《文学经典的建构、解构和重构》，北京大学出版社 2007 年版。

《中国经典诠释传统》，（台北）财团法人喜马拉雅研究发展基金会 2002 年版。

陈力丹、闫伊默：《传播学纲要》，中国人民大学出版社 2007 年版。

童兵、林涵：《20 世纪新闻学与传播学——理论新闻学卷》，复旦大学出版社 2001 年版。

刘建明：《宏观新闻学》，中国人民大学出版社 1991 年版。

陈其荣、曹志平：《科学基础方法论自然科学与人文、社会科学方法论比较研究》，复旦大学出版社 2004 年版。

黄光国：《社会科学的理路》，中国人民大学出版社 2006 年版。

欧阳康：《人文社会科学哲学》，武汉大学出版社 2001 年版。

洪汉鼎：《诠释学与人文社会科学》，上海译文出版社 2002 年版。

傅修延：《文本学文本主义文论系统研究》，北京大学出版社 2004 年版。

李维武：《人文科学概论》，人民出版社 2007 年版。

李彬：《媒介话语新闻与传播论稿》，新华出版社 2005 年版。

李希光：《畸变的媒体》，复旦大学出版社 2004 年版。

屠忠俊、吴廷俊：《网络新闻传播导论》，华中科技大学出版社 2002 年版。

徐培汀：《中国新闻传播学说史 1949—2005》，重庆出版社 2006 年版。

唐远清:《对"新闻无学论"的辨析及反思》,中国广播电视出版社 2008 年版。

张昆:《中外新闻传播思想史》,复旦大学出版社 2006 年版。

赵凯、丁法章、黄芝晓:《二十世纪中国社会科学·新闻学卷》,上海人民出版社 2005 年版。

鲁风:《新闻学》,新中国报社 1944 年版。

秦光龙:《新闻学艺术新探》,四川大学出版社 2000 年版。

丁淦林、陈建云、方厚枢:《20 世纪中国学术大典新闻学传播学出版学》,福建教育出版社 2005 年版。

周宪等:《当代西方艺术文化学》,北京大学出版社 1988 年版。

李建盛:《理解事件与文本意义》,上海译文出版社 2002 年版。

季广茂:《隐喻理论与文学传统》,北京师范大学出版社 2002 年版。

钱中文、刘方喜、吴子林:《自律与他律:中国现当代文学论争中的一些理论问题》,北京大学出版社 2005 年版。

张隆溪:《中西文化研究十论》,复旦大学出版社 2005 年版。

黄天鹏:《新闻学论文集》,光华书局 1930 年版。

李法宝:《新闻传播方法论》,中山大学出版社 2006 年版。

曾庆香:《新闻叙事学》,中国广播电视出版社 2005 年版。

梁旭东:《遭遇边缘情境:西方文学经典的另类阐释》,北京大学出版社 2004 年版。

余家宏、宁树藩、徐培汀、谭启泰:《新闻学简明词典》,浙江人民出版社 1984 年版。

甘惜分:《新闻学大辞典》,河南人民出版社 1993 年版。

郑亚楠:《新闻传播精品导读外国名篇卷》,复旦大学出版社 2005 年版。

全国高等教育自学考试命题研究组组：《中外新闻作品研究》（最新版），航空工业出版社 2005 年版。

程世寿：《典范新闻评论选析》，华中理工大学出版社 1988 年版。

王振业、李舒：《新闻评论作品选》，中国广播电视出版社 2006 年版。

顾勇华、陈杰：《中国新闻评论名篇选析》，河海大学出版社 1990 年版。

程天敏：《中外通讯选》，广东高等教育出版社 1988 年版。

解力夫：《世界优秀通讯选》，新华出版社 1988 年版。

蓝鸿文：《外国新闻通讯选评下通讯特写》，长征出版社 1985 年版。

中国人民大学新闻系报纸体裁教研室：《通讯特写选》，中国人民大学新闻系报纸体裁教研室 1962 年版。

王洪祥：《中国现代新闻史》，新华出版社 1997 年版。

王洪祥：《中国新闻史古近代部分》，中央民族学院出版社 1988 年版。

李彬：《中国新闻社会史 1815—2005》，上海交通大学出版社 2007 年版。

李彬：《中国新闻社会史文选》，清华大学出版社 2008 年版。

赵中颉：《中国新闻传播事业史纲》，法律出版社 2004 年版。

许正林：《中国新闻史》，上海交通大学出版社 2008 年版。

白润生：《中国新闻传播史新编》，郑州大学出版社 2008 年版。

袁军、哈艳秋：《中国新闻事业史教程》，中国广播电视出版社 1996 年版。

黄瑚：《中国新闻事业发展史》（第 2 版），复旦大学出版社 2009 年版。

吴廷俊：《中国新闻史新修》，复旦大学出版社 2008 年版。

丁淦林：《中国新闻事业史》，高等教育出版社 2002 年版。

张涛：《中华人民共和国新闻史》，经济日报出版社 1992 年版。

穆欣：《抗日烽火中的中国报业》，重庆出版社 1992 年版。

刘力群：《纪念埃德加·斯诺》，新华出版社 1984 年版。

张功臣：《外国记者与近代中国 1840—1949》，新华出版社 1999
　　年版。

张注洪：《国际友人与抗日战争》，燕山出版社 1997 年版。

陈辛仁：《现代中外文化交流史略》，中国书籍出版社 1997 年版。

胡太春：《中国近代新闻思想史》，山西教育出版社 1987 年版。

傅国涌：《追寻失去的传统》，湖南文艺出版社 2004 年版。

周雨：《大公报人忆旧》，中国文史出版社 1991 年版。

中国史沫特莱·斯特朗·斯诺研究会编：《西行漫记和我》，国际
　　文化出版公司 1991 年版。

艾丰：《新闻采访方法论》，人民日报出版社 1996 年版。

卢启元：《中国当代散文史》，广西人民出版社 1990 年版。

尹均生：《斯诺怎样写作》，湖北人民出版社 1986 年版。

梁衡：《新闻原理的思考》，人民出版社 1996 年版。

范长江：《范长江新闻文集》，中国新闻出版社 1989 年版。

展江等：《正义与勇气——世界百名杰出战地记者列传（Ⅰ、
　　Ⅱ）》，海南出版社 2000 年版。

胡太春：《中国近代新闻思想史》，山西教育出版社 1987 年版。

蓝鸿文：《面向新闻界》，警官教育出版社 1995 年版。

黄远生：《远生遗著》，商务印书馆 1920 年版。

范长江：《中国的西北角》，大公报馆 1936 年版。

范长江：《塞上行》，大公报馆 1937 年版。

邹韬奋：《萍踪寄语》，生活书店1937年版。

戈公振：《从东北到庶联》，生活书店1935年版。

周恩来：《旅欧通信》，人民日报出版社1979年版。

萧乾：《人生采访》，文化生活出版社1948年版。

赵超构：《延安一月》，新民报馆1946年版。

张季鸾：《季鸾文存》，大公报馆1944年版。

邹韬奋：《萍踪忆语》，韬奋出版社1940年版。

范长江：《通讯与论文》，新华出版社1981年版。

王芸生：《芸生文存》，大公报馆1947年版。

王韬：《弢园文录外编》，辽宁人民出版社1994年版。

马南邨：《燕山夜话合集》，北京出版社1979年版。

吴南星等：《三家村札记》，生活·读书·新知三联书店1966年版。

丁玲：《陕北风光》，东北书店1948年版。

董谦：《没有人民的世界——沁源围困战》，人民出版社1979年版。

译著：

［美］埃默里等：《美国新闻史》，展江、殷文译，新华出版社1982年版。

［瑞士］让·皮亚杰：《人文科学认识论》，郑文彬译，中央编译出版社1999年版。

［美］哈罗德·布鲁姆：《西方正典——伟大作家和不朽作品》，江宁康译，译林出版社2005年版。

［美］乔纳森·卡勒：《文学理论》，李平译，辽宁教育出版社1998年版。

〔加〕斯蒂文·托托西：《文学研究的合法化》，马瑞琦译，北京大学出版社 1997 年版。

〔荷〕佛克马、蚁布思：《文学研究与文化参与》，俞国强译，北京大学出版社 1996 年版。

〔英〕F. R. 利维斯：《伟大的传统》，袁伟译，生活·读书·新知三联书店 2002 年版。

〔英〕凯·贝尔塞等：《重解伟大的传统》，黄伟等译，社会科学文献出版社 1999 年版。

〔英〕艾略特：《艾略特诗学文集》，王恩衷译，国际文化出版公司 1989 年版。

〔德〕伽达默尔：《真理与方法——哲学解释学的基本特征》，洪汉鼎译，上海译文出版社 1999 年版。

〔俄〕巴赫金：《巴赫金文集》（第 3 卷），钱中文、白春仁译，河北教育出版社 1998 年版。

〔德〕康德：《论优美感和崇高感》，何兆武译，商务印书馆 2001 年版。

〔美〕哈罗德·布鲁姆：《影响的焦虑》，徐文博译，生活·读书·新知三联书店 1989 年版。

〔法〕丹纳：《艺术哲学》，傅雷译，人民文学出版社 1963 年版。

〔德〕H. R. 姚斯、〔美〕R. C. 霍拉勃：《接受美学与接受理论》，周宁、金元浦译，辽宁人民出版社 1987 年版。

〔加〕诺思罗普·弗莱（Northrop Frye）：《批评的剖析》，陈慧等译，百花文艺出版社 1998 年版。

〔英〕伊格尔顿：《二十世纪西方文学理论》，伍晓明译，北京大学出版社 2006 年版。

〔意〕伊·卡尔维诺：《为什么读经典》，黄灿然译，译林出版社

2006 年版。

〔法〕伊夫·塔迪埃：《20 世纪的文学批评》，史忠义译，百花文艺出版社 1998 年版。

〔美〕塞伦·麦克莱：《传媒社会学》，曾静平译，中国传媒大学出版社 2005 年版。

〔美〕Bernard Roshco：《制作新闻》，姜雪影译，（台北）远流出版事业股份有限公司 1994 年版。

〔美〕斯诺：《西行漫记》，梅益等译，上海复社 1938 年版。

〔美〕里德：《震撼世界的十天》，郭圣铭译，人民出版社 1957 年版。

〔美〕杰克·贝尔登：《中国震撼世界》，邱应觉等译，北京出版社 1980 年版。

〔美〕白修德、贾安娜：《中国的惊雷》，端纳译，新华出版社 1998 年版。

〔俄〕高尔基：《一月九日》，曹靖华译，陕西人民出版社 1972 年版。

〔美〕斯特朗（Strong，A. L.）：《斯特朗文集·中国人征服中国》（3），傅丰豪、王厚康、吴韵纯译，新华出版社 1988 年版。

〔美〕史沫特莱：《史沫特莱文集》，袁文等译，新华出版社 1985 年版。

〔美〕爱泼斯坦（Epstein，Y.）：《中国未完成的革命》，张立程、付瑶译，新华出版社 1987 年版。

〔英〕贝特兰：《华北前线》，林淡秋等译，新华出版社 1986 年版。

〔意〕法拉奇：《风云人物采访记》，阿珊译，新华出版社 1983 年版。

［美］艾格尼斯·史沫特莱：《中国的战歌》，江枫译，作家出版社 1986 年版。

［美］洛伊斯·惠勒·斯诺：《我热爱中国》，董乐山译，生活·读书·新知三联书店 1978 年版。

［美］约翰·汉密尔顿：《埃德加·斯诺传》，刘炳章等译，辽宁大学出版社 1990 年版。

［美］休梅克（Shewmaker, K. E.）：《美国人与中国共产党人》，郑志宁等译，吉林文史出版社 1989 年版。

外文文献：

Jan Gorak, eds. , *Canon vs. Culture: Reflections on the Current Debate*, New York: Garland, 2001.

Paul Lauter, *Canons and Contexts*, New York: Oxford University Press, 1991.

Jeremy Hawthorn, *A Concise Glossary of Contemporary Literary Theory*, London: Edward Arnold, 1992.

Wayne Vincent Miller, *The Literary Canon as Process: Early Novels by Heinrich and Thomas Mann in Their Contemporary Reception*, Diss: Duke Unibersity, 1992.

Jan Mukarovsky, *Aesthetic Function, Norm, and Value as Social Facts*, trans. , Mark Suino, Ann Arbor: Univ. of Michigan Press, 1970.

Hans Robert Jauss, *Toward an Aesthetic of Peception*, trans. , Timonthy Bahti, Minneapolis: University of Minnesota Press, 1982.

Barcus, Jalnes E. *Shell: The Critical Heritage*, edited by London: Routledge and Kegan Paul, 1975.

Greenblatt, StePhen, *Self-fashion From More to ShakesPeare*, Chicago:

The Uiversity of Chicago Press, 1980.

Abrams, M. H. , *"Canon of literature" in A Glossary of Literary Terms.* 外语教学与研究出版社 2004 年影印版。

Baldick, Chris, *"Canon" in Oxford Literary Terms.* 上海外语教育出版社 2000 年影印版。

West, Cornel, "Minority discourse and the pitfalls of canon formation". in Munns, Jessica and Gita Rajan, eds. *A Cultural Studies Reader: History, Theory, Practice.* London and New York: Longman Group Ltd, 1995.

John Guilory, "Canon", in Frank Lentricchia et al. , eds. , *Critical Terms for Literary Study.* 2nd ed. Chicago and London: London: University of Chicago Press, 1995.

后　记

　　时光飞逝，如电似箭，仿佛昨天还在教室里与老师和同学们清谈着"新闻学能否诞生像红楼梦一样的文学经典"这样的问题，而今掐指算来，博士毕业已经整整六年。在这六年的时光里，尽管主要跟随团队从事新媒体、网络舆情、危机传播领域的热点问题研究，疏于对我的老本行新闻史论领域问题的进一步探究，但内心深处始终有一个声音在追问：在这冰与火的世界里，在冰与火的学术之间，你是否已经难以自拔于火，而随波淡忘那冷冷的冰？对此，我的回答诚惶诚恐而又异常坚定：身处火热的学术世界，不拒绝火的炽热，却永远对我的"冰美人"心向往之。烈烈的火焰给人温暖，但也诱人迷狂，苍莽的冰川看似拒人千里，却蕴含无穷的宝藏。"火"的学术强烈关注现实，契合当下社会需求，为世人所蜂拥；"冰"的学术是一片人迹罕至的不毛之地，相对远离尘世喧嚣，却指向未来和远方。

　　本书是在我的博士论文基础上修订完成的，一定意义上，是向学术"冰川"战战兢兢的一次致敬。跨学科的"新闻经典"建构这一问题，说它是"冰"，不仅是因为跨学科的"新闻经典"问题似乎与当今新闻现实没有太多关联，是关涉新闻传播学学科地位和发展方向的基本理论问题，更是因为这一问题迄今并未得到学界充分的认识和关注，仍是一片尚待开垦和深耕的处女地。从 2007 年本人和博士生导师蔡尚伟老师合作发表论文《"新闻经典"在中国建构》、提出跨学科框架下的"新闻经典"问题以来，至今仍无多少学者回应，其"冷冰冰"可见一斑。学界多热衷于追逐"火"的学术，"冰"的学术长期被束之高阁、视而不见。

与"火"的学术追求"速度与激情"风格不同，"冰"的学术需要沉潜深思，需要下更多的慢功夫。正如历史学家林毓生所说，做学问要有比慢的精神，一遍又一遍地去想，一遍又一遍地思考与钻研，直到有一天豁然开朗。因此，在"冰"的学术世界绝不能快跑，而只能慢行甚至是爬行。环境险恶，道阻且长，能否达至目标很可能连自己也未可知。跨学科框架下的"新闻经典"建构这一问题不能用当今流行的实证方法检验，也难以得出学界一致认可的结论，也许只有百年后的历史才能回答。但目前提出问题的意义或许远甚于对它的回答。笔者攀爬能力有限，未能探达"冰川"底部，充其量只是摸到了冰体，"新闻经典"构建的合理性和必要性怎样？文学经典和"新闻经典"如何评价？假设存在"新闻经典"，其建构路径和方式又当如何？诸如此类的问题，都亟待更多的学者关注和破解。本书重在提出问题，解决问题的思路限于知识范围、学术视野和能力，想必多有纰漏，而且也只是众多可能路径中的一种，借此书抛砖引玉，期待更多同人关注探讨这一话题。

最后，借此书一角，我要感谢我的博士生导师蔡尚伟老师和我的母校四川大学。在四川大学读博的这 3 年，是最为辛苦的 3 年，也是收获最多的 3 年和最值得留恋的 3 年。三年来，"小菜花"（蔡老师弟子的统称）们像军人一样战斗，像家人一样生活，虽然大部分时间累成狗，心里却甜如蜜，不仅是因为相信唯有经过"高标准、严要求"的训练，以后在经历大风大浪的时候，才不会迷失方向，嗷嗷不知所措，更因为"小菜花"们像兄弟姐妹一样生活，在"小菜园"里亲如一家，蔡老师既是严苛的令人敬畏的指挥官，又是和蔼的园丁呵护着每一朵"小菜花"的成长。所谓"冰与火"的学术是蔡老师一贯做学问的风格，也是他对此生在学术路上行走的我们的期盼，温暖他人的一团火（以建设的姿态触摸最为火热的实践问题）和冷眼旁观的一束冰（以彻底的理性反思关系学科发展的基础问题），可以兼而有之。

就这本书而言，可以说没有蔡老师就没有这本书的问世。跨学科框架下的新闻经典这一问题的提出，是由当时的博士生课程"新闻传播经典名著导读"上讨论的一些问题引发。后与蔡老师合写《"新闻经典"在中国建构》一文进行专题探讨，文章发表后，深感"新闻经典"问题对新闻学科本身的巨大价值和意义，在蔡老师的建议下，遂将其作为我的博士学位论文题目。写作的过程异常艰辛，犹如筚路蓝缕，开山拓荒，没有直接相关研究，没有多少现成理论可供借鉴，更多的是回到问题和文本原点研读资料，小心求证。几度思路枯滞、搁笔长叹，最终在蔡老师的点拨和鼓励下才得以坚持下去、柳暗花明。当然论文水平离蔡老师的标准和要求还很远，假如文中观点和材料有不妥之处，绝非蔡老师责任，而是本人水平和能力欠缺之故。

另外，还要感谢对本书成文过程中提出意见的赵毅衡老师、冯宪光老师、蒋晓丽老师、欧阳宏生老师、张小元老师、徐新建老师、张立伟老师以及挚交好友、西北师范大学的王小英老师等；感谢评阅论文的五位专家：清华大学郭庆光教授、复旦大学李良荣教授、上海交通大学张国良教授、华中科技大学吴廷俊教授、重庆大学董天策教

·280·

授。此书出版还得到中央高校四川大学基本科研业务研究精品培育项目《"新闻经典"研究》的资助，在此表示感谢！同时感谢中国社会科学出版社编辑对本书的仔细修订，没有你们就没有此本小书的成行，谢谢！

刘　锐

2016 年 6 月 15 日